实用型汉语口语交际课例

——把口语对话的课堂还给学生

◇ 田甜 著

NORTHEAST NORMAL UNIVERSITY PRESS
WWW.NENUP.COM

东北师范大学出版社

图书在版编目（CIP）数据

实用型汉语口语交际课例 ： 把口语对话的课堂还给学生 / 田甜著． -- 长春 ： 东北师范大学出版社，2019.6

ISBN 978-7-5681-5301-0

Ⅰ．①实… Ⅱ．①田… Ⅲ．①汉语－口语－对外汉语教学－教学研究 Ⅳ．① H195.3

中国版本图书馆 CIP 数据核字（2019）第 007083 号

□策划编辑：王春彦

□责任编辑：卢永康　　　　　　□封面设计：优盛文化

□责任校对：郎晓凯　　　　　　□责任印制：张允豪

东北师范大学出版社出版发行

长春市净月经济开发区金宝街 118 号（邮政编码：130117）

销售热线：0431-84568036

传真：0431-84568036

网址：http://www.nenup.com

电子函件：sdcbs@mail.jl.cn

定州启航印刷有限公司印装

2019 年 6 月第 1 版　　2019 年 6 月第 1 次印刷

幅画尺寸：170mm×240mm　印张：14　字数：251 千

定价：49.00 元

　　语言文字不仅是人类最重要的交际工具，也是历史、文化和信息的主要载体。随着社会的发展和科学技术的进步，在不同的民族、地区和国家之间，文化和信息的交流更加广泛，各个领域、各种渠道的联系与交往日益密切，经济上互相依存和共同发展的趋势也渐趋明显，语言文字是在不同的民族、地区和国家之间交流文化和信息、联系与交往、促进共同发展的重要工具。因此，各个国家和民族都要根据自身需要学习其他国家和民族的语言文字，同时向其他国家和民族传播自己的语言文字，以增强本国、本民族对其他国家和民族的吸引力。人类社会越发展越能显示出这种学习和传播的重要性。

　　许多国家十分重视向世界推广本族语的工作，有些国家把这项工作列为国策，并在语言政策、教育政策和外交政策中加以体现。除了大量招收外国留学生之外，还在国外设立专门的官方和民间机构，组成推广本族语的国际网络。这一切努力使其语言在世界上得到了不同程度的推广，同时把以这些语言为载体的有关国家和民族的科学、文化传播到了世界各地，从而使人们对这些国家和民族更加了解，也使许多人在不同程度上对这些国家产生了亲近感。

　　我国的对外汉语教学随着全球化的发展取得了可喜的成效。我国把对外国人的汉语教学作为一项专门的事业是在新中国成立之后，由周恩来亲自过问并主持。从1950年开始，在近70年的时间里，这项事业虽然不是发展得一帆风顺，但在政府的重视和广大对外汉语教学工作者的努力下，一直随着我国国际地位的提高和对外开放政策的实施而逐步前进。

　　对外汉语口语教学是对外汉语教学的基础课程，口语课的学习对提高留学生汉语口语交际能力非常关键。传统的汉语口语教学过于单一、低效，往往是浅层次的对话，教学内容脱离交际实际。"教师讲，学生听"，在孤立的教学环境中难以真正锻炼学生的口语交际能力。

课堂教学作为语言教学的中心环节，其重要性自不必多言，对外汉语教学界对此有着共同的认识。吕必松主张，在第二语言教学的四大环节中，课堂教学是中心环节，在全部教学活动中处于中心地位，其他环节都必须为它服务。教学原则的制定、教学方法的选择、教学内容的选择和安排、成绩测试的内容和方法等都要适应课堂教学的需要。汉语教学要进一步发展，有必要对课堂教学进行深入研究。汉语口语交际技能的掌握是学习者，尤其是来华学习的留学生所重视的。在与留学生的交谈中得知，他们认为"说"仍然是最重要的因素，因为在任何一个语言学习者眼中，能不能说好某种语言，并在日常生活中流利地使用，是是否掌握了这种语言的最重要的标准。汉语教学中培养口语交际技能最主要的口语课自然责无旁贷地要担负起这样的责任。

本书第一章分析对外汉语教学的概念及现状，涉及对外汉语教学与汉语国际教育的概念解析、对外汉语教学的基本理论展示，重点探究对外汉语教学的成绩、问题以及解决现阶段对外汉语教学存在的问题的对策。第二章着重分析口语与书面语的区别，从而凸显口语教学的鲜明特色。第三章概述对外汉语口语教学，分述对外汉语口语教学的性质、任务和原则。为了进一步探索口语教学的有效途径，第四章对对外汉语口语教学的教材建设与实践活动进行整理和分析，旨在为口语教学的情景教学模式提供口语材料。第五章从国内外汉语为第二语言教学的对比分析中积累语料数据，并重点以美国堪萨斯中南部教育服务中心的汉语文化教学为例，提倡文化教学在口语教学中的重要性。第六章简略讲解实用型情景创设教学策略是什么，以情景、情景教学、情景创设教学策略的理论为基础架构起实用型情景创设教学策略的大体框架。第七章进一步分析情景教学与对外汉语口语教学的关系，在对外汉语口语教学中如何实施情景教学法以活化口语教学中的静态语料，让学生在动态的真实情景中组织词语和句子。第八章总结、归纳情景教学法在对外汉语教学中的一些策略，通过模拟创设情景，将口语教学的目标落实在口语教学实践中，从而提高学生的口语交际水平。第九章具体分析汉语口语情景交际课例，明确对外汉语口语课堂教学中学生在情景交际中的主体地位。

希望本书能够为更好地开展对外汉语口语课堂教学服务，为广大留学生的汉语口语学习带来实效。本书的编写离不开各位专家、学者的理论支持，在此表示感谢，并恳请读者广提建议，批评指正。

田　甜

2017 年 6 月

目录
CONTENTS

第一章 我国对外汉语教学现状分析

现今，对外汉语已发展成一门独立的学科。随着中国国际地位的日益提升，中国与世界各国的交往越来越密切，向全世界推广汉语的需要也越来越迫切。在这种情况下，对外汉语教学将面临更多的挑战，承担更重的任务。因此，有必要详细考察我国对外汉语教学的现状，充分论证我国对外汉语教学的发展趋势，以便制定出促进对外汉语教学发展的有效策略。

第一节 对外汉语教学与汉语国际教育概念解析

一、名称概念界定

"对外汉语教学"始于20世纪50年代初，当时为数不多的"出国储备师资"很难派出去，所以在国内以从事和研究来华留学生的汉语教学为主。当然，并不是关起门来只在国内教外国留学生汉语，也外派了少量教师出国进行对外汉语教学。20世纪80年代改革开放以后成立的世界汉语教学学会以及大量的国际学术研讨会和国际合作交流活动都体现了"对外汉语教学"在海外的一面。

作为一个学科名称，"对外汉语教学"一直饱受争议。这个称谓刚出现时指的是"对外国人进行的汉语教学"，不管在国内还是国外，只要是汉语作为第二语言教学都可以称为"对外汉语教学"。因此，有人建议把这个学科更名为"汉语作为第二语言的教学"或者"汉语作为外语的教学"。

"汉语国际教育"出现于21世纪初，世界各地的孔子学院如雨后春笋，每年数以千计的汉语教师志愿者走向世界各地，自然需要较多地考虑和研究"走出去"的汉语教学。但这不意味着针对来华留学生的汉语教学就不存在或不重要了。2016年，我国迎来近45万留学生，对外汉语教学任务艰巨。事实上，任何一个国家都把自己的母语作为第二语言的教学，看作该学科的研究基地和教学中心。比如，英语教学中心和研究中心是在英语的故乡美国、英国、加拿大、澳大利亚等国；俄语教学中心和研究中心是在俄语的故乡俄罗斯。所以，对"汉语国际教育"的更准确解读是从国内向国外"扩大"或"发展"。

如果用"对外汉语教学"来指称"对来华留学生进行汉语教学"，这样就把这个名称狭义化了；如果用"汉语国际教育"来指称"在海外进行的汉语教学"，最近也开始有人用这个名称指称"在海外进行的汉语和中国文化教育"，甚至有人提出用"汉语国际教育"来涵盖对来华留学生进行的汉语教学和在海外进行的汉语文化教学，这无疑又把这个名称广义化了。今天，通常用"对外汉语教学"指称"在国内对来华留学生进行的汉语教学"，用"汉语国际教育"指称"在海外把汉语作为外语的教学"，这样区分可以避免很多重叠部分的纠缠。

笔者认为，"对外汉语教学"与"汉语国际教育"是同一事业和学科的前后两个阶段，加上曾作为本科专业名称的"对外汉语"来理解，三者在学科性质上没有发生变化，在内涵上也没有实质性的区别，都是指汉语作为外语或第二语言的教育，只是由于提出的时代不同而分别有所侧重，其差别体现了同一学科在不同发展阶段的特点。

产生于21世纪的"汉语国际教育"更具有时代性和契合性的特征。首先是"正名"的问题：它解决了长期以来"对外汉语教学"这一"俗称"不科学（"对外"）、不规范（用"教学"代替"教育"）的问题；其次是解决了本科"对外汉语"专业这一名称与学科性质（"汉语教育"）不一致的问题。更重要的是，今天的"汉语国际教育"所面临和要研究的问题比20世纪的"对外汉语教学"要多得多，也复杂得多。

第一，世界对汉语教学的需求大大增加。开展汉语教学的国家和人数增多，教学的对象更加复杂化，学习者的目的和需求更加多元化。

第二，海外各地汉语教学迅速发展，其重要性越来越明显。

第三，过去对中小学汉语教学的研究几乎是空白，现在则成为热点。

第四，有了孔子学院这样的创新形式，中外合作进一步加强，合作交流的渠道更多，联系更紧密。

第五，解决了在原"对外汉语教学"的名称下不可能设立硕士、博士学位点的问题。汉语国际教育学科的设立，是教学事业和学科发展的新的里程碑。

第六，对外汉语教学事业一直受到国家的重视。今天，加快汉语走向世界已上升为国家战略，汉语国际推广是提升我国文化软实力的重要渠道和文化品牌。

21 世纪，对外汉语教学迎来了新的挑战、新的任务，我们需要探究解决新的理论和实践问题。当然，由于习惯的原因，今后"对外汉语教学"这一术语仍会为人们所常用。❶本书主要研究来华留学生在课堂上的汉语口语学习，所以使用对外汉语教学这一概念术语。

二、中国对外汉语教学和汉语国际教育事业的发展

作为第二语言教学，汉语有着悠久的历史。自汉代到唐、宋、元、明、清，每个朝代都有大批留学生来我国学习汉语。对外汉语教学真正发展成为一项事业、成为一门学科则是新中国成立以后。

1949 年，新中国成立，百废待兴，百业待举。1950 年 6 月，周恩来亲自召开会议，决定与捷克斯洛伐克、波兰、罗马尼亚、匈牙利、保加利亚、朝鲜等国各交换 5 名留学生。

1950 年 7 月，中国政府在清华大学专门成立了东欧交换生中国语文专修班，周培源为第一任班主任，该班 1951 年初正式开始上课，第一年只有 33 名留学生，6 名教师。这是新中国成立以后的第一个专门从事对来华留学生进行汉语教学的机构，该机构院系在 1952 年调整并入北京大学，更名为北京大学外国留学生中国语文专修班。

1953 年 9 月，为了培养越南留学生，中国政府在广西桂林开办了越南留学生中国语文专修班，共接受越南留学生 257 名。该班 1954 年扩展并更名为桂林中国语文专修学校，同时接收了一批朝鲜留学生，到 1957 年停办。

1960 年 9 月，北京外国语学院成立了非洲留学生办公室，接收非洲留学生约 200 人。1962 年，北京大学的东欧中国语文专修班与北京外国语大学的非洲留学生办公室合并，加上出国留学预备部，专门成立了外国留学生高等预备学校，1964 年经国务院批准更名为北京语言学院，这就是今天北京语言大学的前身，也是中国政府建立的唯一一所以来华留学生语言教育为主要任务的高等学府。囿于当时的国内和国际环境，外国留学生主要来自亚洲、非洲、东欧一些友好国家，学生人数很有限，来华留学生教育事业发展缓慢。

"文革"期间，"学制要改革，教育要革命"，留学生教育也搞开门办学，走与工农相结合的道路，来华留学生教育事业走入低谷。

从 1950 年到 1978 年，全国各高校累计共接受培养的外国留学生有 12 800 名，

❶ 刘珣．汉语国际教育与对外汉语教学 [J].国际汉语教学研究，2014（1）：3-4.

他们几乎全部是由我国政府提供奖学金的。

1978 年 12 月 8 日，中国共产党第十一届中央委员会第三次会议在北京召开。这次会议拉开了中国改革开放的序幕，中国从此进入了一个全新的发展时期。受惠于改革开放的政策，来华留学生教育工作也进入恢复和上升期，这个时期有两个重要标志：一是来华留学生的生源地扩展到西方工业化发达国家；二是在政策上许可一些有资格接受政府奖学金留学生的高校招收自费来华留学生，从此自费留学生开始进入中国的高等院校。

1979 年，全国自费留学生数量为 300 余名，1989 年已经发展到 2 500 名，增加了 7 倍多。从 1978 年到 1989 年，全国共接受和培养了 40 221 名留学生，其中政府奖学金生 13 699 名，自费留学生 26 522 名。1990 年到 2000 年，全国共接受和培养了 310 000 多名留学生，其中政府奖学金生 18 360 名，自费留学生 292 000 多名。但这一时期的来华留学生无论从规模还是层次来看都处于一个比较低的发展水平。

从 1990 年起到现在，随着中国进一步深化改革，扩大开放，来华留学生教育事业也迎来了空前的大发展。这期间最显著的标志就是来华留学生的数量快速增长，学习者的层次稳步提高，学习目的和学习形式也日趋多样化。随着中国国际地位的提升，国际上希望了解中国、与中国进行经济贸易以及社会文化、教育学术交流的人越来越多，来华留学生人数猛增。除了 2003 年由于受到"非典"影响来华留学生数量有所减少外，其他年份来华留学生人数逐年创新高，2008 年突破 20 万人，留学生来源国也增加到 180 多个国家和地区，学习者的层次由语言预备教育延伸到本科、硕士和博士各个层次的学历教育，学科分布由语言类、中医类、农学类等少数学科扩展到文、史、哲、政、经、法、理、工、农、医等各个门类。

近年来，对外汉语教学事业的成就和影响越来越明显。目前，来华留学生中的毕业生已经遍布世界各地，他们为中外友好交流事业做出了很大的贡献。以北京语言大学为例，据统计，到 2016 年已经为 176 个国家和地区培养了 16 万多人才，其中有 2 人成为国家领导人，有 17 位成为驻华大使，40 多人成为高级外交官，还有很多人在大学任教，教授中国语言和文化，或者成了研究中国问题的专家，为本国政府的经济政策和外交政策出谋划策，也有很多人投身商海，开办企业，从事与中国有关的经济贸易、文化交流事业。显然，这些人已经成为沟通中国和世界各国的重要桥梁。

随着中国社会经济的不断发展，世界上越来越多的国家开始把关注的目光投向中国。为了应对对外汉语教学发展的新形势，我国成立了由多个部委共同参与的对外汉语教学领导小组，统一协调和领导全国的对外汉语教学工作。国家汉语国际推广领导小组办公室（以下简称"国家汉办"）是国家汉语国际推广领导小组的常设办事机构，在海外已经成为知名品牌。尤其是 2007 年孔子学院总部成立以后，海外希望建立孔子学院的教育机构大量增多。至 2016 年 12 月 31 日，全球 140 个国家（地区）共建立 512 所孔子学院和 1 073 个孔子课堂。孔子学院分布在全球 130 国（地区），其中亚洲 32 国（地区）115 所，非洲 33 国 48 所，欧洲 41 国 170 所，美洲 21 国 161 所，大洋洲 3 国 18 所。孔子课堂开设在 74 国（地区），其中亚洲 20 国 100 个，非洲 15 国 27 个，欧洲 29 国 293 个，美洲 8 国 554 个，大洋洲 4 国 99 个，科摩罗、缅甸、马里、突尼斯、瓦努阿图、格林纳达、莱索托、库克群岛、安道尔、欧盟只有课堂，没有学院。

国家汉办于 2005 年 7 月组织了第一届世界汉语大会、2006 年 7 月组织了首届孔子学院大会，邀请海外大学的校长参加。同时，组织海外中小学校长夏令营，进行教师培训，派遣志愿者去海外任教，组织编写教材，研究教学法，举办汉语桥比赛，设立汉语桥基金，设立孔子学院奖学金，开发新的汉语考试，开展网络教学等。最重要的是，所有这些活动都得到了国家财政的大力支持。伴随着孔子学院的遍地开花，海外学习汉语的人数也在增加，据有关部门透露，目前海外孔子学院和孔子课堂注册学生人数已经有 22 万人。孔子学院的教学因地制宜，没有统一的教学模式，真正实现了有教无类，在孔子学院学习的人有小学生、中学生、大学生、家庭妇女、政府工作人员、公司职员、大学教授，教学方式灵活多样，不拘一格。此外，孔子学院走进社区，组织中国文化周活动，把语言教学与文化推介很好地结合了起来。

汉语国际推广作为国家大外交战略的重要组成部分，提出了实现六大转变的发展目标：一是从对外汉语教学向全方位汉语国际推广转变；二是从"请进来"学汉语向同时加大汉语"走出去"力度转变；三是从专业汉语教学向大众化、普及型、应用型教学转变；四是从主要靠教育系统推广向系统内外共同推广转变；五是从政府行政主导为主向政府推动、市场运作转变；六是从纸质教材面授为主向发展多媒体网络等多样化教学转变。随着形势的变化，国家也在不断地调整战略，但是"走出去"的战略始终没有变。

从对外汉语教学到汉语国际教育，这是一种非常大的改变。在走出去的同时，我们还在做固本强基的工作，国内的对外汉语教学事业也在不断发展。对外汉语教学与汉语国际教育是一个有机整体，希望汉语国际教育的发展能够促进对外汉语教学事业的发展。

三、对外汉语教学与汉语国际教育事业发展展望

进入 21 世纪，中国的经济持续高速增长，中国的国际影响力不断提高，中国在世界上的朋友不断增多，越来越多的外国人来到中国谋求发展，来华留学生的教育事业将有一个较长的高速发展期。

在对外汉语教学稳步发展的同时，汉语国际教育会有一个较大的飞跃发展。在未来的一段时间里，孔子学院的建设任务将会主要集中在内涵建设上，提升水平，扩大学生规模，编辑出版针对海外学习者的、针对不同母语背景的、适合个性化教学的教材，尤其是语言与文化相结合的教材、趣味性和科学性相结合的教材会受到欢迎。孔子学院的教学组织和管理将越来越规范，孔子学院的影响力会越来越大。

国家会加大政府奖学金的投入，吸引更多的来华留学生，尤其是高层次的研究生和本科生。国内各高校之间的竞争也会日益激烈，教学质量、宣传技巧、服务水平、学校声誉都会成为竞争的重要指标。国内各个高校为了争取优质生源，在师资配备、管理制度、海外推介、国际合作与交流等方面一定会不遗余力。

对外汉语教学的顶层设计会更加精细化，除了分课型教学之外，个性化教学会越来越受欢迎，来华留学生在学习汉语的同时会选择一些应用型专业，如商贸汉语、中医汉语、同声传译等，社会科学、人文科学、艺术、理工、教育、体育、农科都会成为来华留学的选择。当然，经济贸易类的学科在未来几年还会不断升温。用外语开设的课程需求强劲，如用外语讲授中国文化、中国经济、中国历史、中国政治、中国社会、文化比较等课程会受到留学生的欢迎。

对外汉语教学和汉语国际教育会形成联动的局面。对外汉语教学的发展可以为汉语国际教育提供经验，汉语国际教育的拓展可以为对外汉语教学提供生源。汉语国际教育不会取代对外汉语教学，对外汉语教学与汉语国际教育会形成良性互动的局面，相互促进，共同发展。

教师、教材、教学法这三个问题仍然是对外汉语教学和汉语国际教育的基本问题，其中教师的问题是核心。

对外汉语教学与汉语国际教育的基础研究和应用研究会有很大的发展空间。汉语要素教学研究（如语音教学、语法教学、词汇教学、汉字教学、语篇教学等）仍然是重要的研究课题。此外，对学习者的研究应该引起足够的重视，学习者学习过程、认知规律、学习动机、学习成绩、学习环境的影响等问题会成为应用研究的突破口。教材研究、教学法研究会借鉴英语作为第二语言教学的成功经验，同时注重

汉语的特色，形成具有汉语特色的第二语言教学法和与之相匹配的教材。

教育教学理念的变化在未来的一段时间里会对对外汉语教学和汉语国际教育产生深刻的影响。从教学理念来看，单纯的语言教育已经不能适应时代发展的需要，博雅教育会成为对外汉语教学和汉语国际教育的主要观念。"博雅"的拉丁文原意是"适合自由人"，这种教育并非中国独有的理念，古希腊也倡导博雅教育（Liberal Education）。中国文化同样崇尚"博雅君子"，"博"指博学通文，"雅"指雅正高尚，旨在培养具有广博知识和优雅气质的人，以摆脱庸俗，追求高尚。在对外汉语教学和汉语国际教育的目标中，博雅教育应该列入议事日程。

对外汉语教学立足于"请进来"，汉语国际教育立足于"走出去"，这两条战线同时推进，相得益彰。"请进来"可以让来华留学生亲身感受中国的巨大变化，体会中国文化的伟大魅力，让他们在汉语环境中成长；"走出去"可以让更多的人接触汉语和中国文化，让希望学习汉语又无法到中国来的人就近学习。语言是人与人之间的交际工具，也是不同文化之间相互沟通的桥梁。要想让汉语真正走向世界，我们必须先走向世界；要想让世界走近中国，我们必须保持开放包容的态度，敞开胸怀，欢迎每一个希望与中国结缘的来客。

第二节　对外汉语教学的基本理论

我国对外汉语教学发展 60 多年来，特别是作为一门学科建立的近 40 多年来，不但在对外国人的汉语教学事业中迅猛发展，而且学科理论建设取得了长足的进展。几十年来，对外汉语教学和研究群体从引进国外的先进理论开始，发展到在总结自己的经验与传统经验的基础上，借鉴国外的研究成果，逐步建立了一套具有中国特色的对外汉语教学理论体系。

按照 1993 年 7 月国家教育委员会高等教育司颁布的《普通高等学校本科专业目录和专业简介》的学科门类划分标准，对外汉语教学属于同汉语言并列的二级类中国语言文学类下的独立专业。对外汉语教学作为一门独立学科，其研究对象是对外国人的汉语教学，也就是对外汉语教学的全过程以及与此相关的内部联系和外部关系。因此，为了最大限度地做好对外汉语教学工作，更好地推广汉语，不仅要全面开展对外汉语教学实践工作，也要注重学科理论建设。

王力在 1984 年 6 月为《语言教学与研究》创刊五周年题词写道："对外汉语教学是一门科学。"朱德熙于 1984 年 11 月在北京语言学院语言教学研究所成立大会上说："实际上这（对外汉语教学）是一门学问。在国外已经变成一门学问，这需要研究。"

一、对外汉语教学的任务及体系

对外汉语教学是针对外国人的汉语教学，它既不同于针对本族人的汉语教学，也不同于针对本族人的外语教学。任何学科只有具有自身独特的学科任务，才有独立分科的可能性和必要性。因此，作为一门独立的学科，对外汉语教学也具有独特的学科任务。

北京语言大学教授崔永华把对外汉语教学的学科体系分为三大板块：学科理论体系、学科教学体系和学科人才体系。对外汉语教学学科是一门综合运用多学科理论的"新兴的边缘交叉学科"❶，是在多种学科理论和研究成果的支撑下形成和发展起来的，因此本学科的学科理论体系包括学科支撑理论、学科基础理论和学科应用理论三个层次。学科支撑理论是对外汉语教学理论赖以生长的相关、相邻学科的理论，这里指的是语言学、心理学和教育学，在文化学、哲学和社会学方面也有所依赖；学科基础理论是指导本学科教学和研究实践的基本指导思想和方法论，主要有第二语言教学理论、语言习得理论、汉语语言学、学科方法论和学科发展史五方面的理论；学科应用理论是在本学科的基础理论上建立起来的直接指导学科教学实践的理论，包括总体设计理论、教材编写理论、课堂教学理论、语言测试理论和教学管理理论五方面。崔永华的划分建立在对对外汉语教学的学科体系进行全方位研究与探索的基础上，但他把"学科人才体系"作为单独的一大板块来阐述，提高了人才体系的地位，在一定程度上造成了学科体系的繁复，笔者认为把学科人才体系作为一个下位概念可能会更准确。

刘珣用一个较为简单、更加全面的框架来概括对外汉语教学的学科体系，即理论基础、学科理论和教育实践。在理论基础部分，他认为与对外汉语教学学科的发展关系最为密切的七类基础学科是语言学、心理学、教育学、文化学、社会学、横断学科及哲学，它们从不同方面对本学科产生影响，为其提供理论养料甚至理论依据。在学科理论方面，从学科基础理论和应用研究两部分来进行阐述，认为对外汉语教学学科的基础理论包括四个方面：对外汉语语言学、对外汉语教学理论、汉语习得理论和学科研究方法学，这四个方面的理论都是为语言教学服务的。对外汉语教学学科的应用研究则是指运用相关学科和本学科的基础理论，

---

❶ 崔永华.语言课的课堂教学意识略说[J].世界汉语教学，1997（2）：32-36.

对总体设计、教材编写、课堂教学、测试评估、教学管理和师资培养等方面进行专题的研究。在教育实践方面，教育实践是学科理论服务的对象，也是学科理论产生的土壤，既包括对把汉语作为第二语言的学习者的教学，也包括对未来的对外汉语师资的培养。刘珣的阐述更加符合对外汉语教学的实际情况，他的划分也更能体现对外汉语教学的学科特征和学科内容。

二、对外汉语教学的性质与特征

对外汉语教学的性质包括以下几点：对外汉语教学先是一种语言教学，它的根本任务就是要教好语言，而不是教哲学、文学、史学或其他学科。与此同时，对外汉语教学又是第二语言教学，这就与第一语言教学（常常是母语教学）区别开来。由于它是把汉语作为第二语言的教学，因此它既要受到第二语言教学普遍规律的制约，又要受到汉语教学本身特殊规律的制约。此外，对外汉语教学是针对外国人而进行的汉语作为第二语言的教学，因此不同于对我国少数民族的汉语作为第二语言的教学。

根据以上有关对外汉语教学性质的分析，可以简要归纳出几个对外汉语教学的特征。

第一，以培养汉语交际能力为目标。不是让已具备汉语运用能力的本族人掌握更多的语言和文化知识，而是让把汉语作为第二语言的学习者掌握用汉语进行交际活动的能力。

第二，以技能训练为中心，将语言知识转化为技能。语言作为技能和能力，只有通过练习、实践才能掌握。

第三，以基础阶段为重点。语言学习打下坚实的基础最为重要，基础阶段总是拥有最多的学习者，也最能体现第二语言教学的特点与规律。

第四，以语言对比为基础。通过汉语与学习者母语的对比确定教学的难点与重点，分析并纠正学习者的错误。

第五，与文化因素紧密结合。语言教学离不开文化教学，语言教学本身就应包含运用目的语成功地进行交际所必需的文化内容。

第六，集中、强化的教学。对外汉语教学的课程较集中，课时较多，内容较密集，进度较快，班的规模较小。

事实上，对对外汉语教学特征的归纳就是把对外汉语教学与其他学科的教学区别开来，这些特征都是其他学科所不具备的，而对外汉语教学的开展会受到其性质和特征的影响。

三、对外汉语教学的目的与课程设计

教学目的是教学过程结束时所要达到的结果或教学活动预期达到的结果，它是教学领域里为实现教育目的而提出的一种概括性、总体的要求，制约着各个教育阶段中各科教学的发展，对整个教学活动起着统贯全局的作用。教学目的发挥积极作用的前提条件是教学目的制定的合理性。教学目的要在教学计划中恰当定位，与教学客体、教学内容、教学方法等协调一致，指导教学主体行动并转化为教学结果，从而实现自身的合理性。

对外汉语教学的对象是以汉语为第二语言的外国学习者，他们来自世界不同的国家和地区，希望能够利用中国的语言和文化环境更好地掌握汉语，了解中国文化，因此我们在制定教学目的时一定要兼顾外国学习者及其国家与社会对教育的要求，从加强各国之间、各国人民之间的合作与交流的愿望出发，遵循教育的客观规律，并体现我国的教育性质和目的，培养全面发展的外国汉语人才。

关于对外汉语教学的目的，对外汉语学者将其归纳为三方面。

第一，掌握汉语基础知识和听说读写基本技能，培养运用汉语进行交际的能力。这是对外汉语教学最直接也是最根本的目的，它体现了语言教学的根本任务。由于对外汉语教学具有在汉语的语言环境中学习并运用作为第二语言的汉语的特点，因而比其他情况下的汉语教学能更充分地显示出把培养汉语交际能力作为教学目的的必要性和可能性。

第二，增强学习汉语的兴趣和动力，发展智力，培养汉语的自学能力。语言学习是一个认知发展的过程，不仅需要智力因素发挥作用，也需要情感因素的参与。在掌握目的语的过程中，由于教师有意识地采取适当的训练和辅导方法，加上学习者的积极配合，智力和情感因素都能得到锻炼和发展。

第三，掌握汉语的文化因素，熟悉基本的中国国情和文化背景知识，提高文化素养。学习汉语必须掌握一定的中国文化知识，中国文化知识越丰富就越能从深层次上掌握汉语，发展高级的汉语交际能力。

对外汉语教学的课程设计是对对外汉语教学的课程做出的系统规划和设计，是连接对外汉语教学总体设计内部诸因素以及总体设计与对外汉语教学其他实践活动的重要环节。具体来说，它是指在全面分析与对外汉语教学有关的各种内部和外部因素的基础上，根据总体设计规定的教学目标、教学内容和教学原则，决定开设哪些课程和课型，并对这些课程和课型的具体教学目的、教学任务和教学要求以及它们之间的关系做出规定，从而形成一个完整而严密的课程系统的全过程。

一般来说，教学课程设计的内容包括四方面内容。

（1）设置课类。这里的"课类"，是指就课程内容划分出来的大的课程类别，主要包括语言课、语言知识课、文学课、其他文化知识课等。哪类课符合教学对象的特点和要求，属于教学内容的范围，需要开设，而哪类课不符合教学对象的特点和要求，不是教学内容的范围，不需开设，这都需要通过分析、研究，有针对性、有计划地做出合理的安排。

（2）划分课型。在实际教学中，通常把每类课程中的有关内容分解来进行专门教学，即把每一个大的课类划分为多个范围较小的、专门的、具体的课型。比如，语言课可以划分出很多的课型：进行专项技能训练的有说话课、听力课、阅读课、写作课等；把专项技能与特殊要求相结合进行特种技能训练的有报刊阅读、新闻听力、科技汉语、外贸口语等。

（3）分配课时。课时分配要针对教学对象的特点和要求，遵循教学原则，体现教学目标和教学内容的要求，对每门课的周课时和总课时做出具体规划。

（4）规定每一课型的具体教学目的、教学任务、教学要求，明确各课程、课型之间的关系。语言课的各门课程和课型虽然各自承担一定的教学任务，但要共同承担总体设计规定的总的教学任务，所以要明确各门课之间的关系，使之形成既有分工又有协作、相辅相成、共同促进的横向的教学网络。

由此来看，课程设计在对外汉语教学的总体设计中占据着核心地位，它涉及对外汉语教学过程的方方面面，搞好了课程设计工作，才能使对外汉语教学更有针对性、科学性和系统性，从而促进对外汉语教学的理论建设。

四、对外汉语教学的基本原则

教学原则是指导整个教学活动的总则，不管进行哪一种教学都要遵循教学原则。缺乏教学原则，总体设计、教材编写、课堂教学、教学测试与评估等一切教学活动都无从下手。可以说，没有教学原则作为指导，教学活动就成了无本之木、无源之水，就失去了依据。

对外汉语教学是把汉语作为第二语言的教学，它的教学活动也要遵循一定的教学原则。主要有十条教学原则：培养运用汉语进行交际的能力的原则，这是总则，它体现了语言教学的根本任务；以学生为中心、教师为主导的原则，这条原则是针对教与学的关系而提出的；结构、功能、文化相结合的原则，这是近年来我国学者根据自己的经验总结出的一条教学原则；强化汉语学习环境，扩大学生对汉语的接触面的原则；精讲多练，以言语技能和交际技能训练为中心的原则；以句子和话语为重点，语音、语法、词汇、汉字综合教学的原则，这条原则涉及语言要素的教学；听、说、读、写全面要求，分阶段侧重的原则，这条原则涉及听、说、读、写四项基本技能训练的关系；利用但有所控制地使用母语或媒介语的原则，这条原则涉及目的语的教学与母语或媒介语的关系；循序渐进，螺旋式提高，加强重现率的原则，这条原则涉及教学内容的编排顺序问题；充分利用现代化教学手段的原则。

以上十条原则大体上勾画出了对外汉语教学的教学法体系，较为全面地概括了我国对外汉语教学的基本教学原则，对对外汉语教学活动起着重要的指导作用。除了这些原则之外，笔者认为还可以加以补充。比如，以当代人使用的口语和书面语为基本教学原则，这条原则限定了对外汉语教学所使用的语言材料。语言是交际的工具，语言交际的双方是通过口头和书面语言活动形式来实现的，所以在选择教学材料时一定要选择当代人使用的口语和书面语，而不能是为讲授语言点和完成教学计划而使用编出来的非自然语言，也不能是为片面追求口语化而采用市井口语。只有这样才能实现语言学习的现学现用效应，才有利于交际活动的顺利进行。此外，教学目的决定教学内容、教学内容决定教学方法，自觉学习与自然习得相结合等，也应成为对外汉语教学的原则。

五、对外汉语教学的课堂教学技巧及特点

课堂教学技巧包括两类：第一类是在课堂教学中为让学生理解和掌握所学语言项目或言语技能所使用的手段，比如用实物或图片介绍生词，这主要是教师的行为；第二类是为让学生掌握所学的语言项目或言语技能，在教师指导下进行的课堂操练方式，比如通过替换练习让学生掌握新的语法项目，这主要是在教师指导下学生进行的行为。因此，它涉及教与学两方面，在课堂教学中具有灵活性、创造性、多样性、操作性强和可控性等特点。

对外汉语教学不同于其他学科的教学，它的一些教学技巧同其他学科存在着不同。在使用教学技巧时，有些原则是不能忽视的。几位经验丰富的对外汉语教师曾分享过一些对外汉语课堂教学的技巧原则：第一，根据教学目的，选择教学技巧；第二，使用技巧要有明确的目标；第三，选用教学技巧要考虑交际性原则；第四，选用教学技巧要考虑教学的高效率。

汉语本身具有的一些特点，如汉语具有独特的声调、汉字形体的特殊性、汉语中虚词与语序的重要性等，也会影响对外汉语课堂教学中教学方法的应用。因此，在总结归纳对外汉语课堂教学技巧时既要遵循参照原则，又要结合汉语本身的特点。

至于对外汉语教学中的备课与写教案、课堂组织管理、教师的语言、教师的提问和板书等方面也存在一些教学技巧。备课是课堂教学的基础，教师在接受一门课程的教学任务时，先要钻研教学大纲，明确课程的目的、要求，同时通读教材，了解整个教材的体系特点及所依据的教学原则和教学方法，在此基础上制订学期授课计划，然后为某一课写出具体的教学方案。作为课堂教学的组织者，对外汉语教师要很好地起到组织管理的主导作用。例如，要排除心理障碍，创造生动活泼的课堂气氛；要集中学生的注意力，自始至终驾驭课堂；针对课堂出现的异常情况，要采取一些措施稳定课堂秩序。这样，才能调动学习者的主动性和积极性，使课堂生动活泼又井然有序。

　　对外汉语教师在课堂上要高度注意自己的教学语言：不论语音、词汇、语法或汉字都应准确、规范，不允许错误存在；语言要简练，课堂教学中要有朗读、讲解、对话、指令和提问；语速要正常或接近正常，避免夸张；选词用句浅显易懂，随着学习者程度的提高逐渐增加语法的难度和词汇的多样化；要有意识地重现已学过的句型和词汇，以利于学习者的复习巩固；尽量运用目的语与学习者交流，避免语言转换或夹杂学习者的母语或媒介语；克服口头禅或过多重复啰唆等不良语言习惯。另外，教师的提问是课堂教学的重要组成部分，它能启发学生思考，引导学生积极参与，发挥学生的主动性。因此，对外汉语教师要充分利用这一教学手段，在不同教学环节，灵活运用机械重复型、明知故问型、封闭型和开放型的问题进行提问，注意要对不同程度的学生提不同难度的问题，学生回答后，要给予一定的反馈。板书也是课堂教学的重要教学手段，可以帮助学生理解教学内容，使课堂教学更具条理性，突出重点，引起学生的注意。

　　教学既是一门科学，又是一门艺术。如果说教学原则和教学方法体现了教学的科学性，教学技巧则体现了教学的艺术性，它是教师素质和才能的体现。因此，对外汉语教师要学会准确灵活地运用教学技巧，提高课堂教学质量。由于对外汉语课堂教学技巧的运用，对外汉语课堂教学呈现出了新的特点。

　　对外汉语课堂教学是以培养以汉语为第二语言的学生的汉语交际能力的教学，它除了具有一般课堂教学的普遍特点外，还呈现出一些新的特点。从课堂教学原则方面来看，对外汉语教学对语言知识的教学更强调语言技能和能力的培养，更多地运用练习和实践来调动学习者的积极性和主动性；从课堂教学方式来看，与传统的课堂教学以教师讲授为主不同，对外汉语课堂教学以学习者的活动为主，进行高密度、快节奏、多形式的语言操练活动和交际活动；从课堂教学气氛来看，对外汉语课堂教学比传统的课堂教学更需要轻松愉快的气氛，以激发学生的学习兴趣，减少他们的畏难情绪；从课堂教学环节来看，传统课堂教学以一课书或一节课为单位的教学环节不适用于对外汉语课堂教学，它是按照每节课内的教学内容划分的，每一种语言要素的讲解或言语技能的训练都要体现完整的环节，而每节课之间、每课书之间又要有循环往复的复习巩固；从课堂教学语言来看，传统课堂教学的主体和主导者都具有相同的母语或掌握了某种媒介语，因而不存在语言的限制，而对外汉语教学要求课堂上使用的教学语言必须是正在学习的目的语，教师的教学语言要受到学生对目的语理解和表达能力的限制。这些特点把对外汉语课堂教学与一般课堂教学区别开来，也成为对外汉语课堂教学制定教学原则、选择教学方法的一大依据。

六、对外汉语教学的教材及教学大纲

教材是教师教学和学生学习所依据的材料，与教学计划和教学大纲构成学校教学内容的有机组成部分。在教学活动的四大环节中，教材占有很重要的地位。在半个多世纪的对外汉语教材发展和建设过程中，"我们已经走过了（20世纪）50年代到70年代的结构法教材时期，80年代到90年代的结构与功能相结合教材时期，现在正跨入结构、功能、文化相结合时期。"❶迄今为止，我国编写的对外汉语教材已有四五百种，基本上能够满足国内教学的需要。近年来，教材种类迅速增长，其中不乏有特色和有所创新的教材，少数还成为国内外广为使用的优秀教材，但也应看到不少教材缺乏特点，缺少新意，雷同现象较为严重。

针对国内教材种类多而质量高的教材较少的情况，对外汉语教学的专家提出了编写教材的五大原则：针对性原则、实用性原则、科学性原则、趣味性原则和系统性原则。只有符合这五大原则的教材，才符合对外汉语教学的教学目的和要求，才能真正为对外汉语教学服务。展望新一代教材的编写，刘珣指出要不断汲取国外第二语言教学的长处，与世界第二语言教材走向一致的道路，并提出了新一代教材编写应遵循的原则："以熟练运用为导向，以培养交际能力为基本目标的原则；以学生为中心，较好地体现语言习得的过程和规律的原则；坚持并不断发展结构、功能、文化相结合的原则；教材的现代化与立体化原则。"❷

作为学校教学内容另一组成部分的教学计划，是以纲要形式制定的对具体课程的教学目的、教学内容、教学进度和教学方法进行规范的指导性文件。对外汉

---

❶ 刘珣. 对外汉语教育学引论 [M]. 北京：北京语言大学出版社，2000：59-66.
❷ 刘珣. 对外汉语教学概论 [M]. 北京：北京语言大学出版社，2005：45-50.

语教学事业的发展，除了学科拓宽、外延扩展外，就深化内涵而言，一个重要方面就是要制订好教学大纲，将对外汉语教学建立在更为科学的基础之上。刘珣指出，教学大纲大体上可分两类：一类是框架性大纲，又叫总体设计，主要是分析教学对象，确立教学类型，明确教学目标，规定教学途径，统一教学原则，统筹课程设置，规划教学内容，制订教学计划等；另一类是操作性大纲，是在总体设计指导下为不同层次、不同类型、不同课型制订的教学等级标准大纲。在教学大纲的指导下，语言教学才有科学的标杆和量化的尺度，教学才能科学化、规范化。以科学观指导大纲的制订，是大纲意识正确的关键。没有明确的大纲观念，不可能制订出科学性强、实用价值高的大纲。要想制订出科学性强的大纲就在于建立正确的大纲意识，改变过去那种会教书就能编大纲，有教材就容易出大纲的旧观念，使大纲建设置于科学理论的指导之下。❶

第三节　对外汉语教学的现状及问题

通过几十年的努力、研究和探索，对外汉语教学发展到今天已经取得了一些令世人瞩目的成绩。课堂上，对外汉语教师使用多种多样的教学法进行教学，他们在课堂上能够注重不同文化学生所带来的教学差异，他们的身后是越来越丰富的对外汉语教材的诞生。同时，越来越多的外国学生走进了 HSK 的考场，走进了我们设在国外的孔子学院。但是，我们对此要保持清醒的头脑。对外汉语教学发展到今天，由于过度产业化所带来的一系列负面问题是我们不能忽视的。

一、对外汉语教学取得的成绩

（一）教学方法更加多样

教学方法是课堂教学的重要组成部分，它是为完成一定的教学任务而在教学活动中采用的方法，在教学过程中的作用极其显著，不仅直接影响着教学目的的实现，还关系着教学目的实现的程度和效果。在教学中采用哪种方法，是单用一种方法，还是几种方法交替使用，教师必须慎重选择。

吕必松先生对教学法提出了"走路"的隐喻："人们走路，从出发点到目的地，走直线就是走近路，走曲线就是走远路。走远路就要多花时间和气力。语言学习和

---

❶ 刘珣 . 对外汉语教学概论 [M]. 北京：北京语言大学出版社，2005：50-51.

教学也好比走路，存在着走近路和走远路的问题。按照正确的路子学习和教授语言就等于走近路，按照错误的路子学习和教授语言就等于走远路。"❶陆俭明先生也曾多次强调，对外汉语教学研究总的指导思想应该是"怎么让一个从未学过汉语的外国留学生在最短的时间内能最快最好地学习好、掌握好汉语"。❷这两位学者的说法虽然不同，但基本观点是一致的，认为对外汉语教学中存在着"最佳教学法"。

国外学者库克认为，没有一种方法能够适合所有的学生和老师。舒曼从神经生物学的角度得出了同样的结论："心理学理论普遍假定，大脑结构在不同的个体之间是一样的，具有同质性，许多关于学习的心理学研究都基于大脑是同质的这一观念，但从神经生物学的角度看，大脑和面孔一样，彼此不同，互有差异。对第二语言习得来说，这一差异就意味着习得语言的方法多种多样。在第二语言教学领域，寻求教授语言的'正确道路'的努力一直没有间断过。这种努力暗含着心理学上传统的关于同质性的假定。但同质性在人类大脑中是不存在的，因此也就不可能有正确道路。"❸这两位学者则都赞成没有"最佳教学法"之说。其实，语言教学是一种社会现象，其复杂程度远非走路能够相比拟，要想明确地界定出哪种教学方法最快、最好、最高效，几乎是不可能的。因此，对外汉语课堂教学中要追求教学法的多样性。

通过访谈和课堂观察，笔者简要地总结出对外汉语教学中最常用的方法有以下几种：听说法、视听法、认知法、功能法、暗示教学法、全身反应法和任务型教学法等。对外汉语教学在几十年的发展过程中博采众长，吸收了外语教学各个流派、方法的优点为我所用，形成了独具特色的"综合教学法"。下面以某次听课过程中得到的一个教学案例为例来展示这种"综合教学法"的特点。

课程名称：中级阶段汉语综合课

教学对象：进修学院留学生，中级（上）汉语水平，词汇量达到 1 500 左右

教学过程：

1. 教师利用多媒体设备为学生播放《康定情歌》的视频，悠扬婉转的音乐、独具特色的民族风情深深地吸引了每位留学生，使他们对《康定情歌》中体现的民族

---

❶ 吕必松 . 汉语教学路子研究刍议 [J]. 暨南大学华文学院学报，2003（1）：20-22.

❷ 陆俭明 . 增强学科意识，发展对外汉语教学 [J]. 世界汉语教学，2004（1）：18-20.

❸ Schum ann J, Crow ell S, Jones N, Lee N, Schuchert S, Wood L.The Neurobiology of Learning Perspective from Second Language Acquisition[M].New Jersey: Law rence Erlbaum Associates Inc, 2004: 62-66.

文化产生了浓厚的兴趣。

2. 教师把事先打印的《康定情歌》的歌词分发给学生，学生拿到歌词后都很兴奋，纷纷表示要学习这首中国民歌。在教师领读两遍歌词后，学生对歌词中的"溜溜"一词难以理解，于是教师结合当地民俗为学生讲解"溜溜"一词的用法。

3. 学生在初步感知歌词后，纷纷要求教师重放一遍视频。学生看完视频后都感叹中国少数民族表达感情的独特方式，教师见此状况立即向学生介绍四川茶马古道上的独特求爱方式，并要求学生介绍各自民族的独特求爱方式。

4. 由男女学生自由组合，共同演绎《康定情歌》所体现的独特民族风情，使学生在表演过程中不仅练习了汉语口语表达，也亲身体验了丰富的中华文化。

这堂对外汉语教学课十分成功，课后学生异常兴奋，对中国的少数民族文化表现出了极大的兴趣。由此看来，对外汉语教学中所采用的"综合教学法"是非常成功的，它代替了以往的单一教学法，改变了以往课堂单调乏味的讲解局面，取得了很好的教学效果。

（二）更加注重文化差异及个体性

霍夫斯坦特对文化下了这样一个定义：所谓"文化"，是指在同一个环境中的人们所具有的"共同的心理程序"。因此，文化不是一种个体特征，而是具有相同社会经验、受过相同教育的许多人所共有的心理程序。不同的群体、不同的国家或地区的人们，这种共有的心理程序之所以会有差异，是因为他们向来受着不同的教育、有着不同的经历，从而也就有了不同的思维方式。文化背景不同、语言不同的人在交谈时，同一个词或同一种表达方式可以具有不同的意义，甚至一句毫无恶意的话都可以使对方不快或气愤。由于各自不同的文化背景和文化模式而造成交际困难、误解的例子不胜枚举，这里先举一个被作为典型的实例：

A：How much does it cost？（这东西多少钱？）

B：Too much.（很多钱。）

A：I ask you how much it costs.（我问你这东西多少钱？）

B：Guess.（你猜猜。）

这是一位加拿大来华女留学生和一位女陪同人员之间的对话。这位留学生在个体户摊位上买了一个眼睛会动的木头玩偶，边玩儿边上了车，于是发生了以上的对话。女陪同人员没有达到交际目的的最主要原因在于交际双方有着不同的文化模式，在这位留学生的文化模式中是不能询问别人买的东西的价钱的，而在我国的文化模式中这种询问是允许的、友好的。

这是在日常交际中的例子，在对外汉语教学课堂中，同样要重视对外汉语教学对象的文化差异及个体性。笔者认为，教师在备课过程中要体现以学生为中心的原则，考虑学生的文化差异及个体性。先要了解总的情况，即本班学生的现有水平、学习态度、课堂表现和风气、程度的分布（特别是困难生和尖子生的状况），尽可能地掌握每个学生的姓名及有关背景情况，特别是情感认知方面的个体因素，如动机、态度、性格、学习策略、交际策略、认知方式等。同时，对外汉语教师在备课时要针对学生的实际情况进行设计，即要"备学生"，深入了解学生，准确把握学生的情况，包括了解学生的入门水平、知识基础、能力水平以及特点（如学习目标、学习动机、文化背景、学习方法等方面的特点），把着眼点放在全班大多数学生身上，并强调统一要求的前提下，考虑"因材施教"，多准备一些问题，多设计一些活动，多布置一些任务，学生都有所收获，有所进步，感到愉快。

在科学的对外汉语教学理论指导下，对外汉语教师在教学过程中都很重视教学对象的文化差异及个体性，确保了教学工作顺利开展下去。

（三）HSK 的不断发展

汉语水平考试简称 HSK，它是为测试母语非汉语者（包括外国人、华侨和中国国内少数民族人员）的汉语水平而设立的国家级标准化考试，考查考生在各种语言交际环境中运用汉语进行交流和沟通的能力，包括 HSK（基础）、HSK（初中等）和 HSK（高等）三个部分。HSK 从 1984 年开始研制，1990 年在国内定期组织实施，1991 年正式推向海外。1997 年完成了 HSK 等值研究。从 1998 年 9 月开始了 HSK 题库计算机自动生成试卷系统这一课题的研究。

目前，HSK 考试已达到较高的科学化水平，实现了命题、施测、阅卷评分和分数解释的标准化，实现了预测统计分析、试题等值、考试报名、评分和成绩报告等的计算机化，已经形成了一个初具规模的 HSK 题库和试卷计算机自动生成系统。在此基础上，将推出计算机化自适应性 HSK 考试，这种考试将更加具有针对性，更加个性化，从而可以达到更高的可靠性（信度）和有效性（效度）。

HSK 测试等级得到全球的普遍认可，HSK 在对外汉语教学课堂中也已得到对外汉语教师和学生的高度重视，很多对外汉语教师已把它作为对外汉语教学内容的一部分。

（四）教材更加丰富

随着对外汉语教学的发展，对外汉语教材也越来越丰富。对外汉语教材的日渐丰富，教材内容的实用性、趣味性的增强，在一定程度上增强了学习者学习汉语的热情和兴趣。

目前，对外汉语教材的丰富给教师的教学和学生的学习带来了很多便利，教师可以选择更适合具有文化差异和个体性较强的学生的教材，从而使学生的学习过程更为顺利。有一些对外汉语教师表示："目前，国内的对外汉语教材多达四五百种，改变了过去一套教材一统天下的局面。"学生 San Diego 也表示："现在的教材我很喜欢，课文能够帮助我们了解中国，了解中国文化，这是我最感兴趣的。"

由此可见，目前我国对外汉语教材的发展取得了一定的成效，无论在数量还是质量上都有了提高。教材是对外汉语教学中的"纽带"，是对外汉语教学理论研究和学科发展的前沿阵地和突破口，对外汉语教材的发展也是对外汉语教学学科发展的一大重要表现。

二、对外汉语教学存在的问题

（一）HSK 日渐突出的应试问题

HSK 是为了测试母语为非汉语者的汉语水平而设立的国家级标准化考试，它作为一种测试手段，具有较高的可信度。它不依据任何一种教材，考试的内容都是随机的。因其权威性，成了留学生评价自己汉语水平的标准，也成了进入中国高等院校各专业学习的外国留学生汉语水平的证明，还是各单位录用非汉语母语者的主要依据。随着参加 HSK 考试的人数逐年增加，HSK 考试也越来越引起对外汉语教学相关人员的重视。有的城市还专门设立了 HSK 成绩攻关补习班，有些教学单位甚至出现了"教学为 HSK 服务"的教学局面，这不免会给人一种应试教育的感觉。

目前，来华留学生大部分以语言学习为主，专业学生不足语言学生的三分之一。在众多的语言留学生中，只有很少的一部分进入专业学习阶段。我们知道，如果想要留住留学生，最好的办法是能让他们进入专业学习，因为专业学习时间（至少四年）必然会长于语言学习（一年左右）。很多学校根据自身情况，制定了来华留学生专业学习的有关规定，即所有来华留学生如果想在我国进行非语言教育，即专业教育，必须达到 HSK 三级水平（中级）。为了留住更多的留学生，汉语学习班（或 HSK 辅导班）如雨后春笋般应运而生。

通过与一位对外汉语老师的交流得知，在他所在的学校中，上级领导会给每个老师下达任务——至少使班级的一半以上学生达到 HSK 三级水平，这样无形中就加大了老师的工作压力。课堂上，教师会想尽办法对学生进行填鸭式教学，进行大量的 HSK 模拟考试题的练习，施行题海战术，从而使很多十分适合留学生学习汉语的教学方法无法实施。这样做的目的仅仅是为了使学生在 HSK 考试中获得高分，而不是让学生真正懂得和理解汉语，因此结果只能是学生对汉语的掌握越来越肤浅，对汉语学习的兴趣也越来越低。很多留学生虽然能说一口流利的汉语，但很多时候并不能理解所说的汉语到底有什么含义，也时常闹笑话。一位外国学生表示，虽然自己已经拿到了 HSK 三级的证书，也进入了专业学习阶段，但在上课中依然很难听懂老师到底在讲什么，生活中的听力也没有那么好，很多时候听不懂对方在讲什么。另一位外国学生也说，自己有很强的做 HSK 试题的 Skill，但是有的时候连试题也没有理解。

这种局面是由多方面因素造成的，笔者认为最深层次的原因是各个高校或者教学机构为了追求短期利益而忽视了对外汉语教学本身，这样，虽然能在短期内得到一定经济利益，但是从长远来看，必然会使众多留学生丧失学习汉语的兴趣，受到损失的也必将是对外汉语教学这门学科。

（二）过于产业化带来的课堂管理松散

随着汉语热的升温，对外汉语教学事业有了很大的发展，"汉语桥"工程的确立、世界各地孔子学院的建立以及中国本土对外汉语教育事业的蓬勃发展，都让我们看到了对外汉语教学领域的广阔发展前景。

目前很多地方政府都鼓励对外汉语教学产业化，把对外汉语产业化作为地方经济发展的一大重要举措。例如，福建省教育厅就提出进一步扩大教育对外开放的决定，大力发展来闽留学事业，进一步抓好对外汉语教学工作，继续扩大教师志愿者派出规模，鼓励有条件的高校申请赴境外举办"孔子学院"。这些举措有利于对外汉语教学事业的进一步发展。但是，由于在教学过程中存在着重盈利而轻理论总结和研究的问题，很多学校之所以重视对外汉语教学，不断改善对外汉语教学环境，增强师资力量，是出于经济考虑，为了争取更多的外国留学生生源，有的甚至进行不正当的竞争，这些都是对对外汉语教学缺乏正确认识的表现。这样做，只能使对外汉语教学越来越产业化，对对外汉语教学事业的发展帮助甚微。

下面请看一个对外汉语课堂教学案例：

课程名称：初级汉语口语（零起点）

上课时间：8：00—9：50

教师信息：刘＊（职称：教授）

学生人数：实到 15 人（应到 23 人）

学生年龄：16—20 岁

学生国别：韩国、日本、越南、津巴布韦、法国

课堂情况：上课伊始，本该满堂的小教室里只稀稀拉拉坐了 8 个学生，刘教授在讲台上显得有些尴尬，但是他没有显得诧异，显然，这种场面已经不是第一

次发生了。开始授课后5—10分钟里，剩余学生陆续进入教室，最后学生人数固定在15人。刘教授并未对迟到的学生提出严厉批评，只是微笑着告诉他们：下次不许这样了。课堂上，刘教授没有带领学生朗读课文，而是不厌其烦地强调汉语拼音标注的考试要点，同时进行对话句式套路练习，但是同学们对于这种教学方式的认同度较低，在课堂上只是机械地记忆套路，没有真正理解中文的含义和用法。几个法国裔学生显得很迷茫，似乎对于老师教学的内容并不了然。身处这种低效的教学场景中，我们早已不能对教学成果有太多的期待了。

　　随着时间的流逝，课堂渐渐发生变化：6名韩国同学中有2名女生在认真听讲，其余4人在窃窃私语；3名来自津巴布韦的学生中已经有2名同学趴在桌子上睡着了，另外一个看上去在注视着老师，但仔细一看，发现他耳朵里塞着耳机，显然他在听音乐；1名越南同学在很认真地听讲；4名法国同学中3名学生在认真听讲，并积极地投入到各种练习中，另外1名法国学生则很沉闷；1名日本学生也趴在桌子上睡着了。

　　刘教授对于这种"不正常"的课堂局面也很不满意，但是HSK通过率和学生满意度两个数据就像大山一样压在他身上，他说道："我也曾经试图与学生交流，希望学生能够按时来到课堂听讲，但是由于对课程没有任何兴趣，学生并没有给出积极的回答。于是，我对个别学习态度极差的学生进行了严肃的批评，并提出要给他们进行义务补课。然而，第二天，受到批评的学生就退班不再来上课了。"这种现象在对外汉语教学中并不少见。

　　近两年，一些原本十分优秀的培训机构也开始向商业化、功利化靠拢。正是这种追求盈利的教学模式逐渐蔓延，才导致老师对学生管理十分松散的现象。如果严格的要求和严厉的批评致使生源减少，其所引发的经济方面的损失是他们所不愿看到的。

　　由此可见，在对外汉语教学中，部分院校显然没有真正把重心放在学生的语言水平提升上，过度商业化的运营模式和短时间内大量灌输技巧方法的填鸭式教学方式普遍存在于各类对外汉语教育中，这种畸形的汉语教学方法对在世界范围内正处于上升期的汉语语言教学的伤害尤其巨大。

（三）教材需要更有针对性

　　随着中国经济的持续发展和国际地位的不断提高，来华学习汉语的学生也越来越多，对外汉语教材已经成为出版界，尤其是从事对外汉语教学的高校出版社争抢的一块"诱人的蛋糕"。目前，我国的对外汉语教材已有四五百种，基本上能够满足国内对外汉语教学的需要。

　　但是，我们也应看到关于对外汉语的教材问题，无论国内对外汉语教学界还是海外的汉语教学中，大家普遍感受选不到各方面都比较合适的教材。当前市面上常见的对外汉语教材出版商主要是北京语言大学、北京大学、北京师范大学等从事一线对外汉语教学的高校出版社，几乎每年各出版社都有新的教材推出。不少教师都反映目前各高校在教学中用得比较多的教材还集中在《实用汉语课本》《桥梁——实用汉语教程》《中级汉语教程》等几种上。市场上大部分的教材只是对一些经典教材进行低水平的重复，缺乏对教材思想和体例的改进，如1981年版的《实用汉语课本》一用就是20余年，其中有不少与中国现代化发展进步脱节的题材和明显不符合时代特征的词汇。另外，一些教材缺乏综合性和弹性，不能满足短期教学和自学的需要。学生 David 说："由于学习的时间很短，我非常希望从教材中学到比较实用的口语和常用的标志性文字，以便在旅游中更好地与当地人进行交流，而不是像现在这样从头开始进行枯燥的拼音训练。"

正如刘珣所言："就品种而言，对外汉语教材的品种仍十分单调，不能很好地满足多方面的学习中文的需要。数以百计的教材大都是初级教材和口语教材，中高级教材十分缺乏；为成人特别是大学生编写的教材很多，而为中小学生编写的教材极少；为零起点学习者编写的教材很多，而为非真正零起点者（为有一定家庭中文环境的海外华裔子女或者其第一语言就是中文的新移民子女）编写的教材很少；通用教材多，针对不同母语并在科学的语言对比基础上编写的教材以及专用教材才刚刚出现。"❶刘珣还指出对外汉语教材建设中存在的主要问题在于：教材的质量和品种不能很好地满足教学的需要；缺乏基础研究，影响到教材的科学性；教学法的大胆探索不够，教材缺乏多样化；利用现代化教学技术手段不够。因此，对外汉语教材还有很多提高的空间。

由于对外汉语教材的编写制订问题已成为制约对外汉语教学发展的瓶颈问题，也是对外汉语教学与研究亟待解决的问题，所以对外汉语教学研究人员和对外汉语教师要加强合作，共同促进对外汉语教材的发展进步。

（四）教师水平须再提高

对外汉语教师的数量与质量在对外汉语教育事业发展中有着重要的制约作用，尤其是当前世界各国对汉语学习需求高增长的现状使得教师队伍的扩大和水平的提高成了这项工作的当务之急、重中之重。

相对于国外汉语教学的快速发展和学习汉语人数的急剧增加，各国汉语教师严重匮乏，许多国家纷纷向我国提出了派遣汉语教师的强烈要求。尽管国内教育

---

❶ 刘珣 . 对外汉语教育学引论 [M]. 北京：北京语言大学出版社，2007: 52-55.

部门努力做了许多相关工作，但师资缺口仍然很大，全国拥有对外汉语教师资格证书的人数远远少于对外汉语教学的需求量。实施《汉语作为外语教学能力认定办法》后，汉语教师的人数增加得很快，但是合格的对外汉语教师的缺乏仍然是影响对外汉语教育学事业健康发展的最重要的因素。通常认为，汉语教师只要会讲汉语，语音标准，就能胜任这项工作。目前，在高校里从事对外汉语教学的教师队伍水平不一，个别单位片面追求经济效益，不顾自己的实力，一再扩大招生，使得对外汉语教学水平参差不齐，对外汉语教学状况呈现一定程度上的混乱状况。

笔者认为，有一支能胜任教学工作、科研工作和教学科研管理工作的高素质的教师队伍，是汉语教学事业发展的最根本的条件。目前，教师队伍的状况远不能适应新世纪汉语教学发展的需要，中国存在这个问题，海外汉语教学在很多国家也都面临着培养和提高本国汉语教师水平的任务。有的国家刚刚恢复了中断多年的汉语教学，因而出现汉语教师奇缺的困难，加上现有师资的素质不能适应汉语教学的需要，因此加强教师队伍建设是整个汉语作为第二语言教学领域的当务之急。

第四节 解决现阶段对外汉语教学问题的对策

一、把语言考试（HSK）同日常教学结合

HSK虽然是检验汉语水平的考试，但它自身仍有一些不足，不能完全反映汉语水平。一些研究者已经认识到，汉语水平考试虽然取得了令人瞩目的成绩，但远未达到完善的程度。难度较大的口语测试和高级汉语水平考试还有待于进一步研究，口语能力的测试基本上被排除在HSK考试之外。限于诸多原因，HSK考试测试并不完善，对外汉语教学的课程不能为了HSK考试而设立，而应该着眼于学生的汉语实际应用。这就要求那些与对外汉语教学相关的人员正确把握HSK与对外汉语教学课程之间的关系，以提高学生的听说读写能力为目标，合理安排课程设置，不能让教学成为应试的手段。同时，不能轻视HSK考试，要借助考试检验教学成果，即HSK与教学之间应该相辅相成。

通过分析，笔者认为，对外汉语教学既不能完全为HSK考试而服务，以通过HSK考试为唯一目的，也不能完全和HSK考试无关，在对外汉语教学过程中根本不涉及HSK的内容。对外汉语教师在教学中要考虑的是如何把对外汉语教学与HSK考试有机地结合起来，从而促进二者共同发展与进步。可以从听力课、口语

课、阅读课和综合课这四种课型的改善来看一下如何把对外汉语教学与 HSK 考试结合起来。

听力课：要改变目前那种听力教材与汉语课教材同步的唯一局面，促进听力教材的多样化，必须在听力课中增加内容，加大专题的训练量。例如，当学生学完数字和年月日后，可以在听力上对其进行强化，加快他们的反应速度，还可以在教学中渗透关于地点、人物关系的词语，为他们以后的考试打下基础。对于学习汉语半年以上的留学生来说，可以在教学中增加新闻听力和惯用语听力，由易到难，为学生介绍新闻体裁、新闻术语，同时可以在每节课上为学生介绍几个常用的惯用语，既不让学生感觉听力课就是单纯地听，枯燥乏味，又能同 HSK 考试联系起来。此外，还可以讲授一些考试时的基本要点和技巧。由于把听力课与 HSK 考试结合起来，又增加了生活的内容，学生对听力课产生了浓厚的兴趣，学习热情高涨，这正是迎合他们的需要所取得的效果。

口语课：通常在目的语国家系统地学习半年的汉语后，留学生对口语的重视程度不如起步阶段了，一是因为自己的口语进步太慢，二是因为要参加的 HSK 考试中没有口语考试，所以他们对口语课的重视程度逐渐降低。在这种情况下，可以适当调整口语课内容，穿插一些惯用语的讲解。在考试前几周可以围绕考试经常出现的新闻、通讯类或评论类短文进行话题式口语教学，还可以集中给学生讲一些在考试的听力和阅读的第一部分常出现的口语惯用语，这样，学生上课的积极性也就提高了。

阅读课：与综合课配套的阅读教材通常文章较长，对于仅学习半年汉语的留学生而言显得有些陈旧，教师应该使用一些新颖的阅读教材，涉及科学、文化、政治、经济等各方面，这样才更有利于学生水平的提高。而 HSK 考试规定考生的阅读理解能力为：考生能综合运用汉语语言知识和阅读技能理解汉语书面材料，阅读各种题材（社会生活、人物传记、科普、史地、政治、经济等）和体裁（议论文、记叙文、说明文、应用文等）的文字材料，掌握所读材料的主旨和大意，了解用以阐述主旨的事实和有关细节，既理解单句的意义和上下句之间的逻辑，并能根据所读材料进行一定的判断、推理和引申，领会作者的观点和态度等，这样，这类教材就能很好地同 HSK 考试的阅读接轨。

综合课：综合课的教学任务主要有语言知识教学、语言技能教学的训练、言语交际技能训练和文化因素教学。留学生系统学习半年汉语之后，已经由语音阶段过渡到语法阶段，这时他们有了参加 HSK 考试的要求，但他们的语法知识点还远远不够，在这种情况下，综合课教师应该在考试的前两周系统复习学过的语法知识点，同时有选择地讲解一些没有学到的考试常见的语法点。在讲解过程中，可以举一些 HSK 考试的例题，来加深学生的理解。

二、提高课堂教学质量

目前，在对外汉语教学中存在着不少重盈利而轻理论总结和研究的问题，很多学校对对外汉语教学的过度重视只能使对外汉语教学越来越产业化，对对外汉语教学事业的发展帮助甚微。由于重盈利而轻理论的思想的存在，学校领导和对外汉语教师对对外汉语课堂组织和管理不善，造成对外汉语课堂松散，如提前，课堂准备不到位，操作简单化，不少学生游离在课堂之外等都给对外汉语教学带来了不良影响，致使学生学习汉语的兴趣渐渐减退，难以取得进步。

在对外汉语课堂教学中，教师的指导是关键。新教学理念要求体现主体教育，充分发挥学生的主观能动性。对此，对外汉语教师要一改以前的统治对外汉语课堂的局面，创造生动活泼的课堂气氛。但这并不等于要忽视教师的指导作用的发挥。其实，教师适时、适度、恰到好处的指导在对外汉语教学中是十分重要的。笔者认为，对外汉语课堂要想取得进展，就要求对外汉语教师从以下几方面进行提高和加强。

第一，提高素质，更新观念。对外汉语教学成败的关键在教师，对外汉语教师要提高自己的教学质量，就需要全方位地提高自身的综合素质。教师不但要了解、熟悉、掌握教学内容，明确课程标准中提出的各项要求，而且要置身于对外汉语教学的前沿，密切关注对外汉语教学发展的新动向，及时更新教学观念，不断给课堂教学内容注入新观点、新方法，这样才能提高课堂教学的实效性。

第二，目标明确，全面具体。明确、具体、全面的教学目标是提高对外汉语课堂教学质量的重中之重。在制订教学目标时，要将教学内容分解成一个个具体的目标，先做到完成每课的小目标，然后完成好单元目标，从而最终完成总体目标。在教学中，要做到教有目标，学有目标，从而在课堂上有的放矢地进行教学。

第三，把握方法，新旧互补。采用适当、合理、有效的对外汉语教学方法能够起到事半功倍的效果。教学方法的选择不仅要服从多样性的原则，也要具有创新性，这样才能促进对外汉语教学方法的不断改进。

第四，优化时间，加快节奏。提高课堂教学质量的另一个关键是合理地安排课堂教学中单位时间的使用率，有效地处理好课堂教学节奏。这就要求对外汉语教师减少不必要的教学环节、不必要的说明解释，争取以最少的教学时间和精力，取得最佳的教学效果。

第五，结构严谨，环节紧凑。保证教学结构的严谨性和教学环节的紧凑性是提高对外汉语教学质量的有效方法之一。教学结构严谨才能达到最佳的教学效果。教学环节的连接要符合教学规律，教学活动与活动之间的切换要恰当合理。在转换之间，教师的指令要清楚、明确。课堂教学过程要充满变化，教学环节层层紧扣，要充分调动学生的兴趣。如果教学中各个环节的处理缺少有效的方法，尤其是难点的处理缺少层次，就会直接影响课堂教学的效果。

第六，巧设活动，落到实处。巧设教学活动，精心设计每项任务是提高课堂教学质量的保障。教师既要考虑教学活动的趣味性，又要考虑教学效果。教学活动要根据教学内容和教学目标来制订，要遵循教学规律，本着从易到难、从简到繁、难易渐近、激发兴趣的原则，使设置的活动目标明确，形式多样，形成梯度，这样才能激发不同学生的学习兴趣，增强课堂的吸引力，提高教学质量。

三、提高对外汉语教材质量

随着对外汉语教学事业的发展以及学科理论体系的逐渐完善，不论从教学的角度还是学习的角度都对教材建设提出了新的要求。面对为数众多的教材不能满足需要的现实，尤其是缺乏适应时代需求的、符合外国学生学习规律的对外汉语教材的局面，我们更应该把汉语教材的编写和推广当作对外汉语教学在 21 世纪发展的一个重要任务来对待。针对对外汉语教材的优化设计方案，不少专家学者提出了自己的看法。

笔者认为，新一代对外汉语教材必须建立在体现新世纪信息技术发展的思维模式的基础上，即基于网络和网络概念的对外汉语教材，这种总体创新的教材应该具备以下几个特点：① 由专家系统控制的网络智能环境；② 基于网络信息资源数据库的筛选与编写方案；③ 适合教师引导课程编写原则；④ 突出个体化教学的特点；⑤ 基于网络的训练方案。

其实，要提高对外汉语教材的质量，关键是要不断突破与创新。一方面，要更新观念，不断吸收汉语理论研究、教学法理论研究和语言习得理论研究的新成果；另一方面，要遵循汉语第二语言教学的原则和规律，把握对外汉语教材发展的方向，不能随心所欲地"出新招""出怪招"。笔者认为，可以从下面几项工作入手：① 加强对对外汉语教学与教材发展史的研究；② 对现行教材进行科学的调查与评估；③ 针对构成教材的各种要素进行严密的科学试验，为教材编写提供可靠的数据；④ 更新观念，引进汉语理论研究、教学法理论研究和语言习得理论研究的最新成果。

为了使对外汉语教材发展之路走得更好、更稳，笔者认为应该抓好四方面：① 选择作者群体。国家在资金、政策投入的同时，要制订统一的编写、出版计划，组织一批结构合理的编写队伍，有计划、有步骤地实施，做好国内外市场的调研工作，积极开发国际市场。② 选择教材内容。对外汉语教材的内容要新颖、科学、规范和实用。同时，要针对学习者的学习目的和要求选择课文内容，结合读者不同的地理环境、不同心理、不同习俗、不同年龄等，仔细推敲，切实编写出多层次、多元化的应用型教材。③ 选择编辑。编辑要有语言文字的专业知识、对外汉语教学的经历以及较强的编辑能力，如此才能使教材具有吸引力和应用能力。④ 作者、专家、编辑相结合。教材的编写、出版和研究要紧密结合起来，才能保障教材出版工作的顺利进行。教材制作是一个团体合作的过程，无论哪一方出现问题，都可能影响教材的出版质量。

以上观点虽然都涉及对外汉语教材的针对性、系统性、科学性、综合性、多样性等特点，但是由于侧重点和着眼点不同，因此可以说从不同的角度对对外汉语教材建设做出了理论上的贡献。

四、提高对外汉语教师水平

提高对外汉语教师水平，加快对外汉语教师队伍建设是汉语作为第二语言教学领域亟待解决的问题。教师肩负着在短时间内把语言知识传授给学生，并使之把语言知识转变为语言技能，从而运用于日常交际的重任。要搞好对外汉语教学，必须先建立一支高素质的对外汉语教师队伍。目前，我国对外汉语教师队伍的现状不太乐观，远不能适应新世纪对外汉语教学的需要，这给对外汉语教学的发展带来很大的影响，因此要始终坚持以不断提高教师的素质作为一项重要任务，在保证教学质量的前提下，不断开拓、发展对外汉语事业。

第一，加强对对外汉语教师的培养和培训，使对外汉语教师队伍逐渐壮大，从而满足国内外对对外汉语教师的需求。在数量增长的同时，要注意提高教师的素质，促进对外汉语教师知识结构与能力结构的共同发展。可以说，不断完善自己的知识结构和能力结构，不断提高自身的素质，对对外汉语教师来说是一个终身的过程。

第二，改变以往对外汉语教师队伍建设研究中以定性研究为主的局面，增加更多的量化研究，从而使研究更加科学化，更有说服力。比如，可以通过分析资格证书考试或能力证书考试的结果，来了解对外汉语教师培训工作的实际需求，进而研究考试大纲和培训大纲的制订。

第三，在当今汉语国际推广的大背景下，对外汉语教师培训工作也要向国际化发展，加强面向汉语教学志愿者的培训、面向海外中小学汉语教师的培训、基于互联网的汉语教师培训，同时针对不同类型、不同水平、不同国别的汉语教师，制订有针对性的、个性化的且切实可行的培训方案。

第四，努力提高对外汉语教师的学历层次，如有的院校通过举办"对外汉语教学在职研究生班"的方式，对本科学历的教师进行较系统的理论、业务培训，收到了较好的效果。

第二章　口语与书面语

从表达方式上来看，人类的语言分口语与书面语两种。但是，只从表达方式上对口语和书面语作诠释还不够严谨，因为口述语言不一定就是口语语体，如祝酒词或学术讲演，其内容基本属于书面语范畴，而以文字写就的文学作品尤其是小说中的对话和叙述性语言都是非常经典和高超的口语范例。

延伸到对外汉语教学中，对口语与书面语的正确理解与区分更是成为一名合格对外汉语教师的先决条件，因为现在有不少汉语口语课的通病就是讲起来像综合课。因此，对汉语口语教学问题的研究，要先从对口语和书面语的差异区分开始。

第一节　口语与书面语的差异

一、"说的汉语"与"看的汉语"

对外汉语教学是把汉语作为外语或第二语言的教学。既然是教语言，就应兼顾听、说、读、写、译诸项语言技能，不可偏废。然而，实际上也不乏只需某种技能要求的学习者。例如，有的学习者只要求学习"说汉语"和"听汉语"，而不求识汉语，即不识字也不能阅读，自然也就更不能书写。这培养出来的是会说汉语的"文盲"。还有的学习者要求识汉字，能阅读，甚至要求能书写，但不想开口说，自然也听不懂，这培养出来的是不能讲话的懂汉语的"哑巴"。这两种汉语学习者因职业或研究的需要，在教学活动中都是实际存在的。前者教的是"说的汉语"，后者教的是"看的汉语"，这是两种不同的言语形式，即汉语的口头形式和书面形式。

功能语言学认为，语域理论应涉及交际活动三个方面的内容：第一，语场，即谈论的目的和内容；第二，语式，即谈论的方式，如口头形式或书面形式；第三，语旨，即交际活动的参与者及其相互关系。

（一）两种语言形式的差异

所谓"说的汉语"，即"声音语"；"看的汉语"，即"文字语"。这是1946年郭绍虞提出的，他说："语言是声音语，文辞是文字语，按理说，这两种只是符号的分别，应当一致而不应歧异。"然而，语言受到文字的牵制，"纯粹符合口语的语体文，在古代已不太多。古人的文是否同于当时的口语，颇成一些问题"。后世的文言文，当然与口语不相符，即使是采用口的语体散文，也因为文字的牵制，不文不白，亦文亦白，不能算是纯口语，至于应用语体文，由于趋简的要求，也不尽符于口语。❶

这里主要说的是汉语中的"说的汉语"与"看的汉语"的不一致。半个世纪以前如此，今天依然存有相当大的差异。然而，不同语言的口语和书面语之间的差别并不相同，例如，与英语、法语等印欧系语言相比，汉语口语和书面语之间的差别更大。英国路透社曾在报道中指出，20世纪90年代美国的2.6亿余人口中，估计有4 000万人上过学，但不会读英文。这就是说，也有"说的英语"和"看的英语"的差异。只不过由于汉语的书写符号是汉字，因此"说的汉语"和"看的汉语"差别更大些而已。

（二）"说的汉语"为主，"看的汉语"为从

就目前世界上存在的语言来看，无一不是声音代表意义。因此，说的语言是一种符号，如果这种语言还有文字，那么文字又代表声音，于是看的语言——文字也是一种符号。说的语言是直接的达意工具，文字作为看的语言记录的是有声语言，是间接的达意工具。有声语言是一种符号，无声语言——文字又是符号的符号。有声语言是主，无声语言是从。如果用一个系列来表示，就是：意义→声音（语言）→文字（记录语言）。

也有人认为语言可以包括文字，吕叔湘就曾持有这种观点。例如，英语中"language"一词就有这样的含义。不过，吕叔湘还是主张用"口语"和"笔语"来将二者区分开，其表现形式为声音的是口语，其表现形式为形象的则为笔语。叶圣陶也认为："口语为语，书面语为文，文本于语，不可偏指，故合言之。"❷故而提倡"写话"，怎么说就怎么写。

"说的汉语"与"看的汉语"既然有相当的差异，那么即使把说的话写出来，也并非"看的汉语"，甚至不是原来"说的汉语"。因为写出来的话并不能和口中

---

❶ 郭绍虞. 照隅室语言文字论集·中国语言所受到文字的牵制 [M].上海：上海古籍出版社，2009：126-134.

❷ 叶圣陶. 叶圣陶语言教育论集 [M].北京：教育科学出版社，2015.

说的话完全符合。例如，语调就是语言中极重要的成分，可是文字里是表示不出来的。像停顿、轻重、强调、语气等在"看的汉语"中是无从表现的，因为它是声音的，只有"说的汉语"中才能显现出来。例如"谁说的"这句话，一是表示疑问"是谁说的"，二是表示否定"你说的不对"。实际上，"要是丢开语调不说，也只有现代的一部分剧本和一部分小说里的对白可以算是一致，大多数的文字是和实际语言有出入的"。在对外汉语口语教材中，写成文字的部分，有的和口语大体相符合，有的和口语距离较近，大多与口语相去甚远。从某种意义上说，是"看的汉语"而不是"说的汉语"。这也就是说，混淆了"说的汉语"与"看的汉语"的本质差异，没搞清它们的主从关系。

（三）"说的汉语"与"看的汉语"的再分类

众所周知，索绪尔把言语活动分为语言和言语两部分，人们对语言这个概念的理解，没有什么分歧，对言语的理解曾有过激烈的争论。我们还是本于索绪尔对言语的理解。首先"言语是个人行为"，其次"言语是所说的话的总和"，[1]进而提出"语言的语言学"和"言语的语言学"两个领域。岑运强进一步阐释索氏的观点，认为言语是说（写）和所说（所写），语言是人们用以说（写）和存在于所说（所写）中的音义结合的词汇系统和语法系统。[2]对外汉语教学界也有人提出："口语和书面语是一种语体概念，口头语言和书面语言是一种语用概念"[3]，并认为这种区分不但反映了语体应用的变换情况，也是为了更加科学地处理语言教学中的各种关系，主张"把口头语言教学与口语教学区别开来，把书面语言教学与书面语教学区别开来"。

根据这种理论上的认识与实践上的思考，我们把"说的汉语"和"看的汉语"再行分类。

"说的汉语"或曰口语本身，当属语言范畴。陈建民认为："根据我国的实际情况，汉语的标准口语应指受过中等教育以上的操地道北京话的人日常所说的话，这是我们研究当代汉语口语的主要语言材料，是外国朋友学习汉语口语的活教材。"[4]王若江进一步将"汉语口语课的汉语口语"定性为："当代的普通话，包括用正式发言风格和非正式发言风格说出的"。[5]这样看来，汉语口语作为语言范畴，是一种客观

---

❶ [瑞士]索绪尔.普通语言学教程[M].高名凯译，岑麒祥、叶蜚声校，商务印书馆，1980.

❷ 岑运强.语言和言语、语言的语言学和言语的语言学[J].汉语学习，1994（4）.

❸ 吕必松.试论汉语书面语言教学[J].广州华苑学术版（华文教学与研究），2000（1）.

❹ 陈建民.汉语口语[M].北京：北京出版社，1984.

❺ 王若江.对汉语口语课的反思[J].汉语学习，1999（2）.

存在，是一种语言系统，因此无论从语音、词汇、语法还是语用等组成要素来看，它都应有科学的规定性，都是可以描写的，都是有规可循的。出现在口语中的句子看似不合书面语规范，如"什么钱不钱的""我四十岁了都""你怎么还不去你""看你说的"，实则是口语系统中才有的语言现象，都是可以用口语规则来解释的。也就是说，不是任何一个人说的普通话都可以作为标准的汉语口语。"说的汉语"即是指这种口语，至于每个个体的人说的口语，那是个人的口语表达。

至于"看的汉语"，也就是写出来的汉语，它通过文字和视觉系统传递和接受信息，不同于通过声音和听觉系统传递和接受信息的"说的汉语"。二者在语音、词汇、语法及语用方面均存在一定程度的差异，它们的内涵并不相同。要强调的是，并非凡写出来的必定是标准的"看的汉语"，写出来固然是准备给人看的，但那仅仅是个人的书面表达，而真正标准的"看的汉语"应该是普通话定义中所规定的合乎语法规范的"典范的现代白话文著作"。

从语言的角度考察，"说的汉语"和"看的汉语"不可笼统言之，其中"口语"和"书面语"属语言范畴，是客观存在。"口语表达"和"书面表达"属言语范畴，因其带有浓重的个人色彩，"所说"和"所看"即是"说的汉语"与"看的汉语"。而"说"和"看"（当然是看汉语）从言语行为上讲—是输出，二是输入，而只有输出才是表达。在上述分析的基础上，我们把"说的汉语"和"看的汉语"再行分类，如图 2-1 所示。

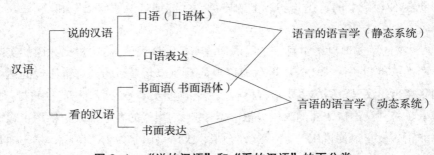

图 2-1 "说的汉语"和"看的汉语"的再分类

（四）口语与口语表达、书面语与书面表达

我们可以这样说，说话就是口语表达，写文章和材料就是书面表达。口语表达不等于口语本身，写出来的文字也不就是书面语，个人的口语表达和书面表达纯属带社会性的个人行为，它是口语和书面语的具体运用，多少带有个人的风格

与色彩，多少带有随意性。这二者的关系，也就是"语言"与"言语"的关系："语言和言语的关系，就如工具和工具运用的关系。"❶

从个人的口语表达到形成标准的汉语口语再转换成标准的书面语，有一个复杂的加工过程。人们是如何加工的呢？可以"用录音机把人们说的话录下来，各种风格的话，受过教育的和没受过教育的，有准备的和没有准备的。录下来了就一个字一个字地写出来，然后把它整理成可以读下去的文字。拿这个去跟逐字记录的比较，可以看出人们通过什么样的过程把口语提炼成书面语"。❷从吕叔湘描述的过程来观察，"人们说的话"是人们的口语表达；"一个字一个字地写出来"，这是有形的"语"。这里举一个实例，下面是北京郊区农民孙占奎的口述，讲的是《新旧社会对比》。"我呀，从呀，旧社会过来的，在，日本时期呀，我们都吃的那个什么？吃的那个混合面。过去时期，我那个什么，上，石景山做过工，可石景山做工的时候，吃的黑豆面窝窝头，黑豆面窝窝头呢。呃，后来就跟那个不干，就家来了。"❸这是写出来的有形的"语"。如果进一步"整理成可以读下去的文字"，便是书面表达，这是有形的"文"。至此，过程并未完结，只有在词汇、语法及表达都符合规范之后，才是真正的书面语。这四种形式，约略如下：

"人们说的话"，口语表达，有声的"语"；

"一个字一个字地写出来"，口语表达，有形的"语"；

"整理成可以读下去的文字"，书面表达，有形的"文"；

"词汇、语法等符合规范的文字"，书面语，书面的"文"。

"语"和"文"无论在用词、造句还是结构上，处处都表现出风格的差异。上述记录的有形的"语"显然不能用来从事对外汉语教学，但类似的口语表达应该让外国人耳闻，否则只听老师课堂上的汉语，一旦走入社会便会茫然。有形的"文"还不是一般意义上的书面语，它大约可以作为我们教给外国人汉语口语的文字根据。

汉语口语是不是可以写出来呢？老舍先生为我们树立了写口语的典范。他说："按照我的经验，我总是先把一句话的意思想全，要是按照这点去造句呢，我也许需要一句很长很长的话，于是我就用口语的句法重新去想，看看用口头上的话能不能说出那点意思和口语上的话怎样说出那点意思。这么一来，我往往发现：口语也能说出很深奥的意思，而且说得漂亮、干脆。用这个方法造句，写出来的一

❶ 岑运强 . 语言和言语、语言的语言学和言语的语言学 [J]. 汉语学习，1994（4）.

❷ 吕叔湘 . 汉语口语·序 [M]. 北京：北京出版社，1984.

❸ 陈建民 . 汉语口语 [M]. 北京：北京出版社，1984.

篇东西，虽不能完全是口语，可能颇接近口语了。"❶这个过程如下：要表达的意思→书面语造句→口头上能否说出、口头上怎样说出→口语句子。这是一个逆向过程，即将书面语改造为口语的过程，与前述吕叔湘的做法相反相成。这样所得的口语，不仅是个人的口语表达，也是书面口语。

（五）"说的汉语"的教材与"看的汉语"的教材

"说的汉语"的教学目的，是培养言语交际能力，重在口头表达，力求达意和彼此言语沟通。因此，教的应该是"人们说的话"，是有声的语言，而不应该是说的话的文字记录，更不该以书面语代之。"说的汉语"不应苛求语音上的完全正确，也不应追究语法上是否完全合乎规范。由于说话时表达跟不上思维，因而"说的汉语"并非都是完整句。半截子话、重复的词语、易位的现象以及承前或蒙后省略成分的情况，在"说的汉语"中随处可见。因为口语是初始的语言，比较粗糙，有不少不规范、不准确或赘余的成分，而说话人又会自己不断调整，随时修正。

目前，对外汉语的口语教材，因对"说的汉语"的特点理解得不全面，还存在不少尚待改进的地方，最明显的是将书面语体改写为会话体，以此作为"说的汉语"教给学生。下面的材料引自对外汉语口语教材❷。

A：你这么忙，还来送我们，这使我非常感动。

B：为朋友送行是件愉快的事情。

A：在这短短的时间里，我们既提高了汉语水平，又游览了名胜古迹。就要离开这里了，我还真有点儿舍不得呢！

B：学习虽然结束了，我们之间的友谊却是刚刚开始。

类似上述所引口语教材忽视了汉语口语交际中句式灵活多变的特点，忽视了口语交际中最重要的表现手段——语音手段（包括语调、轻重音、停顿、语气等）在表情达意上的作用。❸在我们看来，上述课文如果作为典型的"看的汉语"写入教材也许更合适。它的用词书面化，甚至带有书卷气，句子完全合乎语法规范，是把口头语言经过文字加工处理后的书面语。

"看的汉语"即书面语，现成的文字材料是大量的。选取合适的题材，针对学习者的语言水平，也许不是太难的事。但是，"说的汉语"如何选材，如何进行教

---

❶ 老舍.怎样运用口语 [J].语文学习，1951（2）.

❷ 申修言.应该重视作为口语体的口语教学 [J].汉语学习，1996（3）.

❸ 北京语言学院"北京口语调查"课题组."北京口语调查"的有关问题及初步研究 [J].第二届国际汉语教学讨论会论文选 [C].北京：北京语言学院出版社，1988.

材编排，真正达到提高口头表达能力的目的，虽也有不少有益的探讨，却终归没有离开"纸本教材＋录音"的模式。

"说的汉语"是口说、耳听的一种言语形式，它是靠声音来传达信息的，人们说话总是因人、因事、因环境而发。所以，"说的汉语"最大的特点是口语表达时有特定的语言环境和具体的听话对象。以往的对外汉语口语教学凭借书本练习会话，无场景、无语境，教者就写在书本上的语言传情达意，学习者就书本上的语言练习口头表达。其结果往往是学习者出了课堂就听不懂社会上人们之间的口头对话，自己也无从用口头语言表达自己的意思，语言交际难以达成。

笔者认为，"说的汉语"教材应该把声音形象和视觉形象结合起来，在真实的场景中提供鲜活的口语，使交际在特定的语境中达成。由于活的语言只存在于具体的情景之中，因此制作多媒体课件，在口语教学中引进多媒体教学手段势在必行。改纸本口语教材为多媒体课件将是"说的汉语"的教材的一场革命。

笔者曾设想一种新的"说的汉语"的教材，它一改传统的编排，课本中的每一课只是一个有意思的话题，给出相关的生词和若干表达方法，设计几个会话场景，交代几个谈话对象，然后组织说话，充分调动学习者说话的积极性，发挥学生的创造性思维，自然可以说出"说的汉语"。这里，关键是教师的引导与指导。

"说的汉语"离不开"听"。人们说话无非是一个人说或是与人一起说，因此口语大致可分为"独白体口语"和"会话体口语"两大类。❶教材中应有这两种语体的听力材料。需要指出的是，并非有声语言皆可作为"听的汉语"。在对外汉语教学中，学生所听的口语录音材料有的并非口语，录音人依据教材中的材料照本宣科地朗读，这只不过是书面语言口头化而已。凡是念稿子或按事先准备好的稿子来说，严格地讲，都不算口语。例如，电台的新闻广播、戏剧、电影中所背诵的台词等都只能算是念或背出来的书面语。

"看的汉语"是一种书面语，它与"说的汉语"完全不同。因为语言并不等于说话发声，文字也不只是记录语言的工具。当我们说一个作家的语言接近口语，还不能说他就是用口语写作。他用的是加工过的口语，用的是"看的汉语"写作，如老舍先生的小说和剧本。汪曾祺对此有很深刻的认识，他说："小说是写给人看的，不是写给人听的。"❷

用汉字书写的汉语，在语义表达上与以拼音文字书写的印欧系语言有很大的

---

❶ 董兆杰. 口语训练 [M].北京：语文出版社，1986.

❷ 郜元宝. 被忽略的汉语与汪曾祺的抗议 [N].文汇读书周报，2002-4-5.

区别。我们必须区分两种不同的教材——"说的汉语"的教材和"看的汉语"的教材：传统的对外汉语"综合教材"和"阅读教材"应属"看的汉语"的教材；"口语教材"和"听力教材"属于"说的汉语"的教材。鉴于汉语口语与书面语的独特之处，特别是汉字在其中的牵制作用，我们特别强调"说"和"看"的不同功能，故而主张归结为两大类教材，以突出言语形式的不同特点。

（六）"说的汉语"和"看的汉语"的不同教学方法

"说的汉语"和"看的汉语"既然不同，在教学上就应分别采用不同的教法。从语言学习的角度出发，人们学习"说的汉语"与"看的汉语"的心理过程和生理过程均有本质的不同，因此应建立"说的汉语"和"看的汉语"的不同的教学系统。也有人建议分别建立两种不同的教学系统，即书面语言教学系统和口头语言教学系统。❶还有人从另一个角度来区分系统，张斌先生说："语言学习和研究的重点在'区别'。从听和读方面说，重在区别同异；从说和写方面说，重在区别正误。"❷从语言学习来讲，"听"和"读"是输入，"说"和"写"是输出。学习的过程应该是输入大于输出。所以，应通过各门课程，利用各种教学手段，置身于各种场合或设置各种场景，让学生听汉语，因为听是最重要的。听懂了以后，顺理成章地就会有说的愿望，慢慢地也就会说了。说的时候一定要结合具体的生活场景，一定要在真实的语言环境中说。开始时，只能说最简单的话、断断续续的话、思维不连贯的话，说错了也不要急于纠正，只要说话者与听话者双方能听懂就算达到了目的，交际就算达成。因为学习者此时练习的是"说的汉语"，不能用写出来的"看的汉语"的标准去要求，二者是不同的。

在"看的汉语"的学习过程中，要充分注意汉字的特点和汉字的作用。突破汉字教学的困境，寻求汉字教学的新思路，是建立"看的汉语"教学模式的关键。汉字比起拼音文字确实有"难认、难记、难写"的一面，但也有无穷魅力，吸引了大批西方汉语学习者。认汉字、记汉字、写汉字的关键在于记忆。只有记住字形，记住字义，在头脑中留下字的声音形象，经过科学的训练，才能会写。因此，如何在记忆汉字的方法上动脑筋，指示学习者以门径，教者要费一番苦心，学习者要下一番苦功夫，学习"看的汉语"首要的是识字，然后依次为掌握词语，明晰语法，贯通语义，明了语篇。特别要强调的是，汉字作为"看的汉语"的载体，在教

---

❶ 吕必松．汉语教学中技能训练的系统性问题 [J].第五届国际汉语教学讨论会论文选 [C].北京：北京大学出版社，1997.

❷ 张斌．现代汉语虚词研究丛书·总序 [M].合肥：安徽教育出版社，2002.

学中具有重要作用。汉语有其自身的特点，与汉字相匹配，更加相得益彰。

"看的汉语"的学习顺序应该是先看后写，可根据教学需要由"看的汉语"的学习逐步过渡到"写的汉语"的学习。其学习顺序为：汉字识读→篇章阅读→写作教学。总之，要实施"看的汉语"与"写的汉语"的教学，应探讨相应的课型与教法。

"说的汉语"与"看的汉语"是两种不同的言语形式，具有不同的特点，我们应据此编写不同的教材，实施不同的教法，主张对外汉语教学培养学生既会"说的汉语"也会"看的汉语"，既可进行口头语言表达也可进行书面语言表达。只不过在不同的教学阶段，所获言语技能的程度不同而已。

二、口语词和书面语词的基本特征

第一，口语词和书面语词是普通话词汇着眼于不同的适用语域所进行的一种分类。口语词是在日常口头交际中所使用的词，具有通俗、俏皮的风格；书面语词是在正式的交际场合所使用的词，具有典雅、庄重的色彩。

关于现代汉语口语词和书面语词的状况，我们所知极少。几乎所有的现代汉语教材对这两种词汇现象均不予讨论。我们甚至至今无法获知口语词和书面语词在音节结构、词义架构、内部构造上所具有的不同的或相同的特征，更遑论其他。

现代汉语词汇家族中有多少口语词和书面语词似乎颇难说清楚，这里暂且以基本反映现代汉语词汇概貌的《现代汉语词典》（下简称《词典》）所标注的 802 个口语词和 3 821 个书面语词作为分析、研究的对象，对这两类词的基本特征做一个全方位的考察。

第二，从音节结构上看，口语词中双音词占绝对优势，分别是单音词的 5 倍强、多音词的 4 倍弱，同时多音词是单音词的 1.5 倍（表 2-1）。与口语词有所不同的是，书面语词中单音词的数量接近双音词的数量，多音词则比单音词和双音词少得多（表 2-2）。

表 2-1 口语词

音节	单音节	双音节	多音节
数量（个）	102	545	155
百分比（%）	12.72	67.95	19.33
例词	把、独、待、唬、黄、家	白搭、行当、脆生、滑溜	不大离、扳不倒儿

表2-2　书面语词

音节	单音节	双音节	多音节
数量（个）	1 604	2 187	30
百分比（%）	41.98	57.24	0.78
例词	瘥、蕆、钫、怛、暠、昶	罢黜、谗佞、沆瀣、皓首	逋逃薮、不贰过

究其原因，口语词大多是近代白话和现代汉语中出现的词，而近代白话和现代汉语中词的双音化程度很高；书面语词中有相当数量是来源于古代文言文的词，文言文中词的单音化程度很高。

另外，在词义架构上，口语词同书面语词存在着相似之处：词义架构简单清晰，即以单义词为主，多义词很少（表2-3 ~ 表2-6）。

表2-3　口语词

	单义词	多义词
数量（个）	706	96
百分比（%）	88.03	11.97
例词	半瓶醋、当头、哈喇、积攒	不光、不是味儿、担待、机子

表2-4　书面语词

	单义词	多义词
数量（个）	3 237	584
百分比（%）	84.72	15.28
例词	昂藏、摒挡、裁汰、呫嗫、回禄	欸乃、粲然、溽溽、河汉

表2-5　口语词

	双义词	三义词	四义词	六义词
数量（个）	79	15	1	1

续　表

	双义词	三义词	四义词	六义词
百分比（％）	82.29	15.63	1.04	1.04
例词	成总儿、雏儿、筋、妗子	嘟噜、家伙、撂、没治	池子	拉扯

表2-6　书面语词

	双义词	三义词	四义词
数量（个）	518	62	4
百分比（％）	88.70	10.62	0.68
例词	蔼蔼、摽、度曲、蹀躞	酤、诡谲、塞、疏阔	坔、棰、乃、焉

同方言词相似 ❶，口语词与书面语词中即使是多义词也均以包含两个义项的双义词为主，分别占82.29%和88.70%，三义词很少，四义词则极为罕见：口语词中仅有"池子"1例，书面语词中也仅见4例；书面语词中不存在包含有5个义项的词，口语词中也仅有一个"拉扯"具有6个义项（表2-5、表2-6）。

究其原因，主要同这两类词分别适用于特定的语域有关系。词义架构的复杂与否，一是同某种语言词汇的历史长短有关，古代汉语中词语的意义架构较之现代汉语词语的意义架构复杂便是这个原因；二是同词语的使用频率有关，使用频率高的词语更有机会派生出新义，这样词义架构容易成长，从而变得复杂。比如，"白（8个义项）、包（12个义项）、吃（8个义项）、出（11个义项）、打（24个义项）、大（9个义项）、地（10个义项）、点（20个义项）、顶（14个义项）、对（15个义项）、发（16个义项）、放（15个义项）"等普通词，既有较长的使用历史，又有较高的使用频率，所以它们的词义架构就变得比较复杂。口语词、书面语词的使用频率受其特定的使用语域的限制，使用频率相对不会很高，所以词义架构不易成长，从而变得简单清晰。

在多义词问题上，如果口语词与书面语词有所差异，那么这种差异主要表现

---

❶ 曹炜.现代汉语方言的基本特征初探 [J].香港《语文建设通讯》，2003（75）.

在多义书面语词中单音词占主体。双义书面语词中，单音节的有 322 个，双音节的有 194 个，三音节的只有 1 个；三义书面语词中，单音节的有 47 个，双音节的仅有 15 个；四义书面语词共有 4 个，全部为单音节词（表 2-6）。多义口语词中，多音词占主体。其中，双义口语词中单音节的有 18 个，双音节的有 49 个，三音节的有 9 个，四音节的有 3 个；三义口语词中，单音节的有 4 个，双音节的有 11 个；唯一的一个四义词和一个六义词均为双音节（见表 2-5）。

从词的内部构成情况来，口语词中合成词是单纯词的 6 倍强，前者多于后者（表 2-7），而书面语词中单纯词的数量与合成词差不多，分别占 46.43% 和 53.57%（表 2-8）。

表 2-7　口语词

	单纯词	合成词
数量（个）	113	689
百分比（%）	14.09	85.91
例词	奷、玻璃、邋遢、佝偻	地面、横竖、半空中、打嗝儿

表 2-8　书面语词

	单纯词	合成词
数量（个）	1 774	2 047
百分比（%）	46.43	53.57
例词	毅、骭、菡萏、縠䌷	驳难、华章、骋目、挥毫

个中缘由，笔者认为同前面所描写的"口语词中双音节词占绝对优势，书面语词中单音节词的数量逼近双音节词的数量"这种现象直接相关：口语词中的双音节词绝大多数是合成词，书面语词中的单音节词则均为单纯词。但是，不同中又有相似处：口语词和书面语词的单纯词均以单音节单纯词为主体，联绵词、叠音词均极为少见（表 2-9、表 2-10）。

表2-9　口语词

	单音节单纯词	联绵词	叠音词
数量（个）	102	8	3
百分比(%)	90.27	7.08	2.65
例词	待、唬、黄、家	嘟噜、佝偻、轱辘、呼噜	姥姥、爷爷、奶奶

表2-10　书面语词

	单音节单纯词	联绵词	叠音词
数量（个）	1 604	88	82
百分比(%)	90.42	4.96	4.62
例词	抃、摽、瓴、瘥	拨剌、踌躇、璀璨、縠觫	趵趵、湴湴、琤琤、觚觚

　　口语词同书面语词的差异在合成词中再一次得到了体现。口语词的合成词中复合词为主体，占83.02%，附加式次之，占14.51%，重叠式极少；书面语词的合成词中复合词也占绝对优势，占97.85%，重叠式词次之，但绝对数量很小，仅占2%，至于附加式仅见3例。在复合词中，口语词以偏正型居多，占到总量的一半强，动宾型次之，只有偏正型的一半，联合型又次之，只有动宾型的一半，至于补充型、主谓型，则数量极少。与口语词有别，书面语词则以联合型居多，占到总量的一半强，偏正型次之，只有联合型的2/3，动宾型又次之，只有偏正型的一半，至于补充型、主谓型，则数量极少。究其原因，笔者认为书面语词中存在的联合式复合词占优势这种现象同古代文言文中广泛存在的同义连用、反义对举等现象不无关系，这些在文言文中连用或对举的词组久而久之便成了近现代汉语中的双音节合成词，这样形成的复合式合成词其内部构造自然就是联合式了。至于口语词中为什么偏正式复合词占优势，那是因为偏正式原本就是一种能产的模式，口语词选择这种模式作为主要构词形式是极其自然的，书面语词没有选择这种模式作为主要构词形式是由历史原因造成的，何况书面语词中还有近三分之一的复合词采用了偏正式这种模式。

　　第三，口语词和书面语词主要有两大类：一类是完全口语词或书面语词；另一类是不完全口语词或书面语词。

　　所谓完全口语词或书面语词，指的是那些所有词义项均具有浓郁的口语或书面语色彩，因此《词典》予以整体标注的口语词或书面语词。完全口语词或书面语词存在以下三种情形。

一个词唯一的一个义项是口语词义项或书面语词义项，前者如"唬、虎牙、黄病、皇历、出数儿、拉倒"等，后者如"华胄、缓颊、惶遽、麾下、恢宏、秽迹"等，这些当然是完全口语词或书面语词。

一个词的多个义项均为口语词义项或书面语词义项，前者如"症瘌眼儿、脆生、抠搜、花消、花花搭搭、拉扯"等，后者如"比比、即日、抉摘、峻急、疆场、佳丽"等，这些当然也是完全口语词或书面语词。

在完全口语词中存在这么一种现象：一个词的多个义项中只有一个或两个为口语词义项，其余为方言词义项。比如，"姥姥（老老）"有两个义项，其中一个为口语词义项"外祖母"，另一个是方言词义项"收生婆"；又如，"厚实"有两个义项，其中一个是口语词义项"厚"，另一个是方言词义项"富裕"；再如，"把势"有三个义项，其中"武术"和"专精某种技术的人"均为口语词义项，"技术"则是方言词义项。按理说，这应属于不完全口语词，笔者却认为，虽然方言词、口语词是着眼于不同的角度对词进行分类的结果，但事实上绝大多数现代汉语方言词均具有浓烈的口语色彩，如"姥姥、把势"中的方言词义项口语色彩就很浓，所以这些词以视作完全口语词为宜。

所谓不完全口语词或书面语词，指的是那些在众多义项中只有一个或两个词义项是具有口语或书面语色彩的，因此《词典》只予以局部标注的口语词或书面语词。比如，"绝顶"有两个义项：一是"最高峰"，二是"极端，非常"，只有前者为书面语词义项；"回首"有两个义项：一是"把头转向后方"，二是"回顾，回忆"，只有后者为书面语词义项。又如，"化学"有两个义项：一是"研究物质的组成、结构、性质和变化规律的科学"，二是"赛璐珞"，后者为口语词义项；"黄花"有三个义项，其中表"没有经过性交的（青年男女）"之义的为口语词义项，而表"菊花"和"金针菜"的均为普通词义项。类似的还有"玻璃、姑娘、行当、话音、奸、翻（以上是口语词）、踌躇、开卷、坎坷、客土、活命（以上是书面语词）"等词。

这种不完全口语词或书面语词的形成原因是多方面的，有些是词的不同来源造成的，这种情形颇近似于同形同音词，如表"最高峰"的"绝顶"来源于古代诗文，是古语词，而表"极端，非常"的"绝顶"是晚清才出现的白话语词❶；表

---

❶ 参见《汉语大词典》（缩印本）。该词典表"山之最高峰"的"绝顶"的首见例证为南朝梁沈约的《早发定山》诗，而表"极端，非常"的"绝顶"的首见例证为晚清小说《花月痕》。

"没有经过性交的（青年男女）"的"黄花"来源于市井隐语❶，而隐语是极具口语色彩的一种特殊词语。有些是使用上的问题，如"回首"的两个意义均来源于古代诗文，而且标注为书面语词的那个意义似乎还晚见于未标注为书面语词的那个意义❷，这唯一的解释只能是使用上的问题，即表"回顾，回忆"的"回首"常用于书面语中。

此外，《词典》在"凡例释义"中明言："标〈书〉的表示书面上的文言词语"。但实际上，其中的一些均为单音节成分，并非是严格意义上的现代汉语书面语词，只能叫作书面语成分。

比如，"觇、陉、褊、媾、汩、旷、瑰、诼"等，在现代汉语层面一般不能作为词单独使用，它们只是一种构词成分，准确地说，是书面语语素，当然也可以笼统地称为书面语成分。

在一个多义成分的众多义项中，只有一个或两个是词义项，其余为语素义项。比如，"阍"有两个义项：① 看门；② 门（多指宫门）。其中，① 为语素义项，② 为词义项。又如，"尔"有四个义项：① 你；② 如此，这样；③ 那，这；④ 形容词后缀。除了① 为词义项之外，其余均为语素义项。类似的还有"诰、璩、昊、阡、肤、铨"等。这些都只能视作多义书面语成分：当它们表示的是词义项的意义时，它们是书面语词；当它们表示的是语素义项的意义时，它们是书面语语素。

第二节　口语表达的特点

一、口语表达的即时性及与此相关的口语特点

研究口语的特点可以有很多角度，通常的方法是把它同书面语进行比较。口语和书面语是两种不同的语言表现形式，是两种不同的语体。很多讨论口语特点的论著把观察点选择在它同书面语在以下各方面的比较上：句法结构、词语的差异和选择、修辞风格、语用特点等。比如，书面语的句子常常比较长，句法结构

---

❶ 钟敬文.语海·秘密语分册[M].上海：上海文艺出版社，1994.

❷ 参见《汉语大词典》（缩印本）。该词典表"回头，回头看"的"回首"的首见例证为汉司马相如的《封禅文》，而表"回想，回忆"的"回首"的首见例证为唐杜甫《将赴荆南寄别李剑州》诗。

比较严密，口语句子一般比较短，结构比较松散；词语的使用上，各自都有一些相对固定的习用词语，书面语用词的选择比口语更为准确、细腻；修辞风格上，书面语较为典雅、凝重，口语则比较通俗、活泼；在语用上，书面语长于心理描写、景物描写，又因为它语言严密、逻辑性较强，适于理论、观点的表述等。把这些方面作为口语研究的观察点反映了研究者的研究目的，即把落脚点放在如何提高书面语的表达能力上，而不在口语本身。

（一）口语表达的即时性特点

人们在讨论口语同书面语的差异时，"口语"已经是经过加工的、书面语化的口语。而今日的书面语经过差不多 80 年来一代一代语文运动的仁人志士的努力，随着语言最广大的使用者——人民群众文化水平的提高，应用书面语进行交际的人群的日益扩大，也已经是相当口语化了的。人们讨论现代汉语口语和书面语的差异，在很多时候实际上是讨论书面语化了的口语和口语化了的书面语的差异。那么，原始的未经加工的口语是什么样的呢？有些什么特点呢？

笔者认为，口语区别于书面语的最大特点在于它的即时性，这主要体现在它与思维的关系上。语言是思维的直接现实，是思维的载体。口语和书面语与思维的关系是不完全相同的：大体说来，口语体现了思维的初始形态，口语表达的过程直接反映了说话人思维活动的过程，而书面语是经过加工的思维成果。口语和书面语两种语体的不同，是因为它们反映了不同的思维状态，代表了不同的思维进程。口语交际的即时性还关心这样一个问题，即口语交际时，说话人的心理状态。口语交际是说话人和听话人面对面直接进行的，说话人不仅要关心自己的表达，还必须努力用语言来建立与听话人的心理沟通，关心听话人对自己表述的理解，否则口语交际就无法继续下去。而书面语作者的表述可以留待阅读者慢慢地甚至反复地阅读、思考、琢磨。总之，口语交际的即时性使口语形成了不同于书面语的特点。

口语表达的特点决定于很多因素，如口语交际的方式、场合、话题，说话人的文化素养、语言素养，对话题的熟悉程度，还有听话人的文化程度，对话题的兴趣和熟悉程度等。本章研究的语料是教育部门一位负责人在一次会议上的讲话，有别于临时聚合的人群的议论；语料内容是关于教育改革的思路，属政策性的宣讲，它有中心内容，有别于漫无边际的日常聊天；讲话人对所讲话题有深入的调查，有深思熟虑的思考，形成了系统、成熟的观点，它不同于说话人毫无所知或知之不多的话题；这一话题或相关内容，讲话人已在一些场合讲过不止一次，讲话内容谙熟，已大体上形成了语意层次，它不同于无准备的即席讲话；讲话人是高级知识分子，有较高的文化素养；听讲话的是高等院校的负责人，对话题有浓厚的兴趣，也比较熟悉。所有这些构成了这一语料的特点。由各种因素决定的口语表达的种类很多，本章研究的只是其中一种类型。若要勾画不同类型的口语表达全貌，则有赖于逐类研究，这是一项相当艰巨且需要有志者共同努力才能完成的任务。

（二）即时性表达的口语表现

1．口语中的冗余成分

说话人在边想边说的过程中出现了语意断层，在思考下文的同时，连续的语句中使用了与语意无关的冗余成分。录音表明，这些冗余成分前后并常常伴以一种副语言成分——拖腔。如：

① 这两所大学从省里拿到的经费远远超过——嗯——这个——500万这个数字。

② 我们现在的大学，由于这个——历史的原因，科类比较单一。

③ 没有形成非常活跃生动的课堂气氛，这可能是我们教学方法上一个大问题。另外呢——嗯——就是——我们过细，把什么东西都教给学生，甚至一本教材一点不落地讲解。

在考察反映思维过程的冗余成分时，会发现这些冗余成分在很多情况下出现在"资料性"词语（如数字、人名、地名等）前面。这些资料性词语需要记忆，它们在连续的语流中有时突然"失落"，出现语意断层。比如，说话人在例中说到"经费远远超过"后"失落"了"500万"这个数据，出现了语意断层。在大脑的资料库里"寻找"这个数据的过程中，使用了"嗯，这个"与前后文都无语意联系的冗余成分。在日常口语交际中，人们有时会忽然忘记某种资料，说"怎么忘了呢""让我想想"或者使用"嗯、这个"之类的冗余成分。使用冗余成分也许表示说话人相信这些资料会很快找到。从例②、③中，我们还会发现冗余成分出现的第二种情况，即出现在一个新的语意层的前面，如例②的说明原因的语意层"由于——历史的原因"之间，例③的并列语意层："另外——我们过细……"之间。在新的语意层出现的时候，说话人在"寻找"合适的表达方式，出现了断层，这时便会使用冗余成分。出现这种语意断层的时候，说话人很少说"怎么忘了呢""让我想想"一类的语句。

为了说明语意断层时出现的冗余成分，我们可以用另一种冗余成分来比较。这类冗余成分的出现并不是因为语意出现了断层，而纯粹是个人的语言习惯。先看例句：

④ 这种主张嘛得到这个很多部门的赞同，所以，我们这几年呢，这个把体制改革作为一项非常重要内容。

⑤ 后来呢？我们出了个主意，就是说，大学共建行不行，中央和地方共建几所学校。

⑥ 我们的教学过程啊，我们传授的知识啊，过于系统，这是个问题。

表现为个人语言习惯的冗余成分，因人而异，除例④、⑥所举的"啊、嗯、呢、嘛"等语气词和"这个、就是说"等，还有"比如说"（说话人并不想接着举例）、"……的话"（句子并不表假设），北京的女青年还有喜欢用"吧"的。有一个女青年在五分钟的发言中连续用了 22 个"吧"，不仅在句中作语气停顿时用"吧"，在修饰语同中心语之间并不停顿的地方也用"吧"。

个人语言习惯的冗余成分后一般没有拖腔，说话人前后语句流畅，语意连贯，它的出现没有例①～③中语意断层的冗余成分出现的规律性。

下例既有语意断层的冗余成分，又有个人语言习惯的冗余成分。

⑦ 我们这个高等教育呢，这个改革和发展呢，有很大变化啊，这个——嗯我想呢，我就不详细讲了。

标有下划线的"这个……""嗯……"表示说话人正在思考要不要对"很大变化"做具体说明。瞬间思考的结果是不予说明，所以后续句说"我想呢，我就不讲了"。

2. 语流中进行自我更正

说话人在话说出以后发现有错误，以后续句予以更正。如：

① 从 92 年开始到现在，已经有 72 所学校合并成 27 所，嗯，24 所，72 所学校合并成 24 所。

② 现在全国的科研机构有 4 000 多个——嗯——1 000 多个。

③ 学校并未成为一个真正独立办学的法人实体，学校没有自学——自主办学的权力。

④ 我们要把结构布局、管理体制比较合理的高等学校呢——高等教育体制带到 21 世纪。

例①、②更正的是资料性的事实。这类资料记忆性很强，在口语表达的过程中容易发生"失落"或记忆失误。例③、④更正是因为出现了口误（"自学"——"自主办学"，"高等学校"——"高等教育体制"）。在语句上进行更正（例①为加重更正效果，又重复了一遍）的同时，也会出现冗余成分和副语言成分——拖腔，有时还会伴随面部表情或手势等体态语。

还有一种情况并不是因为有了什么错误，而是说话人发现前面对事实的描述太模糊，须在后续句中予以更确切的补充性说明。如：

⑤ 其他业务部门管 300 多所学校，一共 320 多所学校。

⑥ 这所工科大学最近——前几年办了一些理科、文科专业。

⑦ 这两所学校都是教委比较大的学校，万人大学。

显然，"320多所"比"300多所""前几年"比"最近""万人大学"比"比较大的学校"更确切地说明了实际情况。

第三种情况是为了使表述更加确切。如：

⑧ 两个学校合作得好，将来可以，条件成熟了可以合并成一个学校。

⑨ 我们中国的高等教育是——基本上是本世纪❶发展起来的。

⑩ 共建呢，我们觉得找到了一个机制，找到了一个很好的机制。

这里，"条件成熟了"对笼统的"将来"限制了条件，"基本上是"比一个断然的"是"更留有余地，"一个很好的机制"比"一个机制"更准确地反映了说话人对一个新事物的评价。这类更正、补充的常常不是语意的基本方面，不是句子的主要成分，因为说话人对事实或评价的基本点是十分明确的。需要更正的或者在表述上需要选择的反映在句子上是一些次要成分。

有时，口语表述中只是近似的说法，听话人只做一般的理解，不会或来不及做探究，说话人不一定要做即时的更正、补充说明，但是在书面语中需要说得更确切一些，特别是在负责人关于政策性的讲话中。如：

⑪ 使教委所属的重点大学为地区服务，这是个实践的过程。

⑫ 一个不大的学校，原来招生的水平也不是太高，可它的四、六级通过率却很高。

在记录整理稿中，"实践的过程"一句可改为"这里面有个在实践中提高认识、转变思想的过程"，"招生的水平"一句可改为"生源质量也不是很好"，两句者改动后说得更具体、更确切了。

也有这样的情况：口语中说得比较具体，特别是提到某一事实时。这是因为在这种时候说话人脑海里浮现的不是逻辑概念，而是有关事实的整体的形象，这种整体形象会引导说话人加以具体描述。从效果来看，可以增强说话的实证性、可信度。因为口语交际的某些特点，如权威性不像书面语那么强，听众范围比较小，影响相对比较小，也允许说得具体一些，但作为书面讲话，特别是政策性的讲话记录稿，就需要模糊一些，如本语料中下面的例子在整理书面材料时就做了删改：

⑬ 今年我们司里有个博士后，我们司里的理科教育处副处长，从北大过来的，去香港参加了一个会议。

在书面材料中，"博士后"改为"同志"，以下一段相关的文字删去。

---

❶ 编者注：引例中的"本世纪"指21世纪。

3. 口语中的重复

口语中有些语句说话人认为特别重要，必须予以强调，但口语表述稍纵即逝，语流连续，不像书面语的阅读者可停下来反复揣摩。说话人为了引起听话人的注意或加深印象，便使用重复这种手段。这样的重复属有意重复。录音显示，有意重复的语气比较重。如：

① 管理体制改革是我们高教改革的重点和难点，重点和难点。

② 那么我们现在怎么办？怎么办？

③ 我认为这是明年高教会一个重要的主题，非常重要的主题。

例③中，不仅重复了"重要的主题"，还更正、补充了"非常"。这种口语表述特点的交叉在其他方面也有。

无意重复在表达上没有实际意义，仅仅是说话人的习惯。录音显示，这类重复的语气不像有意重复那样重，前后语流的语速也没有发现有什么变化。如：

④ 他们认为部委的重点大学为地区服务，有点儿掉架子，啊，有点儿掉架子。

⑤ 中央部门有了很强的工业大学以后，地方还要办工业大学，工业大学，地方也想自成体系，自成体系。

⑥ 省里同厦门大学共建了一个艺术系，一个财经政法系，财经政法系。

例④、⑥中重复的部分没有增加任何信息，例⑥的两个系中单独重复"财经政法系"似乎也没有特殊的必要，至少在通篇讲话中没有显示出来。

4. 口语中的解释性成分

口语中使用的特定表述，说话人为了让听话人对之有明晰的理解，常常要进行一些解释。如：

① 两个学校合作办学以后呢，有十来个班是合班上课，就是这个学校一两个班跟那个学校一两个班合在一块儿上课。

② 合作办学就是隶属关系不变，我是谁的学校还是谁的学校，投资渠道不变，但两个学校资源共享、优势互补、学科交叉、协同发展。

③ 我们为什么办了这么多单科性的学校呢？科类比较单一的学校呢？

例①的"合班上课"是说两个或两个以上的班在一起上课，这本来是一个很清楚的概念，但两个学校合作办学后的"合班上课"是指"这个学校"和"那个学校"之间的事，所以说话人特别加以解释说明。例②对"合作办学"的内涵进行了说明，其中包括两个"不变"：隶属关系不变和投资渠道不变。说话人认为"投资渠道不变"容易理解，而"隶属关系不变"则需要说明："我是谁的学校还是谁的学校"。以上两例解释性的成分比较复杂，表现在语言上就是后续独立的语句。这种解释被称为"内涵诠释法"。

口语中使用解释性成分有时并不是内容上的，而是语言上的，是为了避免语音和语意的混淆。汉语中有的音节代表多个语素，有的语素含有多种意义，但如果把它与另一音节语素一起组成一个词，这个音节代表的特定语素及其语意就得到了定位。同样，口语中的一个词在连续的语流中如果不容易为听话人准确定位，把它扩展成一个词组就明晰得多。比如，例③的"单科性"，从意义上说很好懂，但语音上听话人可能一时听不清楚，于是说话人采用了重复语句的方式："单科性的学校""科类比较单一的学校"，在重复中对"单科性"进行了解释。又如，报纸上出现的"维和行动"，如果在口语中说到这个概念以后，把"维和"扩展解释为"联合国维持和平行动"，在听觉感知上就明晰得多。这种方法可以称之为"扩展解释法"。

为了使听话人得到的语音符号——音节定位于特定的语素、语意，口语交际中还常常借助汉字，如上述例③的"单科"除了扩展解释为"科类单一"外，还可以说"dān 是单独的单，kē 是学科的科"。一旦把听觉上的音节定位于书面的汉字，其意义也就明晰了。这种方法可以称之为"汉字定位法"。

如果说内涵诠释法对口语和书面语都适用的话，扩展解释法和汉字定位法则多见于口语。口语中要不要对某些表述进行解释，用什么方法进行解释，决定于说话人对听话人关于话题熟悉程度和文化水平（也就是理解力）的估计。本章节研究的语料的听话人是高等院校的负责人，对"单科性学校"和"综合性大学"的内涵是熟悉的，所以我们宁愿把说话人解释"单科性"为"科类比较单一"归之于扩展解释法，而不认为是内涵的诠释。如果说话人方言浓重，在口语交际中使用后两种解释方法会有助于听话人的理解，有利于达到交际目的。

5. 口语中的估测性成分

口语表述有时（如本章节研究的语料是负责人的讲话）有较强的严肃性，但比起书面语来，口语表述的权威性要差一些，具有一定的非正式性，说话人在某种程度上比较放得开一些，所以有时会有一些估测性的语句。书面语在说到估测性成分时则比较谨慎。如：

① 明年我们的教学质量要上一个较大的台阶。

② 现在 486 在国外已经开始被淘汰了，586 大概也快了，"奔腾"也快了，而我们还在用 286 呢。

例①"较大的台阶"比"台阶"尽管有所差别，毕竟是一个模糊概念，并无实际的度量，却能引起人们在心理上的较大期望值。若仅仅说"台阶"，则可大可小。整理成书面稿时，考虑到书面语的权威性，去掉"较大的"，就留有了一定的余地。例②"486 在国外已经开始被淘汰"已是事实，而586、"奔腾"被淘汰则是"大概、估测"。486 被淘汰，我们还在用286，足以说明其间的差距，提不提586、"奔腾"的发展趋向无伤要旨。所以，在书面整理稿中，这类估测性词语也被删掉了。

对已有的事实，口语中有时也会使用模糊的估测性词语。如：

③ 这些问题 XXX 刚才可能讲到了。

④ 人文科学在经济和社会发展中的作用好像越来越受到重视。

⑤ 上海铁道学院和铁道医学院合并成了上海铁道大学，据说合并得还不错。

例③是一个临时提到的、对讲话主题并无实质意义的事实。根据会议的安排和以往的了解，说话人估计 XXX "可能"会讲到这些问题，但因为说话人中途赴会，不知道"刚才"的情况，但也没有核实的必要，提到时便用了模糊的说法。例④、⑤说的是两个重要的事实，说话人用了"好像""据说"，表示这只是个人的了解，带有不确定性。书面语提到重要事实时，一般不使用模棱两可的表述。所以，记录整理稿中根据事实把这类模糊性词语去掉了。

6. 与听话人加深心理沟通的表述

说话人为了加强同听话人的感情交流，缩短彼此的心理距离，常常会使用一些亲昵的表述。如：

① 从明年起咱们就是"九五"——最后五年了。

② 体制改革呢，那么我们可归纳为五个方面。

③ 另一种形式是一些中央部门的学校转由地方去管理，这包括我们外语院校。

例①、②的"咱们""我们"表示了说话人与听话人有着共同的任务、共同的认识，表示了彼此的亲密关系，有利于缩短心理距离。例③同样是对着现场听众的外语院校负责人说的，说"包括我们外语院校"比"外语院校""你们外语院校"来亲切得多。口语交际是面对面进行的，适当地使用亲昵的表述，在理性的信息交流中注入感情的交流，是说话的一种艺术。书面语的作者与读者时空阻隔，即使使用这类亲昵的表述方法，效果也差得多。

说话人使用与听话人商讨的表述。如：

④ 我想我们现在的外国语大学，大家可以讨论，现在单纯的外国语大学可能会有很多问题。

⑤ 我们组织了"教学质量百校行"活动，不知你们知道了没有？就是要公开披露教学中的问题。

例④说话人把自己的判断提供给听众时，用了商讨性的表述"大家可以讨论"，例⑤把组织了一个活动的信息报告给听众时，关心地询问"你们知道了没有"，体现了说话人对听话人的平等地交换意见的姿态，这既有利于听众接受说话人意见，又进行了感情的融通。同类话题的书面语为达到这种效果，则多注意事理分析本身，如要合情、合理、周到、全面以及注意读者的可接受性等。一般来说，书面语多注意以理服人，口语多注意以情动人。这也就是口头演讲有较大鼓动性的原因。

7. 口语中的不规范表述

口语中常常出现不规范的表述，这与说话人对话题熟悉的程度、事先有无准备以及说话人本人的文化程度、语言素养等有关。虽然本章节研究的语料中不规范表述较少，但口语表达毕竟是随想随说，在使用比较长的句子时，对句子来不及周密地组织、推敲，也会出现语法不规范、结构不严谨、语句不简洁的地方。如：

① 这样一个校均规模应该说<u>是比较</u>，<u>在我们国家情况下</u>，<u>比较</u>合理的或是效益比较高的校均规模。

② 两个学校合作办学，<u>互相可以听课啊学生</u>，承认学分，互聘老师。

③ 内地学校的一些热点，在这两个学校已经缓解了，或者没有了。<u>医疗费紧张，副食补贴要花很多钱等</u>，<u>内地的一些学校啊</u>。这两个学校基本上这些困难、问题解决了。

例①中，说话人在评价我国高校"校均规模"时，判断是明确的："比较合理"，但说到"比较"的时候，意识到不同国家有不同的国情，我们的判断是从我国的国情出发的，插了"在我们国家的情况下"，不合常理地切断了"比较合理"这一偏正结构。书面语经过周密的思考，上面的意思就会规范地表述为"在我们国家情况下，应该说是比较合理的……"。例②中，"互相可以听课啊学生"，在语法上显然是把主语和谓语倒装了。例③中，后一句是前一句的重复，目的是前一句的"热点"即"医疗费……、副食补贴……"。为了明确这是"内地学校"的事，又做了后续说明，也造成了主谓倒装的现象。

口语表述中之所以出现某些句子成分的倒装（从本章节研究的语料来看，主要是主谓倒装），常常是因为对被提前的成分所代表的语意说话人有急于表达的欲念，于是脱口而出，然后补充其他相关成分，如"来了，你""很用功！他""说，快"。某些独词句也是类似的情况，如"小心，车"。如果在家中，孩子出门时，家长一般说"马路上的车多，要小心"；如果在马路上，车在较远的地方开来，同行者提醒时则说"车来了，快走"。句子成分是否倒装跟说话人是否有急于表达的欲念有关。在一定的情景中，这种倒装可以被听话人理解、接受，并被看作是一种语言规则，如"来了，你"，有时则仅仅反映了说话人本人的思维活动。在口语交际的即时场景下，因为有各种非语言因素（如语气、体态等）的协助，不至于形成交际障碍，但从语言规则看，毕竟是不规范的。

口语中举到某一例证时，除了逻辑概念以外，在说话人的脑海里常常会伴随出现有关的具体形象，如说"我认识一个人曾经……"时，会出现有关这个人的很多附加情况，"他"的具体模样、身份、同说话人的关系等，这些具体形象驱动说话人加以详细描述，而显然这跟当时说话的主题关系不大，造成了语言不够简洁的问题。在本章节研究的语料中也有这样的情况，如：

④ 我说我们国家的本科教育比较强，是个强项，为什么我们本科可以是一个强项，称为强项呢？我们投入很少，我在清华大学讲，我说我们的投入很少。我们为什么本科教育能称为强项呢？也就是说我们自己有自己的优势。

这里，说话人提出了"我们国家的本科教育比较强"的命题后，两次提出设问。第一次设问可理解为说话人为了引导听话人共同思考，第二次设问似乎是多余的。原因是第一次设问的回答中提到了说话人在清华大学的讲话，这时说话人在脑海中已经出现了那次讲话的具体场景，第二次设问可视作说话人潜意识的情景返回到讲话的现场，而在听话人看来，这是多余的。

8. 口语中对语意层次的提示

说话人在表述自己的意见时，特别是重要的演讲、报告中，语意的层次是有所设计的，即使有时仅仅是粗粗的腹稿，但听话人在现场不见得能立时领悟这种层次设计，能把握不同语意层次的要旨。这样，说话人常需要对自己的讲话作语意提示。如：

① 刚才讲了面向 21 世纪教学内容和课程体系的改革的问题。第二个问题，就是我们正在做的建立一个教育质量的宏观监控体系……

② 刚才讲了这三件事情：教学内容的改革、计算机基础教学和教学法的改革。在教学改革方面，还有专业设置改革的问题。

③ 怎样改变现在这种格局呢？有五种形式。一个是共建：……第二种就是合作办学：……这是第二种形式；第三种就是合并：……这是一种形式，就是合并。再一种形式，就是中央部门的一些学校转由到地方去管理：……这是第四种形式。第五种形式就是企业集团参与办学，科学院、所同高等学校联合办学……

在听取长篇讲话时，人们的精神比较集中，思维活动常常是顺说话人的语流而下，来不及对内容进行"反刍""消化"，说话人适时地进行层次提示，有利于听话人对内容达成整体的理解。人们常常会发现，在报告厅里，一些重要讲话的笔记人在讲话语段转换时会快速翻阅前面的笔录，以在心中形成清晰的语意层次。这从另一方面证明了说话人适时进行语意层次的提示是十分必要的。

以上从口语与说话人的思维、心理活动的关系，以一篇讲话为语料，分析了口语的八个方面的特点。当然，口语的特点不仅仅是这些（即使同样是一篇讲话），还有口语中的言语"缺损"（即说半句话）、插说、话题"歧途"（即俗话说的"跑题"）等，因为本章节研究的语料没有出现这些现象，只能暂付阙如。

二、会话研究与对外汉语教学

（一）会话研究现状

话语语言学是 20 世纪 60 年代末 70 年代初发展起来的一门新兴的语言学学科，主要研究在实际语言运用中具有一定交际目的的口头和书面言语交际单位的结构特点，如话语结构模式和构成规则、话语类型和话语的变体、话语交际中的各种语义特点、话语生成和接收过程中表现出的语用特点等。

英国语言学家 J. R. Firth 很早就注意会话研究，他认为"只有在会话中语言学家才能找到更好地理解语言是什么和它是怎样工作的关键"，并认为，语言只有在语境里才是有意义的。但是，他的告诫在较长时间内没有引起语言学界的重视。

Zellig Harris 和 Mitchell 在 20 世纪 50 年代就开始研究话语。Harris（1952）在"话语分析"❶一文中试图用替换和分布的方法对句子以上的话语结构进行分析，找出话语平面上的类似的结构单位。但是，由于这套方法本身忽视语义因素，不适宜研究主要依靠语义关联的话语，所以他的研究进展不大。

1964 年到 1966 年，法国学者在《交际》杂志上发表了一些关于篇章结构分析的文章。同时，Hymes 编的《文化和社会中的语言》（*Language in Culture and Society*）也在 1964 年问世。在这本论文集中，话语、风格、称呼形式、语言艺术的各种形式以及语言应用的差异等受到了应有的重视。

这段时期，话语分析的研究取得了一定的成就，但由于语言学界的主流是以共时描写为特征的结构主义语言学，在 Saussure 的区分语言和言语的主张影响下，人们普遍认为可以把句子从实际应用的环境中抽象出来，进行规则化（regularization）、标准化（standardization）、非语境化（decontextualization）。因而，会话的典型特点——不合语法性（ungrammaticality）、非连续性（discontinuity）、依赖语境性（context-dependence）、相互作用性（interactivity）被忽视。

---

❶ Brown, G. & Yule.Discourse Analysis[M].Cambridge University Press, 1983.

结构主义语言学单纯强调形式和实体，忽视意义，只关心句子所具有的语音、词汇和句法特点，而不管同一语句如何在不同语境中具有不同的功能。Chomsky 对句子结构的研究也只注重语言的形式特点，通过语言学家内省方式来研究理想的说话者和听话者的潜在的语言能力，靠直觉研究合乎语法的潜在的句子。虽然转换生成学派在语言研究方面取得了很大成果，但是随着语言学理论的发展，其局限性也越来越明显。人们发现，事实上不存在一致的本族语说话人的语言能力，他举的合语法的重要例子别人则认为是不合语法的，或者在个人方言中是可以接受的。实验研究的结果使一些转换生成语言学家承认语境的重要性，并且开始摒弃脱离语境研究孤句的方法。正是在这个时期（20 世纪 70 年代初），话语分析作为一个独立的学科开始形成。

今天，话语语言学已经成为一门有理论、有方法、有广泛应用领域的语言学学科，也受到邻近学科的重视。人们对话语的研究兴趣日益提高，在国外已经形成一个话语研究的热潮，出版了不少话语研究的论著。

日常会话是语言使用的基本形式，理应在语言研究中受到足够的重视。但长期以来，在我国语言学研究中存在一种重书面语轻口语的倾向。日常会话中许多不同于书面语的特点被忽视了。虽然对汉语口语的研究已引起了越来越多的人的注意，但这方面的研究几乎仍是空白。

（二）会话研究对对外汉语教学的意义

提起会话研究，有人可能会认为可有可无，以前没有研究汉语口语不是一样教口语吗？如果说会话结构研究的意义与语法研究的意义相同，他们可能会觉得这是言过其实，但实际情况确实如此。

试想两个汉语学习者，其中一个由不懂汉语语法的老师用自己随意编写的教材教授，另一个由通晓语法的老师系统教授，教学效果一定不同。尽管前一个学生也可以学会汉语，但他的学习过程是靠简单模仿来完成的。第二个学生，则可以使用所学过的简单规则，造出自己没学过的句子。这个道理已经众所周知。

汉语会话结构研究对对外汉语教学的意义与此毫无二致，只不过语法研究是关于组词成句的规则，会话结构研究是组句成段的规则。一个汉语学习者如果只学会了汉语的词汇和语法规则，虽然可以造出一个个正确的句子，但是不了解具体的会话结构规则，就不能在具体语境中使用合适的句子与其他的句子衔接起来，即不知道如何将一个个单独的句子组合成更大的话语单位，如何与他人的话有机地配合，顺利地完成整个会话过程。这就像只学习汉语的词汇系统，不学习汉语的语法规则而不能组词造句一样。

虽然具体的语言学习者可以靠简单的模仿来学习不同语境中的会话过程，就像不学语法靠简单模仿学习一个个句子一样，但是会话过程所依赖的语言环境像句子一样具有无限性，学会了某些特定语境中的会话结构，换个语境，或者仅仅改变了语境中的某个变项就又不知该怎么说了。例如，会话的时间、地点、场合、目的均与教材中所学过的相同，但是会话对象不同该怎么办？如果时间、地点、场合、会话对象与课堂所学相同，但会话目的不同又该怎么办？课堂教学所设计的言语交际环境与实际交际环境完全一致的情况是极少见的，所以很多第二语言学习者尽管掌握了该语言的大量词汇和语法规则，也在课堂上做过大量的会话练习，但在具体交际环境中还是不知怎样开口说话。他们的难题往往不是词汇和语法方面的，黎天睦先生在中国讲学时曾经谈到"我们外国人住在北京常常想到这个问题：在一个新的社会生活，在街上、在朋友家里，我该怎样开始说话？有时候不知道怎么开口说话，只好不作声。这是事实。如果你不相信，你可以问一下你的学生。我们都有这个问题，外国人在美国也一样。因为不知道怎样进行会话，所以就不说话，少张口。例如，在外头，想问从这儿到那儿怎么走，我可以说'劳驾''请问'，这是比较容易的，老师在书上都教了。但是，如果在饭馆里，都坐满了，没座位，我站在那里，对面是我不认识的人，我想问问他，怎么说，我要是按英语的说法是'对不起'，对不对？不对，当然不对。我也知道不对，但不知道怎么说好，只好不作声。"这段话可以给我们很多启示。黎先生可以说是一位汉语专家，能说流利的汉语，他在饭店里不知怎么向对方发问，不是词汇和语法问题，而是不了解在这种语境中的会话规则，即在这种语境中使用什么样的话语才是得体的，而这正是会话结构研究所要解决的一个问题。如果我们能像语法研究从无限句子中归纳出有限的语法规则那样进行会话研究，即从无限不同的会话过程中归纳出有限的会话规则，那么掌握了一定词汇和语法规则的第二语言学习者，在了解这些规则之后，就可以在新的言语交际环境中，进行得体的言语交际。

　　（三）会话结构规则研究的可能性

　　从表面看，会话是一个纷繁复杂、千差万别的无序过程，似乎只按会话者意愿随心所欲地展开和进行。但实际上，会话是一个按一定的规则进行的有序过程。任何会话参与者都必须遵守这些规则，如果无视这些规则，会话就不能进行。例如，两个或更多的人在一起会话，如果其中某人只想自己一个人讲，总是打断别人的话，不让他人讲话，那么会话就无法顺利进行。这里就牵涉到如何轮流说话的规则，说话者发出什么样的放弃话题信号，表示他的话已经说完，他人应该或者可以开始接着说以及下一个说话人发出什么样的接受话题信号，表示他想接过下一个话题。又如，在路上碰见一个熟人时，先要用打招呼语，可以问"你好""你上哪儿去"，接下来可以随便寒暄几句，或者谈点儿正经事儿，也可以什么也不谈，打过招呼就分手。如果你不这样，打完招呼马上说"再见"，对方就会觉得奇怪。如果你在路上碰见陌生人也向他打招呼，问他"上哪儿去？"他一定以为你认错人了。

上面的例子反映出，会话虽然可以发生在无限的多种多样的语境中，但在每种语境中可供选择的话语功能类型是有限的，它受到一些潜在的会话规则的制约，使得适合某种语境的话语只能被局限在某种范围之内，超出这个范围，别人就会感到奇怪或不能理解。这种制约不仅体现在会话物理环境方面，还体现在会话过程中上文语句对下文语句的制约。如两个人会话，甲先请求乙帮助做某件事，乙接着说话时只有几种选择，要么接受，要么拒绝，要么搪塞，要么表示疑义，要么推迟满足该要求。举一个请求帮助校对稿件的例子：

甲：我最近非常忙，你能帮忙把这个稿子校对一下吗？

乙：①（接受）好。

②（拒绝）我这几天也很忙，真对不起。

③（推迟）我这几天没空，过几天可以帮忙。

④（搪塞）过几天再说吧，我现在也特别忙。

⑤（疑义）你干嘛老让我帮你校对？

这种在每种具体语境中可供选择的话语功能类型和潜在规则正是会话研究要努力探讨和加以解释的。如果我们能将繁杂的会话材料进行科学的分类，然后归纳出不同类型的会话结构，并对此进行系统的描写，那么对第二语言教学来说无疑具有重要价值。

面对繁杂的实际会话材料，这种描写是可能的。限于篇幅，下面只简单地讨论熟人之间的拜访性会话。

熟人之间的拜访性会话是指会话的一方去他方的工作或居住场所时所发生的言语交际活动。

除了一些简单的会话（如：打过招呼就分手），熟人之间的会话过程一般可分为三部分：开头、主体和结尾。例如，要求一个朋友帮点忙，见到他时第一句话说的可能不是所求之事，而是打招呼或者询问近况等寒暄语，然后才接触正题。说完正事以后，不是回头就走，而是说告别语。在这种情况下，打招呼就是会话的开头，谈所求之事就是会话的主体，互相告别就是会话的结尾。

一般来说，会话的主体部分不会受会话场合的影响，说话人不会因为场合不同而采取不同的会话方式向朋友求助，但会话的开头会受会话场合的影响，同样一件事，在路上谈和在朋友家里谈会话结构不同。

结尾部分结构往往不受会话场合的影响，而是受会话参与者之间的关系这一因素的制约。陌生人之间的会话与熟人之间的会话结尾方式不同。除非在陌生人之间的会话结束时，陌生的双方已有一定了解，陌生人已变成熟人。

第三节　口头语言交际能力的层次性

一、口头言语交际能力

言语交际能力，是指人们遵循言语交际规律灵活使用交际语言的能力，它由人的语言能力、表达能力、交际能力三者结合而成。❶

范开泰先生在论及培养外国学生的汉语交际能力时指出，言语交际能力应包含这样三方面的内容：第一，汉语语言系统能力，即在使用汉语时具有合语法性和可接受性；第二，汉语得体表达能力，即在使用汉语时具有得体性，能根据说话人和听话人的具体条件和说话时的具体语境选择最恰当的表达方式，以取得最理想的表达效果；第三，汉语文化适应能力，即在使用汉语进行交际时能适应中国人的社会文化心理习惯。❷

因为口头言语交际是以口头方式进行交际，所以我们可以套用言语交际能力概念的定义，把汉语口头言语交际能力定义为：是人们遵循汉语口头言语交际的规律使用汉语口头交际语言的能力。

"口头交际语言"这个概念容易使人想到通常所说的"口语"。在口语教学中，也有人不区分"口语"和"口头语"，把口语教学简单化地归结为"口头语"语汇教学，如"甭""棒""帅""瞅""拉倒"等。"口语"与"口头语"不同，"口语"是与"书面语"相对的概念。崔卫用下面的表格（2-11）来阐述口语与标准语的关系❸。

❶ 刘焕辉 . 言语交际学基本原理 [M]. 南昌：江西教育出版社，1997.

❷ 范开泰 . 论汉语交际能力的培养 [J]. 世界汉语教学 .1992（1）.

❸ 崔卫 . 口语共性 [M]. 北京：军事谊文出版社，1992.

表2-11　现代民族标准语

现代民族标准语			
口语		书面语	
纯口语成分	中态成分	中态成分	纯书面语成分
其他成分（俚俗等）			其他成分
边缘	中心		边缘

从这张表我们可以看出，口语与书面语是两个交叉概念，它们有一个"共核"，即表中的"中心"部分。本书的观点是：这个"共核"即对外汉语教学中所说的"汉语口头交际语言"的主要内容（对那些专门学习、研究汉语口语的学生的教学除外）。究其原因，有以下几点：第一，有数据表明，口语与书面语中的中态成分各占到其总数的75%，包括一般交际用语的主要内容；第二，纯口语成分和俚俗成分多出现在亲朋之间的家常语体之中，留学生在一般的交际场合中也许会听到（如看电视剧）但极少会用到；第三，这个"共核"中的中态成分语体正式，不亲昵，使用的交际场合广泛，不易造成交际中的失礼行为。由此可见，"口头语""口语""汉语口头交际语言"应该是三个不同的概念。在留学生汉语口头言语交际能力的训练中，我们提供给学生的语言材料不能只是"口头语"和严格意义上的"口语"，而应该是口语与书面语交叉的中态部分，即"汉语口头交际语言"。明确了这一点，对编教材者和教师来说，就明确了对留学生进行一般口头言语交际能力训练时训练内容的取材范围。

要培养学生的汉语口头言语交际能力，只为学生提供"汉语口头交际语言"还不够，"汉语口头言语交际的规律"也应使学生有所了解。人类交往行为的共同性使得各民族的言语交际规律中存在许多共有的原则，如"合作原则"（包括质、量、关系、方式四项准则）。但由于交往行为总是与交际文化密切相关，所以各民族语言的言语交际规律也存在很大的差异性，如汉语口头言语交际中的"谦虚准则"等。只有在教学中多引导学生注意汉语口头言语交际中的特殊规律，才能提高学生的得体表达能力和对汉文化的适应能力，达到对外汉语教学的最终目的。

二、不同层次的训练标准

外国学生想用汉语从事交际活动，必须先学习汉语的表达方式。从最初学会第一句话"你好"到最终自如地用汉语与人交往，这中间经历的是一个渐进的学习与提高的过程。在这个过程中，学生的汉语口头言语交际能力逐步发展并完善。因此，可以认为学生的汉语口头言语交际能力是有层次、分阶段的。

口头言语交际能力的层次该如何划分，划分所依据的标准是什么？这种层次的划分与标准的制定通常体现在各种教学大纲和考试标准的设计中，如果能归纳出划分学生言语交际能力的层次标准，那么就等于找到了对学生进行分层训练的标准。下面先看看我们找到的有关材料中的论述。

崔希亮（1992）依据口头交际行为的不同方式，将口头言语交际能力分为讲、述、谈、说四个层次，并根据在这四种言语行为中运用和组织语言、语篇的难易程度，把"讲"定为言语交际能力的最高层次，"述"次之，第三个层次是"谈"，第四是"说"。

国家汉办汉语水平考试部制定的汉语水平等级标准（1996）则从话题范围、掌握词汇语法的数量、在课堂上的表达能力（语篇能力）和在实际交际中（日常活动或专业性活动）的会话能力四个方面将"说"的能力分为五级。

杨寄洲主编的《对外汉语教学初级阶段教学大纲》（1999），按照学生朗读时的语言质量（语音、语调及语速）、会话内容的范围和成段表述三个方面，把初级阶段学生"说"的能力分为三个阶段。

柯传仁、柳明（1993）介绍了美国的中文口语能力考试，从功能（指能完成什么任务）、情景、内容（话题）、准确性、篇章类型（指词、句子、段落、有逻辑性的多段落）五个方面制定判断标准，确定了初、中、高、最高四级中文口语能力等级。

归纳以上四种对口头言语交际能力各层（级）的检测标准，主要有：语言质量、篇章类型、话题范围、一般场景或特殊场景、功能。对照范开泰提及的三种能力：语言系统能力、得体表达能力、文化适应能力，下面看看上述各项标准与这三种能力间的对应关系。

语言系统能力可由语言质量、篇章类型这两个标准来测定，并且语音、语法的准确性和篇章类型的使用情况这两个标准的客观性强，所以用来判定学生的能力时可操作性也强，是两个具有可行性的标准。

话题范围可以部分地测定学生的词汇量和对语法项目的掌握程度，所以基本是指向对语言系统能力的检测，但比起上两个标准来，这个标准的客观性不强。因为每个人话题范围的宽窄与他本人的生活状况有关，比如"娱乐"，我们无法判定对这个话题侃侃而谈的人是否真的比另一个对之无话可说的人言语能力强，所以话题范围是个可行性不强的标准。

关于"场景"这个标准，如果只理解为交际活动的场所，如日常生活场所或某些特殊的、带有专业性质的场所，那就会和"话题范围"一样不容易作为标准存在，因为在日常生活场所发生的交际困境，可能比某个专业性场所中的交际活动更难应对，所以"场景"应为"场所"+"情景"。不同的交际场景需要学生选择与之相应的言语形式，这种对不同言语形式的选择能力，应该就是范开泰所说的得体表达能力。因此，场景作为标准，可用来检测口头言语表达能力的得体性。

"功能"标准只在美国的中文口语能力考试中被提出并作为重要标准，它是指用中文"能完成什么交际任务"。能用语言完成什么交际任务属于人的语用能力，即用言语表达自己意图的能力，这项标准考察的是表达能力，与场景标准所考察的能力同属一类，所以这两项标准是相互补充的。

文化适应能力，指外国留学生能适应中国人的社会文化心理习惯，即表达要符合"汉语口头言语交际的规律"。这项能力目前似乎还无人提出可行的检测标准。

结合范开泰的三种能力说，并参照前文评述过的各项标准，笔者试着从教学训练要求的角度出发提出自己的标准和划分方法：

表 2-12　汉语口头言语交际能力的层次划分及划分依据

标准层次	语言系统能力		表达及得体表达能力		文化适应能力
	语言质量	篇章类型	场景	语用行为	文化背景知识
1	较标准的声、韵、调。单句语速较慢	单句	用固定表达应付生活急需	只能被动地答话	了解基本礼貌用语
2	声韵调标准并注意变调、轻声、儿化。语速接近正常	成句表达且句与句之间有简单的连贯	表达能满足基本生活需要	能简单发问	了解中国人基本的生活方式和文化传统
3	句音、句调标准、自然。语速 15～180 字/分	比较连贯的短小的语段或话轮	接近中国人的生活圈，谈论具体话题	能维持面对面的交谈，运用解释、说明、补充等策略	了解各种文化风俗习惯及其特定场合中的语言表达习惯

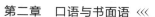

续 表

标准层次	语言系统能力		表达及得体表达能力		文化适应能力
	语言质量	篇章类型	场景	语用行为	文化背景知识
4	停顿、轻重音运用较好。语义表达形式丰富	语段或话轮间逻辑性强,启承转合自然	自如地谈论一般话题,能应对意外困难的情景	较长时间的独白,主动谈话、插话或改变话题	了解文化现象背后的各种价值观念
5	音调、句调准确,并善于运用声音技巧表达丰富的语义	语篇中心明确,阐述清晰有序	话题范围广泛,自如应对各种复杂情景	自如运用各种语用策略,可控制整篇谈话,并恰当运用体态语等副语言手段	全面了解文化现象中的各种思想观念、伦理道德意识以及民族心理特征

在表 2-12 中,"语用行为"标准指的是"运用语言表达意图的能力",因考虑体态语等副语言手段也算是对意图的行为表达,言语策略常常是得体表达的必要手段,所以将言语行为的主动性、言语策略、体态语作为此项标准的三项要素。"文化适应能力"指掌握语言使用的社会规则能力,这项能力形成的基础是对交际的文化背景知识的了解,所以本节提出"文化背景知识"这项标准,为文化适应能力的训练制定标杆。

把学生口头言语交际能力分为五个层次,有两方面的考虑:一是考虑各级水平之间的过渡与衔接;二是为了对应汉语水平等级大纲中的五个级别标准。在教学中,通常是把学生的水平分为初、中、高三级,各级之间应有明显的分界,实际上交际能力虽有层次可分,但各级之间并没有明晰的分界。表 2-12 把汉语口头言语交际能力分为五个层次,以第一、第二、第三层对应初级水平,第二、第三、第四对应中级水平,第三、第四、第五对应高级水平,每一级中都有最底层与最高层作为极点,这样三三得九,形成三级九个层次,初级有初低、初中、初高,中级有中低、中中、中高,高级有高低、高中、高高。因为在教学中标准制定得越细、越具体,训练的针对性就越强,教学的效果也就越好。

第三章　对外汉语口语教学概述

　　对外汉语口语教学是对外汉语教学的基础课程，口语课的学习对提高留学生的汉语口语交际能力非常关键。

　　在口语与书面语这两种语言输出形式中，口语交际占据主导地位，是语言输出的最主要形式。无论在日常生活还是工作学习中，口语交际都是绝大多数人表情达意的方式。对外汉语口语教学的最终目的是培养留学生的口语交际能力，让母语为非汉语的留学生熟悉并掌握用汉语进行交际的技能。随着汉语作为第二语言技能教学的不断发展，口语课作为技能训练越来越受到重视，逐渐成为对外汉语教学的主修课。要进行对外汉语口语教学，先要了解其教学的本质、目标及任务。

第一节　对外汉语口语教学的性质

　　对外汉语口语教学训练的是留学生用汉语进行口语交际的能力，本质是为了提高学生的口语交际技能，学生不仅要掌握语音、词汇和语法等汉语要素的知识，还要具备听、说、读、写等方面的语言技能，能熟练地运用汉语进行日常生活交际。有效的教学模式能使汉语口语教学真正实现生活化和交际化，为学生的汉语学习和汉语交际能力的培养提供充分的保障。在接近日常生活交际的情景中，学生可以更好地进入日常交际的角色，增强真实交流的感受，同时培养汉语思维模式，降低跨文化交际障碍，提高跨文化交际能力。通过对外汉语口语教学，教师可以充分发挥学生的主观能动性，以学生为主体，让学生更好地参与到教学活动中来，变被动学习为主动学习，这样能更好地提高教学质量。

　　一个日本学生曾与其汉语教师讨论过这样的问题：在口语课上学过乘车一课以后，发现北京公共汽车的售票员说话都特别简练，句子也好像比较固定，他们基本上不说课堂上"没票的同志请买票"那样完整的句子，常常只说"没票买票"，开始时听不懂"没票买票"是什么意思，以后慢慢跟书上的句子比较，再加上猜想，也就明白了其中的大概意思。再有，当公共汽车拐弯或者靠近汽车站时，售票员从车窗探出头来提醒路边骑自行车的人，不是说"注意"或"小心"，而是说"看车看车"，这特别让人感到奇怪。这位日本学生说，我们以前学过"看书""看电视""看电影"这样的句子，"看车"在语言形式上跟这些句子一样，都是动词"看"后边加一个宾语，但为什么两者在语义上有如此大的差别呢？

学生提出的问题反映了他迫切要求学习口语的呼声，也反映了之前对外汉语口语教学中存在的问题。按理说，既然名之为口语课，就应当承担两项任务：一项是训练口头表达能力；另一项是教学生掌握口语词语和句式。但目前的口语课主要是以训练口头表达能力为主，或者通过"说"的训练，让学生掌握和巩固基本语法和常用词语，而忽视了口语体的口语教学。有的人甚至认为，过分突出口语体的口语教学会造成口语教学的误区。由于对口语与口语课的关系缺乏统一的认识，致使在一些口语教材中出现这样的非口语对话：

A：你这么忙，还来送我们，这使我非常感动。

C：为朋友送行是件愉快的事情。

A：一个半月以来，你帮了我们不少忙，真是太感谢了！

C：照顾不周（到）的地方，一定不少，还请你们多多原谅。

A：哪里，哪里。我们在这里生活得很愉快。

C：但愿如此。

A：在这短短的时间里，我们既提高了汉语水平，又游览了名胜古迹。就要离开这里了，我还真有点儿舍不得呢。

C：学习虽然结束了，我们之间的友谊却是刚刚开始，希望你们有机会再来。

上述会话，显然不能算是真实的口语会话，作为巩固和练习某种基本句型而出现在综合课的课文中是可以的，但作为口语课的句型，就不符合口语语法规范了。对于口语教学的这种现状，早在 20 世纪 70 年代时就有人表示过忧虑："总的来说，口语教学的质量和效果还是不能令人满意，如教材的内容和会话材料的语体不够生动和自然，有些句子带有浓重的书卷气，过分追求语言规范化，忽视汉语口语交际中一些灵活多变的句式和它们在语义、感情色彩表达上的特殊功用。比如，口语中常见的易位（八点了都）、重复（你怎么了你）、省略（他不病了吗）等重要的语言现象至今没有反映在初、中级口语教材中。"❶

---

❶ 北京语言学院"北京口语调查"课题组．"北京口语调查"的有关问题及初步研究 [A]．第二届国际汉语教学讨论会论文选 [C]．北京：北京语言学院出版社，1988．

单独开设一门口语课（作为口语体的口语）的设想，是根据吕必松的课程理论和口语理论提出来的。吕必松在《对外汉语教学概论》中提出了"专项技能课"和"专门目标课"两个不同的课程概念，他把以训练听说技能为主的"听说"课（或"视听说"课）与以培养口语能力为专门目标的"口语课"区别开来。同时，他对口语与书面语、口头语言与书面语言这两对概念进行了科学的区分，指出"口语"和"书面语"是语体概念，"口头语言"和"书面语言"是交际概念，二者不可混淆。明确以上概念，对于口语教学具有重要的现实意义。当前，被称之为口语课的教学，一般都以口头表达训练为主，而口头表达训练的主要内容又大都采用"口头语言"，并非完全是口语。严格来说，这样的课型应该定名为口头语言课、说话课、听说课或者口头表达课，而不应称之为口语课，不然就容易将作为语体概念的口语与之混淆。

笔者所指的口语课是一门专门目标课，它的任务有两个：一是培养学生的口头表达能力；二是教学生掌握口语（作为口语体的口语）。就其性质而论，它仍是一门技能课，是专门训练"说"这项言语技能和与之相应的言语交际技能的。但是，它的教学目标非常明确，它所训练的口头表达内容不是书面语，也不是全部的口头语言，而仅仅是口头语言的一部分——作为口语体的口语。简言之，它的训练体系就是以口语语法为纲。为什么要单独开设这样一门专门目标课，或者说把听说课和口语课分开来有什么必要？

第一，学生需要，尤其是来华学生需要。

留学生来到中国，不论处在哪一个学习阶段，都要投身到中国社会生活之中。只要同中国人打交道，通常第一件要做的事就是开口，接触作为口语体的口语。这是为什么一些学生热衷于学习"马路语言"的原因。与其这样，还不如把它纳入课程体系之中，开展有计划、有组织的正规教学。正如有的语言教学专家所强烈呼吁的那样：口语应该和书面语一样受到重视。❶

第二，口语具有一系列不同于书面语的语言特征，具有自己独立的语法体系和规范化标准。

我国口语研究者陈建民认为："口语是书面语的基础，书面语是口语的加工形式，它们各自按照不同的规律发展下去，成为既相同又不相同、既接近又不接近的两种言语的功能体系。"❷

口语既然有自己的独立体系，当然也就形成了自己的规范化标准。传统的汉

---

❶ 李庭芗．英语教学法 [C]．北京：高等教育出版社，1983：326．

❷ 陈建民．汉语口语 [C]．北京：北京出版社，1984．

语教学常常用基本语法这一把尺子对语言进行规范，视标准口语句式（如不完整句）为不规范，如把"那件大衣谁的""这张桌子我的"这样的口语句子判为病句，这是混淆了两种语言规范标准。当前特别强调的是，口语在语言系统中处在相对独立的地位，并且有自己的一套口语语法规范。口语的这套规范化标准与基本语法的规范化标准是不相同的。有些句子看起来不符合基本语法，但在口语里"非但不能算错，反而更符合口语语法规范，也即更地道、更'口语化'"，❶如"吃吧你"（追加）、"他完了是你"（隐含）等。据笔者了解，由于前些年"口语语法"这一概念在对外汉语教学界还未受到应有的重视，以致许多口语课教师在实际教学中对究竟采用什么标准来规范口语教学感到相当困惑。有的教师在口语教学实践中已经强烈地意识到只用基本语法这一个标准去规范口语教学的不足，但未能用口语语法另有规范标准的理论去武装口语教学，只好在一个规范标准的前提下，提出一些折中的主张。例如，有的教师提出"当规范化与实用性发生碰撞时，不能简单地用一把规范的尺子摈弃那些虽很实用、很真实却不十分规范的语言现象。这就从相反的角度证明了单独开设一门专门目标课——口语课的必要性"。

第三，外国学生学习了汉语语音、基本词语及基本语法，并非就能自然掌握口语，还必须进行专门学习和训练。

笔者发现，学生课堂上学习了很多语言知识，但一到用时就不会说话。为什么会产生这种情况呢？原因之一就是传统的语言教学并没有把口语作为培养目标。还有人简单地认为，只要掌握了语音、词汇、语法等语言形式，使用语言就不成为问题。桂诗春教授在《应用语言学》一书里指出："口语能力应该是一种相对独立的能力。它和书面语虽可转移，但它有其自身的深度和广度。"我们的教学实践也证实了这个结论的正确性。由于口语课"没有把口语作为培养目标"，即没有把系统的口语语法教学正式纳入教学任务中，以至于学生学到的口语知识是零碎的，掌握的口语句式和词语是有限的，甚至没能在思想上建立起口语语法这一概念，因而他们在实际的口语对话中往往习惯于使用"完整句""正规句"，而很少使用简约性极强的口语句式，语言使用显得不够自然、地道，交际质量也因此受到了影响。

长期以来，人们只重视书面语，轻视口语，这正是口语课的性质和任务未能形成统一认识的原因之一。从 20 世纪 80 年代起，这种局面有了可喜的变化，国内甚至国外的口语和口语教学研究都有了较大的进展，这就为单独开设口语课创造了基本条件。

---

❶ 俞约法. 口语、口语语法与口语教学 [J]. 外语学刊（黑龙江大学学报），1992(2).

汉语口语研究从"未曾开辟的原野"发展到结出一批丰硕的成果。20世纪60年代，赵元任写的《汉语口语语法》自不必说。20世纪80年代中期，被称之为"国内迄今为止第一部较系统地研究汉语口语的专著"❶的《汉语口语》问世，该书对汉语口语词汇、口语语法和口语修辞等现象进行了比较全面的描述，这为我们单独开设口语课提供了借鉴。例如，陈建民在该书中为汉语口语所确定的标准就排除了口语课常常为人所诟病的方言俚俗成分。陈建民在比较了国外的一些口语标准后提出："根据我国的实际情况，汉语的标准口语应指受过中等教育以上操地道北京话的人日常所说的话，这是我们研究当代汉语口语的主要语言材料，是外国朋友学习汉语口语的活教材。"在此前后，一些具有实力的语言学家也在汉语口语研究方面取得了令人瞩目的成绩，如陈章太《略论汉语口语的规范》、陆俭明《汉语口语里的易位现象》以及孟琮《口语"说"字小集》等。特别值得一提的是，以常玉钟为首的几位口语课教师，1993年出版了《口语习用语功能词典》，被语言学家邵敬敏评价为"独具慧眼"。"它不但对外国人学习汉语很有帮助，而且对以汉语为母语的中国人来说也很有启发。"❷尤其令人鼓舞的是，从赵元任起，直到陈建民、陆俭明、邵敬敏等多位语言学家，都提出并专门使用了"汉语口语语法"这一概念，这就为单独开设口语课提供了可靠的理论依据。

口语与语法相脱节的现象已引起语法学家的高度重视。语言学家于根元从"挤什么挤，你都挤到我怀里来了"和"你可想死我了"等口语句子的分析中，得出一个结论："一般现行的语法体系恐怕驾驭不住全部口语句式""看来，要建立口语语法，非"另辟蹊径不可"。❸于根元的观点非常符合对外汉语教学实际。在对外汉语教学界，一些专家学者从教学实践中也已经发现并注意到了这个问题。吕必松明确指出："迄今为止，在我国出版的多数对外汉语教材中，语法教学的内容还不够全面，重点不够突出。""口语语法的教学也没有受到足够的重视。"❹吕文华在对口语句法做了八点归纳后，指出：对外汉语教学中"一方面对大量口语中的特有语法规则没有进行归纳总结，另一方面教材中现成的语法规则不能有力地解释会话中出现的语法现象，因此一些典型的口语句子成了教学中的难句。按口语语法的特点进行语法点

---

❶ 邵敬敏．汉语语法学史略 [M]．上海：上海教育出版社，1990．

❷ 邵敬敏．口语与语用研究的结晶 [J]．世界汉语教学，1994（2）．

❸ 于根元，龚千炎著．中国语法学史稿·附录《在探索中前进》[M]．北京：语文出版社，1986．

❹ 吕必松．对外汉语教学概论（讲义）[J]．世界汉语教学，1995（1）．

的归纳和解释在语法教学中已刻不容缓"。❶

对于外国留学生来说,对外汉语口语教学无疑给他们解决了生活中的实际问题。首先对外汉语口语教学能够解决他们学习和生活中的基本交际问题。其次,对外汉语口语教学为其他课程的学习打下了坚实的基础。口语的学习可以不局限于课堂,在课外也有很多机会可以学习口语,比如和中国学生聊天。这在客观上有利于留学生更快地提高自身的汉语口语能力。而汉语口语能力的提高,更有利于其他课程的学习。最后,汉语不仅要会读、会写,还要能说出来,并能运用到实际生活中去,可以说口语课是一切汉语学科的基础课。

第二节 对外汉语口语教学的任务

对外汉语口语教学的首要任务是培养外国留学生的口语交际能力,让外国留学生能用汉语进行日常交际。其次是培养留学生掌握语言基本知识的能力。如果不具备汉语语音、词汇、语法的基本知识,就很难在交际中运用汉语进行语言交流。例如,准确地发音,尤其是单音节词的发音是重点。要提高汉语口语交际能力必须先掌握普通话的标准发音,包括 21 个声母、39 个韵母、4 个声调,以及除声、韵、调之外的语音规则,如轻声、儿化、变调等,并要能按照汉语语法规范说出准确的语句。学习者在用汉语和别人进行交流时,说出来的话语要基本符合汉语的语言习惯,没有语法错误。再次是培养留学生的语言生成能力。虽然汉语学习者具备基本的汉语知识,但不一定能有效地进行合乎情景的对话交流。因此,要重视语言生成能力的培养。

首先,说话的人能够生成话语的主要条件是对语素、词、短语和句子的熟练掌握以及熟悉各层次的语法规则,且说出的语句所表达的意思要相对完整。按照不同的语气,可以将句子划分为陈述句、疑问句、祈使句和感叹句;根据句式和句子结构特征的不同,可将句子分为"把"字句、"被"字句、连动句、兼语句、双宾句等。这些都是学习者需要了解和学习的。

其次,语篇是日常交际最主要的表达形式,"语篇的结构不是一些句子的简单排列,而是句子与句子之间在交际或交际的具体场景中实现的语义整体。因此,语篇的生成,不仅要求交际者能恰当地选择和正确地使用合乎汉语语法的句

---

❶ 吕文华 . 对外汉语教学语法探索 [M]. 北京:语文出版社,1994.

子，更重要的是要学会在具体的情景中得当地选用这些句子。也许学生表达某一个单句的时候非常正确，但是要表达一段连贯的话语时就会出现各种各样的语法问题"。❶因此，只训练单句的表达能力是不够的，还要在单句表达的基础上训练学生成段话语的表达能力。

对外汉语口语教学从根本上说是以提高学生的汉语交际能力为目标，而交际能力是留学生最需要尽快掌握的能力，口语教学从实用和实践的角度为留学生提供了交际范例，使他们能够较快地适应汉语环境的生活。在当今的社会中，人们学习第二语言的动力来源是掌握交际技能。口语交际特征和书面语表达特征是不同的，因此口语教学需要有系统性的规划和对学生进行循序渐进的引导。根据不同学习阶段的需求，设定了初、中、高三个学习阶段的目标，具体如表 3-1 所示。

表 3-1 高等学校外国留学生汉语长期进修教学大纲口语教学目标

初等阶段	中等阶段	高等阶段
能比较准确地发出单个字、词的音，句子的语调虽受明显的母语影响，但所表达的意思要连贯，基本能让听话人理解；能进行日常生活中见面、介绍、祝贺以及询问、购物等基本口语交际，能用已经掌握的简单词汇表达自己的意图或叙述某一事情的基本内容，句子错误率不超过 30%	具有初步的语篇表达能力，语调基本正确，语速基本正常，表达基本清楚、准确、恰当。能就一般性话题展开讨论，进行一般性交涉和业务洽谈	能就社会生活中的一般话题较为流利地进行对话或讲话，能较系统地、完整地表达自己的思想感情，有较强的成篇表达的能力。语音语调正确，语气变化适当，语速正常，语句连贯；用词基本恰当，能用较为复杂的词汇和句式，有一定的活用语言的能力，表达比较得体

由表 3-1 可知，对外汉语口语课开设的目的是要以专项训练的形式培养学生的口语表达能力，让学生不仅能说得出，还要说得好。即语音标准，语调自然，表意明确，语言得体。要做到这些，首先要提高学生的语言输入量，让学生掌握大量的词汇和句子，从而在日常交际中对这些语言点做到运用自如。其次，训练学生的汉语语感。通过大量有效的口语交际训练，使学生灵活地使用汉语，用汉语自由地表达。再次，培养学生正确的语音语调，克服母语负迁移的障碍，从而掌握标准的汉语语音。最后，提高学生汉语交际的得体性。通过真实的模拟情景训练让学生更好地理解汉语语句的含义，明确话语的主题，什么该说，该怎么说，

---

❶ 刘慧. 对外汉语教学中的口语交际微技能培养 [D]. 厦门：厦门大学，2007.

什么不该说，为什么不说，使其做到口语表达更为顺畅和流利。

　　语言的形式和功能是多样的，对其进行分析、归类、综合与界定是理论语言学的目标。而教学语感把语感能力的培养作为指导思想，学生知道语言的本质、言语的功能、句式的语法以及词语的用法等，这只是语言学习的开始，问题的关键是如何"使用语言"，如何把有关语言与言语的知识转化为具有无限创造性的"能力"。长期以来，理论语言学和应用语言学都受本质论、知识论和认识论的影响，都在"知其然，还要知其所以然"的思维框架中跋涉，这并没有什么过错，这是对语言由感性描述上升为理性研究进而掌握其规律的必然之路，是人类认识的自然逻辑顺序，但是仅仅停留于此并非语言研究的初衷，更不是语言教学的最终目的，而只是达到"教师如何培养与学生如何形成语感能力"这一目的的途径。

　　从教学上说，教师不仅要在传授知识意义上将新的语言研究成果用于教学实际，检验理论的实用性、正确性和有效性，还要在教学实践中以语感能力的培养为目的寻找有效的教学方法来促进语言功能以及知识的能力化，由"要学生说"转为"学生要说"，由"知识性理解性有意造句"转为"能力性交际性无意说句"。

　　众所周知，母语教学存在语感教学的问题，培养学生在听、说、读、写方面的语感能力成为母语教学的基本指导思想和目标。第二语言教学同样应坚持以训练学生的语感能力为基本原则。第二语言语感能力的培养与母语语感训练具有相似性，如坚持语音链与意义链相统一的原则，注意运用在句式中通过变换同义词来理解同义词细微差别的方法，通过聚合词语的替换与扩展来强化某种句式，在不同的层次和阶段遵循听、说、读、写的逻辑顺序，尽管时间的长短不尽相同等，这是由语言教学的共同本质所决定的。同时，第二语言教学的语感训练又有自身的特点。首先，母语教学不存在思维模式的差异问题，不存在母语对第二语言的影响问题（这里不包括儿童习得与学习第二语言的情况，主要谈论如何培养思维已被母语模式化了的学习者的语感能力的情况）。其次，母语教学的对象是已具备一定语感能力的学生，问题在于如何"提高"语感能力；第二语言教学的对象是思维已被母语模式化的学生，问题在于如何在母语化的思维模式和语言区里链接新语言所负载的思维模式和语言区，即属于"培植"语感能力的问题。例如，对是非问句的回答，汉语是直接对提问者问话的回答，而英语却无视提问者的问题本身，只是表达自己肯定或否定的意向。[1]教师除了在教学中讲清差异以外，还要通过由视到听再到说的转化，形成学生由自觉到非自觉的语感能力。由此，也带来了语

---

❶ 王建勤．汉语作为第二语言的习得研究 [M].北京：北京语言文化大学出版社，1997.

感训练着重点的不同。

第二语言教学中语感原则的确定有其客观的依据。语音的链结是由于意义组合的连贯，意义包含着有关人类认识的所有观念，其中以语义库与模块的形式积淀和聚合在意识中的文化传统是最为民族化和语言化的意义。而一种语言的意义的组合规律又表现为思维被该语言模式化后形成的思维模式。语言本质所表现的"思维—思维模式—意义—语音"的由内向外的纵向结构为第二语言教学中由"语音—意义—思维模式—思维"组成的由外向内的纵向训练结构这一语感训练的原则奠定了理论基础。

笔者认为，对外汉语教学初级阶段的语感培养应该遵循以下三个原则：第一，在语流中教学音与义的联系以及促进语音链和意义链内化的原则；第二，依据语言可以使思维模式化的理论，坚持在语法结构和习用句式的教学中促进第二语言思维模式形成的原则；第三，在语用规则中教学文化传统的原则。

中级阶段对外汉语口语教学的历史相对比较短，而且语言学界对汉语口语的研究比较薄弱，因此对于中级阶段口语课的认识一直不够明确，使得教师在教学中难以把握总的教学原则和教学方法，很容易出现随意性和盲目性的状况，即碰到什么教什么，想怎么教就怎么教。实际上，不同教师对同样内容的处理方式和侧重点往往有较大的差异，在此情况下很难保证教学质量和教学效果的稳定性，因此中级口语教学的规范化势在必行。当然，并非其他课就不需要规范化，只是对口语课教学的控制更容易出现因教师而异的情况，所以口语课的规范化问题更突出一些。

教学的规范化建设的内容就是实现教学指导思想、教学内容以及基本教学方法的相对统一，从而形成一套指导教学实践的标准模式。口语课的规范化建设也需要从这些方面入手。

口语能力表现为语音能力、用词造句能力、成段表达能力和语用能力。这是一种综合能力，是必须通过口语教学的反复训练才能培养起来的。

从语言学习的角度来看，口语教学遵循的是从组词造句——句群——段落——语篇这样一个循序渐进的过程；而从言语交际技能训练的角度来看，口语教学则是从语素（语音、词汇、语法）的学习开始，由言语技能（听、说、读、写）的训练，到言语交际技能的完成。

高级阶段对外汉语口语教学的历史相对较短，而且语言学界对汉语口语教学的研究比较薄弱。和其他课程比较起来，中高级口语教学，特别是高级口语教学的盲目性和随意性状态更为突出，而且一直得不到有效的控制。这就直接影响到口语教学乃至整个对外汉语教学的成功率。我们面临着规范高级口语教学的迫切问题。

第三节　对外汉语口语教学的原则

从对外汉语教学的实际情况来看，初级阶段是整个教学的开始阶段，此阶段的学习对于学生日后的学习起着极为重要的铺垫作用。"万丈高楼平地起"，对于将汉语作为第二语言来学习的留学生来说，此阶段的教学更不可忽视。吕必松指出："口头表达训练是促进语言习得的手段之一。在对外汉语教学中，过去只是在初级阶段开设一门口语课，以会话体为主，现在有些学校，虽然开设了中级口语、高级口语或类似的课程，但是对这门课的性质和任务还缺乏统一的认识，还没有形成口头表达训练的明确目标和完整体系。"因此，开展有关初级口语课的教学原则、方法的研究和讨论是十分必要的。

一般把掌握了 800 个左右的常用词，并学习了汉语的基本语法结构，在 HSK 考试等级为 2 ~ 3 级，能进行简单的日常交际的留学生的学习阶段看作初级阶段。下面，笔者将结合教学实践，就初级阶段对外汉语口语课的教学原则和方法谈一点粗浅的看法。

一、"i+1"原则

该假说最早由美国语言学家克拉申（S·Krashen）提出。"i+1"原则是这样一种概念："i"代表学生已有的汉语水平，相当于克拉申（S·Krashen）"输入假设"（input hypothesis）中的"i"，是可懂输入的依据、语言习得的基础；"+1"则指略高于学生说话水平的语言输入。这样的"i+1"输入，对于学生来说，是一种可懂的输入。在罗勃特·W·布莱尔（Robert W. Blair）提出的领会教学法（comprehension approach）中可以了解到，我们正是通过可懂的语言输入来习得语言的。"i"是一种语言条件。它直接影响教师教学的效果，以及学生习得的难度和速度，甚至会关系到对外汉语学习的成败。

在教授留学生汉语的过程中，教师对不同阶段学生的汉语水平，也就是对"i"这个相对静止的定量是有一定了解的，但是无论从主观意识，还是从客观练习来看，教师都很难把握好"i"。新教师对于学生"i"的把握，就要从学生学过的知识和足够的练习中进行。而且在以后的教学过程中，要时刻注意"i"的变化，并且能够做出相应的调整。特别是在初级阶段，教师应有意识地控制课堂用语及语速。考虑到初级阶段学生的特点，教师应特别注意课堂用语要简单易懂，避免使用专业语法术语，用学生已掌握的词语和语法来解释生词、课文，回答学生的问题。语速方面，教师应有意识地放慢语速，清晰、准确地发好每一个音。

初级阶段的留学生对汉语十分生疏，而且从当今我国的对外汉语教学情况来看，一个班的留学生来自不同的国家，文化背景不同，社会制度也有差异，而且其自身也是年龄差距大、性格多样，学习动机也是相对迥异。每个学生对教师所教授的知识以及教学风格的期待也有所不同。这就要求教师在教学过程中，要充分了解学生的不同状态，针对不同的学生，做出不同的教学安排和计划。

以对外汉语初级班的学生为例，他们在学习汉语时对汉语的发音、声调、词汇以及语法结构都不太了解，无法准确捕捉教师口中发出的语音，但是又处在培养语言能力的重要阶段，这时候就要求教师要有全面的课堂教学语言意识，尽量少用学生的母语进行教学，同时还要注意学生目的语也就是汉语翻译的准确性和规范性，并且有意识的重复已经教授过的语言点、词汇和句子。例如，在中国有一首儿歌是这样唱的："爸爸的爸爸叫什么？——爸爸的爸爸叫爷爷。妈妈的妈妈叫什么？——妈妈的妈妈叫外婆……"在这首儿歌中，"爸爸""妈妈"是学生已有的知识，为了结合这些已有知识输入"爷爷""外婆"这样的新知识，这个方法在练习口语的同时增加了词汇重复率，使学生容易掌握。

以上这个例子只适合教授年龄较小并且汉语水平较低的学生，对于青少年或成年学生来讲，可以播放中文歌曲，重复收听，并要求学生能够唱出来。当然，在具体教学过程中，还需要教师结合实际情况灵活教学。

初级阶段的学生掌握了简单的汉语词汇和语法，那么在教学过程中，就不必急于再用新知识去学新知识，而是要在他们已经学过的知识基础上，输入新的语法点、词汇或者句子。因为对于学生学过的东西，即使没有掌握到位，对他们来说也是熟悉的。这也要求教师在教学前就要很好地把握到学生的"i"。新教师可以从学生学过的课本以及他们的作业练习中了解，这样就能灵活安排教学方案，针对学生的实际情况进行教学输入。例如，在讲授"你好吗？我很好。"这样的疑问句型时，我们普遍的回答都是我很好。就像我们中国人刚开始学习英语的时候，课本上的"How are you？"老师只会教我们回答"Fine，thank you，and you？"一样。殊不知，后来遇到外教后，还知道可以有"not bad""just so-so"等比较新颖的答案。所以，在学生已经掌握了"我很好"这个答案后，教师就应该适当输入新的答案，例如"还不错""马马虎虎"。这些新的答案不仅可以增加学生的新鲜感，引起学生学习的兴趣，还可以活跃课堂氛围。又例如，学生已经学会了动物类的词汇，如"老虎""狐狸"等，教师可以输入相应的成语"狐假虎威"来扩展学生的词汇量，用成语故事的方式引出这个词汇，学生的兴趣会大大增加，同时又可以学到新的知识点，更加了解中国的文化。

在对外汉语教学中，对于零起点的班级学生，教师的教学方案一定要适合该层次的学生。零起点班级的学生对汉语不了解，甚至听不懂汉语，这时就需要教师在教学过程中结合英语来进行教学，才能达到比较理想的教学效果。例如，在口语教学中，对话练习："你的梦想是什么？""我的梦想是当一名老师。"这样的对话学生根本没办法理解，所以教师就要英语单词"dream"和"teacher"来组织对话。但是，有些词，例如"工作"，其含义无法与英文解释"work"完全对应，所以当学生碰到"学习"这个词时，教师便可以引导学生如下。教师："工人工作，大夫工作，老师工作，学生工作吗？"学生："学生学习，不工作。"这样就可以帮助学生理解汉语"工作"的基本意义。在设计这样的问题时，就要运用"i+1"原则。

对于每一个学生来说，不管他们来自哪个国家、属于哪种文化背景、处在哪个年龄阶段，都不能保证自己能够永远保持相同的学习状态，他们在课堂上的学习积极性和学习效率会受到环境、心情、身体等各方面因素的影响。学习积极性高才能收到良好的学习效率。所以，在口语教学过程中，教师一定要及时把握这一点，灵活处理课堂内容，调节课堂氛围，使得学生接受的知识更接近于理想的输入状态，从而提高学生学习的积极性和效率。

例如，在教学中，每天早上学生的精神饱满，摄取新知识的兴趣高，学习积极性也比较高，这个时候教师就应该把握好学生这种良好的学习状态，输入新知识，输入重难点，最大程度上利用学生的学习兴奋点，在"i"的程度上"+1"，适时完成教学内容，达到理想的教学效果。而在一天的下午，学生精神状态较差，学习积极性也不高，摄取新知识的兴趣度不高。此时，教师就要减少教学内容的输入，降低输入难度，减慢输入速度，对课堂氛围进行适度调整，这样才能够尽量向理想的教学效果发展。

针对这一特点，在对外汉语口语教学中就要求教师针对不同的学习者以及同一学习者不同的学习阶段"i"的水平做出正确的判断。同时也要在此基础上，为学习者搭建合适的"i+1"，以促进学习者对自身的知识框架的搭建。

二、交际化原则

作为对外汉语教学的一门课程，口语课自始至终扮演着十分重要的角色。该门课程的主要教学任务着眼于交际场景、交际功能以及交际对话。随着学生不断地学习，他们所表达的内容会越来越复杂多样。吕必松先生认为口语课至少是由语言内容、语言技能、交际技能和文化背景知识四个方面的因素构成的。❶总而言之，口语课的主要目的是交际。它帮助学习者通过课上的不断开口练习来掌握语言这一交际工具。这就要求在口语课的课堂中，教师始终以交际作为目的。

欧洲文化合作委员会于 20 世纪 70 年代推出的大卫·威尼金斯（David Wikis）的"功能大纲"（functional approach），或称"意会大纲"（notional syllabus），与第二语言教学的传统大纲不同，它不是以教一定数量的词汇和结构（语法点）为主要目标，而是以交际为核心，把培养学生的交际能力作为主要目的。随着对外汉语教学的发展，学生交际能力的培养也受到了相当的重视，并被推到了对外汉语教学的首要地位。因而，"以交际为核心，培养学生的交际能力"同样是我们对外汉语教学的目的。结合前面提到的"i+1"原则，为了提高学生的交际能力，首先要让他们接受知识和技能的输入，而课堂教学则是信息量相对集中的一种重要的输入途径。谈到口语的课堂教学，自然离不开教材和话题的选取。一部优秀的教材首先在用语上应以规范的现代汉语结合一定的语境来反映社会生活的真实面貌；各课情节内容应具有吸引力，能激起学生学习的欲望；各课还应含有相应数量且有交际价值的语法结构，让学生学有所获。经过教学实践，对于教材和课堂话题的选取，以下几点尤为重要：

第一，与现实生活相结合。这是指教材和课堂话题要与社会生活联系紧密，能反映社会生活的真实情况。这样学生能体会到学以致用的乐趣，自然也能促进教学的进行，利于教学的开展。目前，出现在初级口语教材中的话题大致有以下几种：与人相识，自我介绍与为他人介绍，问路、找路，买东西，谈家庭情况，体育活动，打电话，去餐厅，气候、季节，乘车、买票，去邮局，去医院。

任何事物都有两面性，现实生活也不例外。但正是由于其两面性的存在，才使得现实生活成为真正的、完整的生活。反映在我们的教学内容中，就是除了应包括现实生活积极的一面之外，也可以触及其消极的一面。消极的一面固然不值得提倡，但也不能因为我们的教学对象是外国学生就采取回避的态度，我们应该正视它。例如，买东西、公平交易自然是我们所追求的，但是现实生活中确实有坑蒙拐骗行为的发生，这一点是无可否认的。若一概持回避态度，那么我们的学生一旦在日常生活中遇到类似行为，就会感到教材中描述的情景并不真实，甚至

---

❶ 吕必松. 对外汉语教学发展纲要 [M]. 北京：北京语言学院出版社，1990.

有可能在课堂中采取与教师不合作的态度。这样一来，我们不仅没能维护我们的形象，反而适得其反。因此，诸如此类外国人在我国生活中可能会遇到的，反映社会消极面的场景在教材中适当地出现一些，其实并无多大坏处。如果编排得合理，用语得当，也许还会提高教材的实用性和趣味性。在这一点上，《老乞大》和《朴通事》●就是很好的范例，目前，越来越多的教材注意到了现实生活的全面性。但这并不是说一切出现在现实生活中的话题都适宜在课堂中讨论，比如对于当前比较敏感的一些政治问题，为保证课堂教学的正常进行，避免师生间矛盾的产生或扩大，在课堂上还是不谈为好。

第二，与文化背景相结合。许嘉璐先生认为："由于语言是一种特殊的文化，是文化的重要载体，所以语言理解就包含着文化理解；同时语言理解需要文化理解，语言理解的层次越高，需要的文化理解也就越高。对于非汉语背景的学习者而言，汉语学习初级阶段的文化定位表现为'文化因素'或'文化知识背景'；目的语学习越往高层次发展，接触的文化越来越高，学习的内容越以专门文化的面貌出现。"❷

对于母语为非汉语的教学对象而言，由于学习者的母语文化与目的语文化之间存在系统的差异，因而在其学习和使用汉语的过程中，始终贯穿着由母语语境向汉语语境的迁移，这种迁移的能力就是跨文化交际能力。鉴于此，在对外汉语教学中，我们在培养学生口头表达能力的同时就必须注意到影响跨文化交际的诸多因素，例如文化因素、心理因素、交际环境因素、人际关系因素等，其中，以文化因素为主。那么，反映在对教材和话题的选取上，我们就应该有意识地在其中渗透一定的汉语文化知识。

文化知识从大的方面可以分为五类：第一，生活文化，如打招呼、称谓、饮食、居住、交往等；第二，习俗文化，如婚姻、丧葬、年节、忌讳等；第三，国粹文化，如四大发明、中医、气功、武术、国画等；第四，制度文化，如政治体制、政党体制、行政体制、经济体制等；第五，观念文化，如中和观念、等级观念、家庭观念、尊老爱幼的思想、勤俭节约的美德等。由于前两类的运用范围较

---

❶《老乞大》和《朴通事》是元末明初，即朝鲜李朝（公元 1392—1910 年）时期流行的两种汉语教科书，专供朝鲜人学汉语。从内容来看，两书显然又兼有旅行指南、经商指南的作用，从语学看，有很多珍贵的元末明初的口语史料，其中有关社会消极面的话题有和尚偷媳妇、打架骂人、人身买卖等。

❷ 许嘉璐自北京师范大学汉语文化学院成立大会上的学术讲演。

广泛，且内容相对简单具体，对外国学生来说较易理解。因而在对外汉语教学的初级阶段，应以前两类的学习为主。在教学中可采用将汉语文化与学生本国文化对比的方法，当学生对词汇量和语法知识掌握到一定程度后，教师应在讲解中将某些文化传统的来源告知学生，以扩大学生的文化知识面，并帮助他们加深对异国文化的理解。

第三，与学生的实际情况相结合。如果教学话题与学生的实际情况十分贴近，就能引起学生的共鸣，激发学生主动开口讲话的欲望，从而推动教学的进行。在学生的各种实际情况中，其所具有的知识水平尤其重要，因为教学对象主要是成年人，他们虽来自外国，汉语表达能力不强，但这并不影响他们的思维能力。对于零起点的学生，对外汉语口语的教学理应从基本的诸如形式单一的"a、o、e"和意义简单的"你好""汉语难吗"这样的内容开始，但如果教学内容一直停留在这种简单的阶段，学生们便会感到教学内容幼稚可笑，教学自然也就失去了它的意义。因此在教学中应全面考虑初级阶段教学对象的特点，在此基础上，根据他们汉语学习的各个阶段，确定与之相适应的教学内容。

三、个人化原则

因为口语以交际作为目的，所以学习者所表达的内容就应该具有多样性和个性化的特点，不可能每一个人所说的都一样或者都是教材中的内容。因此，对外汉语口语的教学应该鼓励学习者表达有关于自己和身边的事情，帮助学习者从虚拟的口语教材中脱离出来，进入一个有关自我、有关他人、有关生活的真实情境表达。只有学习者表达的方式和内容具有个性化，才能真正达到口语交际的这一最终目的。

不同的教学对象，他们的自然特点、社会特点、目标需求、心理需求、学习环境和学习条件是不一样的。具体来说，他们的年龄、身份、国籍、使用的母语、背景文化、兴趣爱好、学习目的、现有水平、学习时限等都是不同的。这就要求教师针对学生的不同情况，展开具有不同侧重点的教学。例如，日本、韩国等东南亚国家的学生，由于日本、韩国与中国同属"汉字文化圈"，因此学习和掌握汉字对他们来说就比欧美国家的学生容易，但他们的性格又受其文化传统的影响，大多比较含蓄内敛，在课堂中不太喜欢主动开口。通过对学生进行这样的横向比较，教师在教学中就应树立这样的观念。对于欧美学生来说，汉字的教学是一个难点，而对日韩学生来说，启发和引导学生主动开口是一个难点。诸如此类的情况还有很多，教师们在教学中都应引起足够的重视。

练习是语言习得的主要途径，因而讲解和指导学生操练必须贯彻精讲多练的原则。反映在口语教学中，则可概括为"精讲多说"。

"精讲"包括两个方面。一是指内容，即课堂上教师所讲的内容应少而精。教师在课堂上的讲解，最重要最基本的要求就是正确、简单、明了。尤其是在教学的初级阶段，由于对外汉语教学对象的汉语水平不高，教学内容是否通俗易懂便成为一个十分需要注意的方面。关于这一点，本节"i+1"原则中已作了相关论述。二是指方法，即教师应使用简单可行的方法将课堂内容讲清楚、讲透彻。在这一阶段，教师在教学中可采用一些直观的手段，如向学生出示实物或是印有实物的图片，或在讲解的同时辅以相应的形体动作来帮助学生理解等。同时，教师应更多地采用启发式的教学方法。启发式的核心是充分发挥成年学生认知能力强的特点，调动他们的积极性，训练他们用汉语进行思维的能力。例如，学生对某一个词的意义不能理解，此时教师不必直接告诉学生，而是可以先以语素为单位将这个词进行拆分，然后引导学生逐一理解其中的语素，最后将它们合在一起来帮助学生理解，或是设置一些语境帮学生根据上下文对其意义进行猜测。

"多说"也包括两个方面：一是指学生的"说"相对于教师的"讲"，所用的时间相对较长；二是指"说"的内容的全面性，即应该练的都要练到。大量有效的练习可以加深学生对所学内容的理解，便于他们对所学内容的掌握运用。

在组织学生进行口语操练的同时，有两点需要注意：一是"说"应与一定的语境结合；二是"说"的目标要明确，如对词语的使用、对语法点的运用练习等。

四、真实性原则

真实性原则是指对外汉语口语教学要淡化"教学"痕迹，注重真实的言语交际环境。

二语习得理论将学生掌握语言的途径分为"学习"和"习得"两种方式。语言的"学习"是指在课堂环境中，由专门的老师指导，按照教学大纲和课本有意识地掌握语言规则。"习得"是在自然的语言环境中，通过言语交际活动无意识地学会一种语言。例如，新生婴儿在掌握母语能力前，并未受到任何专门课堂语言训练，却能无意识地、不知不觉地掌握母语的过程，便称为"习得"。

传统的语言教学方式以"学习"为主，在口语教学上主要采用"3P"模式，即展示（presentation）——练习（practice）——表达（production），具体的方法是：第一步，教师教授生词和课文；第二步，学生在教师的指导下进行模仿和准交际性地练习；第三步，学生模仿课文的相关话题进行训练。

　　这种教学方式虽然有利于学生建立对外语理性的感知，但是它的局限在于机械的操练往往使学生缺乏学习的主动性和灵活性，一旦脱离教师和教材，学生来到真实的语境中时便不知如何表达自己真实的想法，或表达时磕磕绊绊，显得力不从心，这显然脱离了语言学习的实际目标。

　　面对传统教学的弊端，二语习得理论主张语言教学应该以"习得"为主，这一理论以婴儿自然地学得母语为理论依据，认为人类学习一门新的语言，大部分是通过习得（与汉语教师交流、电视、广播）的形式掌握语言的。美国学者 Kiashen 进一步完善了这一论断，提出"学习与习得假说"，他认为通过"学习"获得的语言无法成为目的语学习的基础，也不能自然地表达思想，在交际中要流利地运用语言只能靠习得。他进一步解释，人的大脑中存在两个独立的语言系统，一个是潜意识系统，一个是有意识系统。能够流利地使用语言依赖于潜意识系统，就是通过"习得"获得知识；而有意识系统，就是通过"学习"获得知识，仅能对习得获得的知识起到"监控言语表达是否正确"的作用，这一假说推翻了传统的以"学习"为主的教学模式，二语习得理论注重"习得"的作用，即注重学生无意识地习得某种语言。

　　近年来，"学习和习得假说"被广大语言教师接受，逐渐成为语言教学理念的主流。在这一理念的引导下的口语教学讲究淡化"教学"的痕迹，突破课堂的局限性，让学生在一个真实的语境中不知不觉地学习语言，学生的角色从一个被动地接受知识者转变为一个主动地运用即得的知识进行交际的角色，而教师的角色也逐渐从"讲授者"，变成一个"引导者"。教师在课堂上主要工作不是单纯讲授知识，而是更多地为学生塑造一个可交际的平台。

　　具体到实际操作上，"习得"理论引导的口语课堂教学，在教学方式上可以有很多种，例如"聊天式"的教学模式——教师在课堂上以一种近似于"聊天交流"的形式与学生进行口语训练；也可以是"任务型"的教学模式——让学生以合作的形式共同完成某一话题任务等等。无论是何种教学模式，选择的话题都要贴近学生生活的实际，从学生现实所需寻找话题的切入点，这样才能最大限度地激发学生学习的热情。例如，在学习"询问价钱"这一课的内容时，教师可以问不同国家的学生在各自的国家某件物品（例如苹果）多少钱一斤，再相互比较，看看这件物品在哪个国家中的价格高，在哪个国家中的价格低，从而使课堂形成一种相互交流的平台；在"问路"一课上，教师可以直接以所读的大学校园为例，让学生自由操练问路的几个基本句式，在实际的训练中应学生的需要，适当增加一些常用的句式和生词，不必拘泥于课文。这样的教学方式贴合学生的实际，所以，学生参与的热情很高，在实际的训练中收到良好实效。

第四章　对外汉语口语教学的教材建设与实践

对外汉语口语教材，作为学生的指导规范和教师的教学工具，在对外汉语口语教学中具有举足轻重的作用。迄今为止，无论是对外汉语口语教材的数量、种类，还是理论研究都取得了长足进展。对外汉语口语教材编写的理论研究水平直接影响着口语教学的实践活动，并直接反映了我国对外汉语教学理论的发展水平，显示了我国对外汉语教学研究发展的丰硕成果。

第一节　口语教材编写创新

一、口语体语法体系的建立

（一）对外汉语口语教学中口语的语体分类与问题的提出

关于汉语口语的定位，陈建民在《汉语口语》中指出："所谓汉语标准口语，应指受过中等教育以上操地道北京话的人日常所说的话"，"他们在非正式场合所说的话，是我们研究当代汉语口语的主要语言材料，是外国朋友学习汉语口语的活教材"。

从对外汉语教学的角度来看，王若江认为，大学中的汉语口语教学应该定位为具有中等以上文化程度的北京人在正式或非正式场合使用的口头语言。显然，陈建民的"汉语标准口语"只指"在非正式场合所说的话"，而对外汉语口语教学中的口语则包括"正式场合"和"非正式场合"两个方面，这就涉及口语表达的语体风格问题。张宁志曾根据话语的对象和场合将口语分为演说体、郑重体、客气体、熟稔体、俗俚体共五类，其中由演说体、郑重体、客气体构成的话语属于正式场合的正式谈话，由熟稔体、俗俚体构成的话语属于非正式场合的非正式谈话，二者有极大的不同。正式谈话受书面语的影响很重，在语音、语调、语汇选择、句式结构上都趋向于书面语，不用或较少使用口头语，我们可以称之为"书面语体口语"；而非正式谈话语音有弱化、脱落的现象，语调变化更丰富，有特别的词汇，使用较多的口头语，句式灵活，具有鲜明的区别于书面语的特点，可称为"口语体口语"。

因为口语相对于书面语在语音、语调、词汇、句式等方面更灵活多变，更不易把握，在教学中对教师、学生而言，难度更大。但在实际的口语教学中，作为口语体的口语教学没有受到足够的重视，没有建立一套系统的、全面的汉语口语体口语教学语法体系来指导我们的口语教学。这个问题突出地反映在教材和教学过程中，而由此造成的后果则表现在学生身上。

（二）教材与教学的现状

1.教材的情况

笔者调查了近十年来出版的21套（30本）口语教材，其中初级阶段16本（《汉语口语速成》包括"基础篇""提高篇"两本），中、高级阶段14本（《汉语口语速成》包括"中级篇""高级篇"两本）。

初级阶段的教材大多从功能出发，注重功能与语法的结合，在此基础上突出口语特点。《初级汉语口语》（下册）的注释使用了口语特色较重的词汇，《实用汉语会话系列教材》的词语例释中包含了口语格式，同样，在《汉语口语》中除基本语法外，还编入了口语句型。

就初级阶段而言，口语教材与汉语精读（语法）教材的词汇、语法及语体风格重合率较高。因为口语课的教学目的与重点是通过"说"的训练让学生运用所学的有限的词汇和句式表达自己的基本意思，进行一般性的交流，所以初级阶段的口语教学在基本语法的基础上增加一些口语体口语的特色就可以满足教学的需求。

中、高级阶段的口语教材大多以功能或话题为主线组织教材，每课大致以生词－基本句－课文－注释－词语例释－练习的形式展开。有关的口语词汇、口语特殊格式一般在注释或词语例释中加以说明。在《高级汉语口语》（上册）的注释中着重介绍了一些俗语、惯用语和文化色彩较浓的词语，并且将15课分为三个单元，在单元之间插入了"口语知识"。插入口语知识最多的是《中级汉语口语》，分列了九项内容：① 变调；② 语气词；③ 感叹词；④ 表列举、反问句；⑤ 插说、程度补语；⑥ 轻声、儿化；⑦ 惯用语、常用语、歇后语；⑧ 形容词重叠、非主谓句；⑨ 数词、动物在口语中的喻义。

在《高级汉语口语——话题交际》和《汉语口语教程》（三年级）中将口语知识转化为练习，这体现了编者要求学生不只做一般的了解，而是通过练习真正地掌握这些口头表达的技能。但是有关重音、停顿、语气词、惯用语等练习与课文内容联系不够紧密，与整个教材着重正式场合的成段、成篇表达训练的风格不太协调，由此引起的教学上的矛盾我们将在后面谈到。

　　总的来说，现有的口语教材，特别是中、高级阶段的口语教材已很注重口语特色，在有关的注释、知识及练习中也力图介绍一些有关汉语口语的情况，但所选取的内容及介绍的方式是零散的、不系统的，还无法体现汉语口语的全貌与特色。

　　2.教学中的矛盾

　　如上所说，现有的中、高级口语教材处理口语词汇、句式及表达形式的方式有两种：一是在注释、口语知识中加以介绍和说明，通过这种形式学生只能做一般的了解，很难切实地掌握；二是以练习的形式出现，如重音、反语、双关语、语气词练习等，但在一些教材中，这些练习形式与课文内容脱节，练习的出现显得突兀，无法向学生提供充足的语言环境，学生不易理解，也不好把握。在实际的教学过程中，也正因为练习之间、练习与课文之间缺乏内在的联系，导致教学过渡不自然，教学环节不能有机地衔接。

　　3.教学结果

　　教材和教学中存在的问题势必在教学结果的最直接体现者——学生身上表现出来。

　　很多学生到了中、高级阶段对汉语口语依然缺乏全面的认识。初级阶段口语教材的词汇、语法及表达形式与汉语精读（语法）教材基本重合，学生对所学的内容有比较清晰、完整的了解。到了中、高级阶段，由于教材、教学没有向学生展现汉语口语的全貌，而是碰到什么教什么，碰到什么学什么，没有系统，没有层次，学生对汉语口语缺乏一个全面、系统的了解。

　　在中、高级阶段大部分学生的实际口语表达能力不能得到有效地提高，无法使用自然、地道的汉语进行交流。一些口语表达中常用的表达方式，如语气词、叹词、零句、紧缩句、反问句等，很多学生还是用不好，不会用，难度更大的习语、俗语、口语特殊格式在学生的表达中就更难用到了。究其原因，就在于在教学的初级阶段，我们向学生提供的口语教学语料是以客气体为主，辅之以少量的熟稔体。随着学生与中国社会接触的加深，与中国人交流的增多，学生在日常生活中必然要接触和使用熟稔体和一部分俗俚体的内容，才能满足他们交际的需要。在中、高级阶段的口语教学中，学生虽然学到一些这方面的内容，但他们掌握的口语词汇、表达方式和口语知识是零散的、不系统的，在学生的意识中没有建立起口语语法的概念，没有口语与书面语的对比，那么，在实际的交际中他们只能以有限的句式来表达自己的意思，大多停留在初级阶段客气体的水平，无法进入熟稔体、俗俚体的层次，在实际的非正式场合与熟识的中国老师、同学、朋友的交流中表达就不可能自然、地道。

（三）建立汉语口语体口语教学语法的重要性和必要性

关于汉语口语语法的重要性，早有人谈及。吕必松曾指出，"在语法教学中口语语法的教学没有受到足够的重视"，"在语法教学中要体现口语语法与书面语语法的不同特点"；吕文华也认为"必须增加口语语法的内容"。此外，吕必松先生还从课程设置的角度提出设置"专门目标课"，认为"这是一种特殊的课型，其特点是教学内容结合有关的专业内容或专门的语体和文体，有专门的教学目标。对外汉语教学中的口语（作为口语体的口语）、文学阅读、外贸口语、报刊阅读、新闻听读、科技汉语等，都属于专门目标课"。申修言也从教学的角度提出要重视作为口语体的口语教学，应单独开设一门作为口语体口语的口语课。但从实际的教学情况来看，作为口语体口语的教学还没有受到足够的重视，但是建立汉语口语体口语教学语法体系并将其纳入口语教学是非常重要和必要的。

1. 从汉语口语的特点来看

任何一种语言的口语都具有一系列不同于书面语的特征，具有自己独立的语法体系，汉语也不例外。汉语口语表达中的重音、停顿、语调、节奏、独特而生动的口语词汇、丰富且寓意深刻的俗语和谚语、大量的习语、多变的句式及特殊口语表达格式等，都使得汉语口语丰富多彩、灵活多变而又生动活泼，极富于表现力。上述这些内容是初级阶段的基础语法无法全部包容的，而在中、高级阶段如果只是零散地、不系统地介绍给学生，就不可能进行深入地讲解、说明并通过有效的训练帮助学生掌握。只有建立全面的、系统的汉语口语教学语法体系并将其科学地、有层次地纳入初、中、高级三个阶段的口语教学中，才能向学生展示汉语口语的全貌，让学生体会到汉语口语的生动与形象，激发他们学习的兴趣，并通过系统的、有效的训练来真正提高学生的口语水平，促进口语教学。

2. 从语法教学的角度来看

汉语口语语法是汉语语法的一个重要部分，口语语法的教学应该贯穿始终。初级阶段因为基本上是言文一致，口语教材语法的内容与精读（语法）教材重合较多，基本语法即能满足学生表达的需要。进入中、高级阶段之后，强化、突出口语语法的教学可以看作初级阶段基本语法教学的延续和深入。例如，表达反语、双关的曲折调的把握必须以掌握汉语的基本语调（平调、升调、降调）为基础；口语中常用的紧缩句可以看成是由基本复句紧缩而成，紧缩句的学习无疑会帮助学生理解、分析基本复句的关系；而口语中常见的"易位、重复、省略、追加、插说"等概念根本就是相对于基本句式提出来的，通过对比学习，可以巩固学生对基本句式的理解和运用。所以，在初级阶段基本语法教学的基础上，在口语教学中引入系统的口语语法的内容，可以使口语教学成为一个完整的、真正具有口语特色的教学体系，只有这样，才能提高我们的口语教学水平，使口语教学更加全面、完善。

3. 从语言交际能力的培养看

对学习者而言，语言交际能力是评判学习成效的一个重要标准。语言交际能力是指一个人用语言进行交际的能力，包括口语交际能力和书面交际能力。口语交际能力包括讲、述、谈、说的能力，而讲、述、谈、说这四种口语交际行为在具体的交际中是不一样的。讲是有准备的、正式的口语交际行为，讲的能力是成篇表达的能力，例如演讲、讲座、做报告等正式的成篇表达；述是陈述，是说话人把一件事或一个道理陈述清楚，传达出必要的信息；谈是谈话，谈中有讲，有说，有述，谈的能力是一种会话能力，包括明白对方的会话含义、掌握说话技巧等；说是一般的口语表达。显然，因为这四种交际行为的不同，它们所要求的语言要素及使用的语用规则也是不同的。如非正式谈话中用的一些词汇、句式在讲话时是绝对不能采用的，而在讲话时所运用的书面语色彩较浓的一些词汇与句式，也与日常生活中的口语相去甚远。目前，学生的成段、成篇表达能力，特别是在相对正式场合的成段、成篇表达能力的训练和培养已受到了足够的重视，相形之下，对非正式场合中的谈、述、说等口语体口语表达能力的系统训练则显得薄弱，影响了学习者口语交际能力的全面提高。

（四）汉语口语体口语教学语法体系的量化

许多关于汉语口语的研究成果可以为我们建立汉语口语体口语教学语法体系提供参考和借鉴。赵元任写于 20 世纪 60 年代的《汉语口语语法》描绘了汉语口语的基本面貌；发表于 20 世纪 80 年代中期的《汉语口语》更是对汉语口语词汇、语法、修辞等现象做了较为全面、详尽的描述。1996 年出版的《汉语水平等级标准与语法大纲》不仅制定了关于言语能力（听、说、读、写）的五级标准，还在"语法等级大纲"中列出一些口语体口语语法的内容：乙级大纲中的固定词组有 26 个，丙级、丁级大纲中的固定词组包括习语（开夜车、打交道、出洋相、有两下子）与其他项目（不像话、别提了、可不是、没说的），丙级 27 个，丁级 28 个。固定格式中包括"跟……过不去""东一句西一句""老的老小的小"等。此外，还有"口语格式"，丙级 29 个，丁级 28 个，其中有"话又说回来""X 来 X 去，都是（就是）……（说来说去，都是我不对，行了吧？）"什么不什么的（什么钱不钱的）"等。

1995 年出版的《中高级对外汉语教学等级大纲》（词汇、语法）从课程的特点出发，根据各类各项技能训练的特殊要求确定、选择词汇和语法点。与口语相关的有《听力口语课程词汇、语法大纲》（中级），《高级口语课程词汇、语法大纲》。《听力口语语法大纲》包括词类、短语（"的"字短语、俗语、惯用语、固定格式、其他套语）、句子成分、特殊句式（兼语句连动句套用、被动句、反问句、句式变换）、复句（其中包括紧缩句）、动作的态、语气表达（停顿、重音、轻声、词序）七大部分。《高级口语课程语法大纲》包括词类、短语、单句、表达方法、句式变换及同一意思的不同表达、语句训练固定格式、语气表达七大部分。在"词类"中代词、语气词和叹词占了相当的篇幅；在"短语"中除习语、俗语外，增加了"特殊话语形式"（走着瞧、你看你、看你说的、怪不得呢）；"句式变换"中有"省略""说半截话"等内容；在"语气表达"中除停顿、重音外，还介绍了语调（特别是曲折调）和汉语口语的节奏特点。

《中高级对外汉语教学等级大纲》中的中、高级口语课程词汇、语法大纲具有鲜明的口语特点，对实际教学有很强的指导性。但它是针对课程教学而制定的，其中一些语法项目和语法点属于相对书面语体口语范畴，在口语体口语中是不常用或不用的，如"对……我持反对态度""我们认为……""譬如""诸如""比较之下""何妨""从这个意义上讲""以……为引子"等，所以，还不是完全的口语体口语语法大纲，但它对于确定口语体口语教学语法体系的内容具有很重要的参考意义。

汉语口语体口语教学语法体系应贯穿初、中、高级三个阶段的教学过程，可以《汉语水平等级标准与语法等级大纲》为依据，甲、乙两级属于初级，丙级是中级，丁级是高级。如前所述，初级阶段在初级基本语法（甲级、乙级）的基础上加入少量口语内容即可，口语体口语特色着重在中、高级阶段的教学中强调、突出，那么口语体口语教学语法体系的内容与层级的确定主要参照丙级和丁级大纲，在此基础上再参考、借鉴其他的汉语口语语法研究成果。

我们认为，汉语口语体口语教学语法体系可以包括以下几个部分。① 语素；② 词类；③ 短语（习语、成语、四字格、特殊话语形式）；④ 单句：主谓句、非主谓句；⑤ 几种特殊句型："是"字句、"有"字句、"是……的"句、被动句、兼语句、连动句、存现句、比较句、"把"字句、两种句型套用；⑥ 动作的态；⑦ 反问句；⑧ 口语格式；⑨ 特殊口语句式：隐含、重复、追加、插说、易位、省略；⑩ 复句；⑪ 句群；⑫ 语气；⑬ 节奏。语素、词类、单句、动作的态、反问句、复句、句群可以《汉语语法等级大纲》为参照，以口语体口语为依据记忆筛选。

为加强学生的综合与专项技能的训练，切实提高教学水平，就必须使课程的设置更科学、更规范，而且课程体系中的课型划分、教学内容与教学阶段的安排更是必须量化、细化，这样才能为教师和学生在教与学中提供可以把握的内容和可以用以检验的标准，才能使我们的教学更完整、更系统、更有层次，也才更有效。口语体口语教学语法体系的建立与完善还需要做大量的工作。此外，还有许多问题，如汉语口语体口语教学语法体系在教材中怎样体现，在教材与教学中如何处理和协调"口语体口语"与"书面语口语"的关系等，都需要做深入的研究和探讨。

二、教材的淡化与高级口语教学

教授一种语言，教材只是工具和手段，培养学生在实际语言环境中的交际能力，才是教学最终的目的。

我们经常发现，学生在教室里说起课文内容口若悬河，做起课后练习也准确无误，可是他们一旦走出教室，用所学的语言进行交际时，就破绽百出，显得力不从心，往往出现选词造句不恰当或表达不得体等语用问题。这种现象不能不引起我们对高级口语传统的教学指导思想及教学方法的反思。

在《高级汉语口语——话题交际》一书的前言中，编者说明：高级口语课的教学步骤我们采取三段式进行。第一段，话题的引入、理解，以主课文为主。第二段，口语表达的方式技巧训练，通过练习（编者指课文后的练习）完成。第三段，话题的演示、实践。在对目前高级口语教学现状的了解过程中，我们发现授课时间基本上被平均分配于三段教学步骤。在高年级的口语教学中，围绕教材的教学内容及时间占到三分之二，这个比例是否恰当，值得探讨。

我们所谓淡化教材，实际是要淡化上述三段式教学步骤的前两段，而突出第三段，即话题的演示与实践。高级口语课不同于文选、阅读、报刊等课程，其教学目的是培养学生运用汉语进行高层次口语交际的能力，因此，高级口语教学应淡化教材，突出交际性原则、体现其课程特点。

从语言的社会功能来看，它是社会交际的工具，是一种社会现象。对外汉语教学的目的和任务就是培养外国学生的汉语交际能力，而高级口语课正是培养学生口语交际能力的实践课。言语交际是一种言语行为，高级口语教学就是要把这种交际的言语行为搬进课堂进行，教学活动应该紧紧遵循交际性原则，保持交际的真实性，让学生在真实或准真实的情景中使用汉语。从实践中掌握汉语才是教学的真正目的。学生要学的不仅是标准刻板的课堂语言及教材语言，他们更需要接触千变万化、生动鲜活的实际语言。因此，教师应当结合教材，尽量把真实的生活引入课堂。如果我们在有限的课堂教学时间内，只是带领学生在教材所设定的狭小范围内周旋，便有舍本求末之嫌。

事实上，对于高年级学生来说，掌握生词句式、了解课文内容已不再是难点，他们迫切需要掌握的，是如何根据不同的交际对象、场合、目的，熟练地进行言语交际；如何学习并运用有关交际文化知识，从而使汉语交际更加得体；如何从表情、体态这些非语言因素中准确地获取信息，并全面深入地理解信息……而这些问题仅依靠教材是难以解决的。

英国著名语言教学法专家、教材设计专家路易·亚历山大先生曾到北京语言学院讲学。他在一次关于"功能——意念大纲"的讲座中提出，"当学生到了高水平阶段，他就不再接受人为的组织方法，而是用一种'自然调节法'学语言了"❶，而我们在高级口语课的实际教学中，却用大量的时间听课文录音或念课文，讲解课文、复述课文，根据课文内容提问，做课后练习……这正是一种"人为的组织方法"，与亚历山大先生所倡导的"自然调节法"是背道而驰的。

作为一个有经验的语言教师，只有抛弃了固定的教学程序，才能在真正意义上获得行之有效的教学方法；只有摆脱了教材的束缚，才能创造性地将鲜活的言语表达方法教给学生。

从信息学的角度来看，语言教学中教师与学生，学生与学生之间每一个教与学的环节，都是信息变换交流的过程。交际的成功与否，不在于交际者说了多少话，而在于他是否确实告诉了别人未知的信息。交际双方必须有信息差，才能使交际得以顺利进行。所谓"信息差"（Information gap），是指交际者占有不同的信息，它利用人们补全信息的心理，促进交际的发生和进行，它是交际活动中言语行为的内容和基础，也是语言习得的落脚点。

在课堂中开展交际活动时，必须保证交流者占有的信息不能等同重叠，否则交际就失去了意义。在传统的高级口语教学过程中，我们总是过于依赖教材，往往精心细致地给学生讲解生词句型，反复不断地要求学生复述课文内容，回答课文的问题。然而面对同一篇课文，许多学生不可能产生丰富的信息差，反而会造成信息重叠，难以使有价值的交际活动在课堂展开，同时会影响学生的学习兴趣

---

❶ [英]路易·亚历山大.语言教学法十讲[N].北京：科学技术文献出版社，1983（1）：140.

和参与热情，也会限制学生学习的主观能动性。不同的人对某一问题的观点千差万别，这就会形成信息差。如果教师把课文内容作为背景材料简单地展示给学生后，马上将教学重点转向"三段式"的第三段——话题的演示与实践，即针对课文所提供的话题组织学生讨论或辩论，大家会各抒己见、畅所欲言，使课堂出现生动活泼的场面，这就是信息差所引发的自然交际行为。

从心理学的角度来看，对成年人进行教学的过程应该是不断强化学习者动机、激活学习兴趣的过程。动机是直接推动一个人进行活动的内部动因或动力，成年人学习外语一般都有明确的动机，但其自我控制能力随时会受到非目的意识的干扰，因此对其学习动机还有必要在教学过程中进一步强化，手段之一就是激发他们的学习兴趣。学习兴趣是学生学习过程中潜在的不可忽视的动力。在本该气氛活跃的高年级口语课上，假如教师以"不敢越雷池一步"的态度，紧抱教材不放，那么必然会使学生的学习兴趣受到压抑，挫伤他们学习的积极性。相反，如果教师多利用讨论、辩论、演讲、表演等生动活泼的教学方式，便会激发学生的极大兴趣、刺激他们的求知欲，使其取得良好的学习效果。

心理学的观点认为，每个人都有一种潜在的自我表现意识。对语言学习者来说，这种潜在的意识是一种学习的动力，在语言习得过程中，学生的自我表现意识是一种极有价值的心理状态，应当得到教师的保护、鼓励和引导。如果教师在课堂上照本宣科，唯"书"是从，就会使学生失去自我表现的空间和条件。只有丰富多彩的课内外语言实践活动，才能为学生的表现欲开辟一个广阔的天地。

社会语言学的观点认为，语言的研究不能忽视其社会功能，要反映人们运用语言的实际情况。因此，研究和学习语言，绝不能脱离社会环境。

语言教学应该包括课堂教学和在社会环境中开展的课外实践活动。对口语课来说，课外实践活动尤其重要。多年来，我们对课外实践活动缺乏足够的重视，本末倒置地把它看作课堂教学的陪衬和点缀，实际上课外实践活动是语言教学中一个不可缺少的重要环节，其作用和地位是可以同课堂教学相提并论的。

外国学生在中国学习汉语，语言环境是得天独厚的优越条件，这种语境，比教材中提供的要丰富真实，也比教师在课堂上设计得更自然生动。语言教师应当引导学生充分利用这个有利条件，组织丰富的课外语言实践活动，如观看电影、话剧，去某地参观访问，针对某一话题与中国人座谈等。在社会环境中学习汉语，不仅能学到地道生动的语言，也能在日常的生活里了解中国社会文化，何乐而不为？

笔者认为，理想的高级口语教学程序应分为这样三段：提供背景材料（学生了解课文内容）——课内语言实践（教师创造、学生演练的交际情景）——课外语言实践（走入社会、学生在教师的引导和监督下运用所学的语言知识进行实际的交际）。

课文教学只是全部口语教学活动的一个环节，它的目的是为交际练习提供背景、素材，确定一个话题，划出一个范围，因此我们不必花大气力把课文作为重点去处理。片面地强调教材，过于重视课文教学，就会使学生远离语言实际，而囿于那些未必真实的语言材料中进行枯燥机械的操练，难以取得令人满意的学习效果。

我们说淡化教材，并非削弱或取消教材。所谓"淡化"，是指教学策略上的淡化，是在以教材为本的前提下的淡化。打几个未必恰当的比喻：假如整个教学活动是一次演讲，那么教材应当只是一个演讲提纲，甚至只是个演讲题目，而不是全部的演讲稿；假如整个教学活动是一部小说，那么教材应当只是个引子，而并非全部的故事情节；假如整个教学活动是一顿酒宴，那么教材只是一张简单的菜单，而绝不是一桌丰盛的美酒佳肴。

《汉语水平等级标准和语法大纲》规定，高级阶段的学生应该"能够就学习、社会生活的各种话题进行课堂讨论和辩论，能较有系统、较完整地发表自己的见解并能进行答辩，能够进行大段表达"。这些能力的培养仅仅依靠教材是远远不够的。语言是练出来的，而不是教出来的。我们应当将高级口语的教学重点从课文转向话题，从词句讲解转向交际练习，从课堂转向真实的语言环境。

三、韩国国内汉语教材对汉语口语教学的启示

古代对外汉语教材《老乞大》是朝鲜时代最重要的汉语口语教科书。作为经典的古代对外汉语教材，《老乞大》中渗透着丰富的对外汉语教学思想，实现了中国汉语教材史上，从母语教材向二语教材的转变，具有里程碑式的意义和重要的研究价值。《老乞大》一方面提供了丰富的历史资料，教材中的对话真实地还原了元代当时与高丽的贸易情景，穿插了丰富的历史文化背景信息，具有深刻的研究价值，为历史学家研究元代与高丽的经济、文化交流提供了重要的史料。另一方面又是我国古代北方口语的真实反映，对研究汉语语音的历时发展和古代汉语中不同的语音、词汇、语法、句法等现象具有重要意义。

20 世纪 50 年代初，是我国对外汉语教学事业的初创时期，随着国家的建立和不断强盛，对外汉语教学发展成为国家和民族的事业。对外汉语教学虽然是一门年轻的学科，但是历史上周边国家和地区对汉语和汉文化的学习已经有悠久的历史。自张骞开通"丝绸之路"以来，西域各国，远至波斯的商人都来中国开展贸易活动，贸易的前提就是语言的沟通，也就必须学习汉语和汉文化。也就是说，在

历史上，汉语的对外教学活动已经展开。而古代的对外汉语教材也成为古代对外汉语教学活动的重要史料和证据。

（一）古代对外汉语教材的不同类别与《老乞大》

我国古代的对外汉语教材可以大体分为三类。

第一种，汉语教材直接作为进行第二语言教学的教材。例如，唐朝时，日本朝廷派遣留学生到我国学习，留学生大都直接在国子监就学，学生根据自己的学习意愿，选择在国子馆、太学馆、四门馆、律馆、算馆和书学馆等学习中国的儒学、佛学、律令、文学等，他们直接学习中国的古代典籍，而且回国后，教授汉语传播汉文化时也是直接采用中国的古籍。例如，较为优秀的日本留学生吉备真备回国时，带回了大量的中国古籍：《唐礼》130 卷，《大衍历经》1 卷，《大衍历立成》12 卷，《乐书要录》10 卷等。734 年，吉备真备回国后，得到当时日本太子阿倍内亲王的赏识，教授他《礼记》《汉书》等中国的经典书籍，深得恩宠。由此可见，历史上外国人学习汉语是通过研读中国古代经书学习中国文化的，中国古代的典籍在很大程度上就成为我国古代对外汉语教学中的标准教材。

第二种，以词汇对译为特点的低级教材阶段。典型代表是《华夷译语》《至元译语》《番汉合时掌中珠》，这类教材是汉语和外语两种语言词汇的对译手册。例如《至元译语》中，收录了 541 个汉语词语，并且对词汇进行分类，分为地理门、天文门、人事门等门类，按照汉语和蒙古语音译对照的方法进行编译。蒙古人可以学习汉语词汇，同时，汉人也可以学习蒙古语。虽然这类教材只是简单地进行词汇对译，却跟直接利用汉语教材大为不同，因为他们已经迈出了学习目的语的局限，将学习者的母语运用到语言的教学中，是汉语教学史上的重要进步。

第三种，会话交际类教材。典型代表有《老乞大》《朴通事》《训世评话》《官话指南》《燕京妇语》等。这类教材以会话形式出现，设定一定的情景，利用句子、语篇等串联所学内容，充分利用了语言的语境、语用功能，属于对外汉语教材编写中的高级阶段。例如，《朴通事》由 106 则对话组成，各个会话设置了一定的情境，内容十分丰富，涉及了春游畅玩、婚嫁育儿、谈情说爱、饮食购物、叙说乡情、传统风俗等生活的各个方面。而且，汉字下面用朝鲜语标音，用朝鲜文翻译句意。具备了教材的实用性、科学性等多个特点，这在古代对外汉语教育史上具有划时代的意义。

古代的汉语教材跟今天的对外汉语教材相比，虽然在教材的性质和特点等方面还有待完备，但是教材中涉及的重要语料是研究古代汉语语音的重要史料。同时，教材中蕴含的文化因素也可以让我们更清晰地看到古代中国与海外的文化交流史，也可以让我们从另一个角度更好地了解中国某个时代的民俗风情。古代汉语教材的文学价值、历史价值、社会价值不可忽视。另外，我们从教学的角度来研读这些经典，可以看到古代汉语教材中涉及的朴素的对外汉语教学原则和教学思想，了解一部教材中的教学理念和教材特点，反思当今的对外汉语教学现状，可以让我们得到更多的启示，为现代对外汉语教学提供积极的指导和借鉴。

元朝疆域广大，成为地跨亚欧的蒙古帝国，打破了两百多年来宋、辽、夏、金多国对峙的局面，海外贸易的地理因素和政治因素都极为成熟。统一辽阔的疆域，安定有序的政治环境为元朝海外贸易奠定了基础。同时，元朝航海技术进一步提高，交通运输也更加畅通无阻，这进一步推动了元代的海外贸易。当时，元朝实行对商人的贸易抽取七分利，剩余的三分利归商人所有的政策。在这一政策的驱使下，元朝与朝鲜半岛的贸易比之前朝代更加繁荣。贸易的品种和数量也更加丰富。元朝时，棉花普遍种植，丝织业也特别发达，因此，当时元朝和海外的贸易主要有丝织品和各色生活用品，而高丽对元朝的贸易物品则主要有毛施布、新罗参等。《老乞大》中反映的元朝与朝鲜半岛的海上贸易通道主要是庆元（浙江宁波）、泉州（福建泉州）、太仓（江苏太仓）、直沽（天津）等重要港口。《老乞大谚解》卷上记，高丽商人"从年时正月里，将马和布子，到京都卖了。五月里到高唐，收起绵绢，到直沽里上船过海。十月里到王京，投到年终，货物都卖了。"❶"高唐"属于现在的山东省，盛产丝绸，"王京"是当时高丽王朝的都城（今开城），从这一句可以看出，当时是从直沽出发，顺着海岸线北行，绕过辽东半岛，然后顺着海岸线南下，到达高丽的王京，这一句就准确地说明了当时直沽是高丽和元代的重要贸易港口。因此，繁荣的商业背景是《老乞大》的成书背景。

文中记载了高丽商人道路的所见所闻、路途中的住宿餐饮，以及买卖货物时的讨价还价，无处不体现着当时繁荣的商业文化背景，也不得不说，当时繁荣的商业环境和海外贸易以及密切的跨国交流促使了一本优秀的对外汉语教材的诞生。

《老乞大》有108篇对话，涉及会话主题20个，不到两万字，分为上下两卷，原作者不详。"老乞大"中的"乞大"是蒙语中"契丹"的音转，又作乞塔、起炭或吉代，语出蒙古对汉人之称谓。该教材以此为名，意为想让汉语学习者成为一个"中国通"。教材成书于明末清初，收录元朝时语。《老乞大》共有五个版本，分别是《原本老乞大》《翻译老乞大》《老乞大谚解》《老乞大新释》以及《重刊老乞大》。《原本老乞大》于1998年在韩国的大邱市被发现，韩国南权熙教授在整理

❶ 汪维辉. 朝鲜时代汉语教科书丛刊 [M]. 北京：中华书局，2005.

一个私人藏书者的资料时发现，学者李泰洙推定该书的成书年代大约在 1346 年左右，记录的是元代后期北方地区的官话，该版本被认定为李朝中宗时学者崔世珍翻译《老乞大》所依据的版本。崔世珍利用"训民正音"给《原本老乞大》中的汉字做谚，利用朝鲜语给每个汉字注音，并把课文对话翻译成韩语，《翻译老乞大》刊行于 1507——1517 年，大体反映了明初的北方话。后来，崔世珍的《翻译老乞大》经过学者不断修订，于 1670 年刊行了朴世华等编纂的《老乞大谚解》，1745年刊行了申圣渊等编纂的《老乞大谚解》。这两个谚解的版本汉语部分跟学者崔世珍的《翻译老乞大》中基本一致，只是个别用词出现了差异。清代中期，《老乞大》出现较大修改，由朝鲜的边宪修改作序，于 1761 年刊行《老乞大新释》，这个版本的问世距离《老乞大谚解》时间较为久远，因此，语言的变化比较大，该版本反映了清代中期的北方口语，版本中出现了时间名词"这回儿"，称呼用语"阿哥"等，跟其他版本相比较是最接近实际口语的一个版本。1795 年，朝鲜李洙奉命编纂了《重刊老乞大》，因为与《老乞大新释》相差的时间较短，所以，该版本变化不是很大，语言风格基本一致。

上述的五个版本，教材内容基本相同，但是因为经历了从 14 世纪中叶到 18 世纪末期这样大的跨度，中国的语言也在随着时代不断地变化，所以教材中的语言风格差异较大，教材的内容也能较为准确地反映四百多年间汉语的发展变化。对于考察中国词汇的历史演变和古代汉语的语音规律具有十分重要的意义和研究价值。本专著在研究《老乞大》中的对外汉语教学思想时采用的是由汪维辉主编的，中华书局出版的《朝鲜时代汉语教科书丛刊》中收录的各个老乞大版本。

（二）《老乞大》中对外汉语教学思想分析与理论阐发

《老乞大》作为古代对外汉语教材，已经具备了从培养交际能力出发的教学思想，不得不说，虽然年代久远且这本教材有着它的粗糙之处，但其中蕴含的教学思想却是相当先进的。

《老乞大》特别注重模拟交际情境，首先为教材设计了几个虚拟人物，分别是来自中国辽阳的赵某、李某、金某、王某，还有两个高丽商人，课文采用不同的话题讲述了高丽商人来到北京经商的经历，有住宿、有就餐、有买马、有交易，其路途上又穿插着谈论家庭生活、谈论不同的国家风俗习惯，还有生意经验、物品价格等不同的生活主题，涉及了日常生活的方方面面。很多场景的设置都非常逼真，情景设置合理，语言得体，让人在情景再现中把握不同的对话和语言知识，为口语的学习创造了良好的语言材料。

对话体方式，灵活地展现了教材内容：

"哥哥你贵姓?

我姓王。

你家在那里住?

我在辽阳城里住。

你京里有什么勾当去?

我将这几个马卖去。" ❶

教材内容真实地道,贴近现实生活:

"哥哥曾知得京里马价如何?

咱们今夜那里宿去?

这里到京里有几程地?

既那般时前不着村后不着店,咱们只投那里宿去。" ❷

"你吃什么饭?

我五个人,打着三斤面的饼着。

我自买下饭去。" ❸

因此,教材中人物的对话设置在当时的汉语教材中来说是一大创举,能够摆脱当时中国汉语教材的限定,摆脱单纯的语言文化知识的传授,而采用一种全新的模式对教学材料进行设计,而且教材设置真实的交际情景符合现实生活,贴近现实和最原版的汉语交际情境。这种模拟交际的教学理念是对外汉语教学史上的一大创举,比西方的"交际教学法"的提出早很多,这种朴素的教学思想如果进行深度的理论阐发的话,就是我们今天强调的语言教学中交际能力的培养观念。

对外汉语教学的核心目标应该是提高语言学习者的交际能力,而"交际能力"这一概念来源于社会语言学,这一概念的提出,对第二语言习得有着重大的影响。交际能力(Communicative Competence)由美国人类学家海姆斯(Dell Hymes)于1972年提出,交际能力即语言学习者的语言使用能力,即运用语言进行社会交往的能力,也就是在什么场合,运用什么样的语言变体。要想具有良好的交际能力,必须符合语境上的适合性、执行时的可行性还有交际情境中的对策能力。从社会语言学的角度分析,交际能力包括了社会语言能力和策略能力,同时也涵盖了语法能力和语篇能力。坚实的语言能力是交际能力最基础的部分,好的交际能力不

❶ 汪维辉.朝鲜时代汉语教科书丛刊[M].北京:中华书局,2005.

❷ 汪维辉.朝鲜时代汉语教科书丛刊[M].北京:中华书局,2005.

❸ 汪维辉.朝鲜时代汉语教科书丛刊[M].北京:中华书局,2005.

可能忽视语法和语用功能，实现无障碍的交流和沟通。我国学者祝畹瑾对交际能力有过比较精辟地概述：交际能力是"语言运用、语言结构和社会生活"的结合，它的获得过程是"人的社会化过程"，并体现在人们言语行为的各个方面。体现在人们"能针对具体的情景使用恰当的语言变体"，体现在人们"能运用语言作为调解人际关系的手段"，体现在人们"懂得谈话的规则和策略"。这个解释科学合理地指出了交际能力对人们语言材料的选择，语言材料的运用，语言策略的实施都有着较高的要求，我们在培养汉语口语学习者的交际能力时要考虑到语言的使用场合、说话者的身份、地位、性别、年龄以及社会环境、文化因素、语码的选择和转换等诸多方面。

"交际能力"这一概念的提出，对语言教学界产生了重大影响，外语教学界纷纷将这一理论与语言教学相联系。认为语言教学中，在重视培养学生语言能力的同时，也必须重视对学生交际能力的培养，摆脱之前枯燥传授语法知识和框架的束缚，不断地引导学生将所学的语言运用到相应的情境中。语言中的词汇、语法和语篇是语言能力的基础，但是，交际能力要在把握语言能力的基础上具备社会语言能力和问题对策能力，实现交际是具有一定挑战性的工作。因此，应该在语言的学习过程中给学生创造情景、话题，让学生能利用不同的语言变体不断训练、提高，实现语言交际能力的培养。经过发展，这一概念发展为"交际教学法"。交际教学法强调语言教学的主要目的是让学生运用语言达到交际目的，在交际过程中提高外语的实际应用能力。与传统的教学法不同，交际教学法不采用传统的教材，教师既是课堂的组织者也是课堂的参与者，采用对话、表演、辩论等多种形式，围绕交际任务展开。交际教学法在 20 世纪 80 年代传入中国，这种教学法有优点，也有缺点，优点是在语言学习者初期，可以不过分纠正语音、语法等知识性错误，让语言学习者建立学习的自信，大胆沟通和交流，并在交流过程中强化对语言的运用；缺点是到了语言学习的高级阶段，之前积累的语音错误会在一定程度上阻碍语言知识和结构的深化。

从以上论述我们可以看出，语言交际能力的培养在语言习得过程中有着十分重要的作用。这种语言教学思想也在对外汉语学界引起了高度的重视，而对外汉语教材《老乞大》在编纂中就已经具有了这种先进的教学思想和理念。

（三）正确发挥学习者母语的媒介作用，推动语言教学

《老乞大》作为对外汉语教材，面向的是高丽人。为了学习方便，最早由韩国学者崔世珍著成《翻译老乞大》，后来由朴世华等编纂的《老乞大谚解》，在每个汉字的下面有两种谚文注音，每个句子的末尾还有完整的谚文翻译，从发音、字义多角度为教材做注释，有利于学习者更快更好地掌握汉语发音、词汇以及句子等。

如图 4-1 所示，在《老乞大谚解·上》中，课文例句中的每一个汉字后面都有两个韩文注释，左边的韩文解释汉字的意思，右边的韩文注释汉字的发音，最后面是整句话的解释，特别清晰明了地将两种语言进行对比，充分发挥了学习者母语在汉语学习中的作用。从两种语言的角度为教材做注释，有利于学习者更快更好地掌握汉语发音、词汇以及句子等。

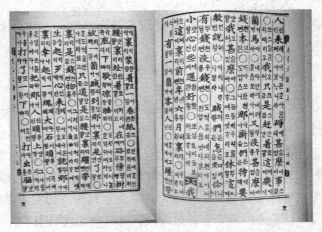

图 4-1　《老乞大谚解·上》

教材的编撰者已经注意到了学习者的母语在二语习得中的重要作用，建立了母语与目的语学习的桥梁，从语音到词汇、到句子都利用了母语在二语习得中的迁移作用，这种思想彻底摆脱了汉语教材的母语教材阶段，真正实现了向二语教材的跨越，而教材中对母语的利用在当今的二语习得理论中都有着重要的意义。我们当今的二语教学中已经充分认识到了母语在二语习得中的重要作用。

20 世纪 60 年代末 70 年代初，二语习得研究开始，在研究过程中得到的一个重要成果，就是人们对母语和目的语关系的新认识。语言学家塞林克（Larry Selinker）认为，母语对二语习得产生的影响不是"干扰"（interference），而是一种"调解"（intercession）、一种"策略"（strategy）和一种"认知过程"（cognitive process），这一理论改变了传统的二语习得理论对待母语的态度。在此之前，学者普遍认为，母语对二语习得只有"消极影响"，这一理论却从全新的观点出发，认识到学习者在二语习得过程中，主要的精力不是克服母语对目的语的影响和干扰，而是采用有效的调解或策略手段，充分发挥母语的积极影响，尽快掌握目的语的语言知识和语言技能。语言作为人类社会的普遍现象，是人类社会的共有属性，是人类思维的工具，而人类思维是有共性的，所以用来表达人类思维的语言也是有共性的。掌握不同语言的人类，在某种程度上都掌握了人类语言的普遍现象。这种特定的语法基础会对人类的语言学习产生积极的影响。

《跨文化交际语言学》一书中，作者 Larry A·Samovar，Richard E·Porter 和 Lisa A·Stefani 提出了"迁移"这一概念。"迁移"在心理学中本来是指人们已经掌握的知识在新的学习环境中发挥作用的一种心理过程。行为主义理论者将其发展为迁移是学习者已经形成的母语习惯在二语习得中的影响。在母语中与目的语相同或相似的成分会对二语习得产生"正迁移"，相反地，母语与目的语相异的成分，会对二语习得产生"负迁移"的影响。

母语对目的语的迁移作用分为语言因素和非语言因素。语言因素主要体现在语音、词汇，句法以及语篇等方面。在语音方面，母语中的音位层受影响最大，不同的元音、辅音、不同的发音模式、发音方法，元音辅音结合方式，都会对二语习得产生影响。找出母语与目的语中的相似成分便可以顺利地掌握目的语中的有关发音，分析出母语中的负迁移因素，则可以有效地解决发音中的重难点。在词汇方面，由于不同语言间文化背景的不同，词汇的意义，词语的搭配、适用范围等都会出现不同程度的差异，但是，有些词语的内涵和外延意义会有相同的成分，这就会对二语习得中词汇的积累产生积极影响。句法方面，不同语言之间，对于词序、从句的组合规则有不同的要求。但是也不排除有相似的语言构造规则，掌握这些规律后就会通过语言的组合和聚合规则，掌握更多的句法知识。在语篇方面，其中的语用规则和会话策略的使用由于语言背景不同而不同。但是，人类文化有共通性，在不同的语言系统之内，我们可以找到相似的语用规则与语篇策略，对于相异的成分进行区分和重点识记会对二语习得产生明显的影响。

母语对目的语迁移的非语言因素体现在社会因素以及学习者的个体差异上。不同的社会场合，社交场地，母语的迁移作用不同。在正式的场合，人们将注意力集中在语言的规范性上，母语对目的语的迁移作用就会相对减弱。而在随意的社交聚会上，人们将焦点集中在社会交际上，那么，此时母语的迁移作用就会相对增大。学习者的年龄、个性、性别、母语水平等诸多因素也会对目的语学习产生不同程度的迁移作用。因此，通过以上分析可以看出，母语迁移在二语习得过程中是不可避免的。学习者在学习过程中，应积极把握母语的正迁移，规避母语的负迁移，顺利地实现目的语的学习。《老乞大》中利用韩语对汉语做谚文注释，虽然没有准确地划分出母语的正迁移和负迁移作用，但是已经积极地发挥了韩语作为母语在汉语学习中的正迁移作用。

《老乞大》作为经典的古代对外汉语教材，已经利用学习者的母语来学习汉语，当然，它还停留在最初级的翻译法，具有它的粗糙之处。但是，今天我们在二语习得理论比较成熟的前提下同样可以正确利用学习者母语的正迁移作用，充分发挥韩语在韩国留学生汉语学习中的优势，规避负迁移作用，让学生更好、更快地掌握汉语交际能力。

韩国高中同样是应试教育，受此影响，学生的汉语口语表达能力明显滞后于听、写能力，语调不准、词汇不足，应用能力差等。甚至在汉语课堂中过度使用韩语，或者受韩语的负迁移作用，出现语言学习的石化现象，因此，了解韩语在汉语学习中的迁移作用，更有利于正确掌握学生学习中容易出现的问题，及时预知和了解学生出现的不同习得状况的原因与母语的关系，为学生顺利实现汉语的学习奠定基础。

学习第二语言首先要学习的就是发音，只有掌握正确的发音才会为词汇的积累和语言的学习打下良好的基础，否则，语音上存在的问题势必影响后期的学习，如果出现了语言学习的石化现象，将很难更正。因此，作为对韩汉语教师，应该了解甚至熟知韩语发音系统和汉语发音系统的大体差异，正确规避语音中的正迁移、负迁移，只有这样才能提高汉语语音教学的效率，减少学生的习得偏误，避免发音固化。通过对比和分析韩语和汉语的语音系统，比如通过一些汉语和韩语中都有的发音，我们可以让学生顺利地实现正迁移作用，而对于那些汉语中有而韩语中没有的发音，则成为教学中的重难点部分。

从汉代开始，韩国和中国就有大规模的文化交流，韩国对于汉字和汉文化的学习极大地影响了韩语的发音，包括世宗大王创制的"训民正音"也是在汉语音韵学的基础上建立起来的。所以，韩语中有大量的汉字音，了解这些汉字音可以利用其中的有利因素顺利地实现教学。

汉语中有 10 个元音，22 个辅音，音节由声母、韵母和声调组成。韩语中有元音 21 个，辅音 19 个，音节构成方式和汉语类似，由首音、中音和尾音构成，没有声调。两种语言系统中我们可以利用相似的发音成分，为对外汉语教学服务。例如，汉语与韩语中的"d[t]与ㄷ [t]"，"t[tʰ]与ㅌ [tʰ]"，"n[n]与ㄴ [n]"，"1[l]与ㄹ [l]"，"b[p]与ㅂ [p]"，"P[Pʰ]与ㅍ [Pʰ]"，"m[m]与ㅁ [m]"，"g[k]与 k[kʰ]"，"h[x]与ㅎ [h]"，"ng[ŋ]与ㅇ [ŋ]"发音相同，韩语中的ㅈ [ts]、ㅉ [tsʰ]、ㅅ [s]、ㅆ [sʰ]在和 i 相拼的时候，发音和汉语的 j、q、x 很相似，或者基本相同。此外，汉语中的"a、e、i、u"与韩语中的"ㅏ、ㅓ、ㅣ、ㅜ"发音基本相同。因此，在对韩国学生进行语音教学时，可以充分利用这些相似或相同的语音因素，让学生更快更好地掌握汉语发音，这样的方法可以让学生掌握地更牢固，利用母语系统中的固有思维来固化新的语言知识，更不容易被遗忘。对外汉语老师在教学过程中要正确把握这种方法，可以使语音教学更为方便快捷。

除去相同的部分，就是韩国学生学习中的重难点。例如，汉语中的舌尖前音"z[ts]""c[tsʰ]""s[s]"和韩语中的"ㅈ[ts]、ㅉ[tsʰ]、ㅅ[s]、ㅆ[sʰ]"分别对应，因为韩语发音中对舌尖前音和舌叶音不加以区分，所以学生在发舌尖前音的时候很容易发成舌叶音。因此，教师在讲授这几个音时如果了解韩语的发音方法和规律就可以准确地找出学生发音错误的成因，并提出相应的解决方案。此外，汉语中 f 和 zh、ch、sh、r 的发音教学，例如"f"在教授初期可以采用咬唇法，之后的练习中可以让学生用上齿轻触下唇，这样慢慢适应。在教授 zh、ch、sh、r 时，先交给学生 r 的发音方法，让学生发韩语"一"音的同时翘起舌尖，接近硬腭前部，发出音之后，固定舌尖的位置，便成功地发出了 r，然后利用 r 不改变舌位和口型，改变发音方法，改为清塞擦音，让气流从舌尖和硬腭中挤出，摩擦成声。

可见，汉语和韩语的语音有很多相似或者相同的地方，汉语教师在有效区分的基础上进行教学，将相似或相同的语音部分进行正迁移，将相异的部分进行重点练习，这样就会提高口语课的教学效率。由此可见，韩语在汉语的发音学习中可以发挥其应有的有利作用。

除了发音，韩语中还存在大量的汉字词。同形同义词、异形同义词、同形异义词、同义异形词等，如果对汉语词汇和韩语词汇进行了一定的区分，就可以发挥韩国学生在学习词汇上的优势，实现正迁移，同时也可以更准确地找出学生出现偏误的原因，提高词汇教学的效率。例如，韩语中与汉语同形同义的词有"校长、感谢、电话、复习、休息、确认、重复、偶然、严格、优秀、平等、繁华、灿烂、亲近、和解、成功、孤独、满足、单纯"等，这些词在字形和意义上是相同的，所以这些词汇的积累，对于韩国学生来说是相对简单的，汉语教师可以利用学生母语的优势，启发学生利用母语识记汉语词汇，达到教学目的。同形异义词如"颜色、新闻、功夫"等词语，虽然汉语和韩语的外形相同，但是意义上却有不同程度的差别，因此，汉语教师在教授这类词语时，可以找到词义不同的地方，引起学生注意，提醒学生重点记忆。同义异形词有汉语的"痛苦"跟韩语中的"苦痛"，汉语中的"牙齿"跟韩语中的"齿牙"，汉语中的"蔬菜"跟韩语中的"菜蔬"，汉语中的"语言"跟韩语中的"言语"，汉语中的"介绍"跟韩语中的"绍介"，汉语中的"光荣"跟韩语中的"荣光"等，这类词构词语素相同，词序相反，意义相同。汉语教师如果掌握了这些，也可以利用学生母语的优势，在教授过程中，利用学生母语的词汇优势，顺利地实现正迁移，提高教学效率。

由以上论述我们可以看出，如果汉语教师能够掌握韩语在汉语学习中的有利因素，韩语在学生的汉语学习中可以发挥积极的作用，同时也可以更加准确地找到学生习得偏误产生的原因，规避负迁移作用，这对第二语言习得有着积极而重要的意义。当然，对于对外汉语教师来讲，掌握两种语言是不容易的事情，但是从第二语言教学的角度来说，充分利用母语的优势，对第二语言学习是十分重要的。

（四）语言与社会文化背景有机融合，丰富语言教学

《老乞大》的课文对话中，很注重汉语中丰富多彩的文化介绍，日常生活用词地道简练，例如，对汉语中的称谓语介绍：

"今日备办了些个茶饭，请咱们众亲眷闲坐的：公公、婆婆、父亲、母亲、伯伯、叔叔、哥哥、兄弟、姐姐、妹子、外甥、侄儿、姨姨、姨夫、姐夫、妹夫、姑舅哥哥兄弟、房亲哥哥兄弟"等等。

通过几十种不同称谓的介绍让学习者对中国的称谓制度有了很好的了解和把握。

生活中的柴米油盐、看病把脉，都从人们生活日常和当时的社会环境中介绍了中国传统地道的文化。如：

"再买些椀子什物：锅儿、铁锅、荷叶锅、两耳锅、铜匙、三脚、大盘子、小盘子"

"咱们点看这果子菜蔬，整齐么不整齐？这藕菜：黄瓜、茄子、韭、蒜、冬瓜、葫芦、蔓菁、赤根、海带"

"那般时，消化不得，因此脑痛头眩，不思饮食。消痞丸、木香分气丸、槟郎丸，这几等药里头，堪服治饮食停滞。只吃一服槟郎丸，食后吃，每服三十九"

此外，教材中还有大量的谚语俗语，也形象生动地介绍了中国文化，"老实常在，脱空常败""隐恶扬善""马不吃夜草不肥，人不得横财不富""饥时得一口，强如饱时得一斗"等语言都蕴含着深刻的中华文化。这些内容使教材生动有趣，学习者在了解中国文化的同时，也学习了地道的中国语言，对语言背后蕴藏的丰富的文化背景了如指掌，对交际技能的培养大有裨益，让学习者成为真正的"中国通"。

《老乞大》中渗透的社会文化背景折射在当今的理论中就是社会文化因素在语言教学中的作用，以及社会语言学在语言教学中的重要作用。

传统语言学注重研究语言的结构，现代语言学诞生以后，随着社会语言学、语用学等学科的兴起，人们更注重将语言看作一种社会现象，不再将语言看作一种单调枯燥的符号系统，而是将社会文化因素纳入语言学的研究范畴之中，语言

研究变成一种具有社会活性的活动。文化与语言是相互影响，密不可分的，每一种语言都产生于一定的文化社团，它是文化的产物，具有相应社会集团的文化内涵。也就是说，不同的语言孕育着不同的民族文化特征，这些特征和文化内涵，深入到语言的各个方面成为无形的精神力量，而语言的使用也受到不同文化因素的制约和影响。因此，学习一种新的语言，必须对形成和使用这种语言的文化背景进行了解，必须熟知这种语言的文化内涵。

二语习得是渐渐获得第二语言运用能力的过程，同时也是逐渐适应新文化的过程。语言学习者对于第二语言中蕴含的思维方式、生活习俗、价值观念、道德标准、审美情趣等文化因素的习得都会直接影响第二语言习得的水平，甚至决定了语言学习者第二语言习得的成败。当二语习得进行到一定阶段，语言学习者对第二文化的社会与心理距离过大时，会直接阻碍学习者语言水平的提高，出现语言学习的瓶颈期甚至停滞期。相反地，如果学习者对第二文化能够不断地调整适应，深化理解，则会促使语言学习者的二语水平不断接近母语使用者的水平。因此，我们可以看到二语习得中文化教学的重要性。第二语言教学中的文化导入不仅是让学习者了解语言交际活动的文化背景，更重要的是缩短甚至消除学习者与目的语文化的社会心理距离和障碍，让学习者树立正确的学习动机，顺利地实现第二语言的学习。因此，第二语言教学中的文化教学也就成为第二语言教学中必不可少的组成部分。对外汉语教学的目的在于培养外国学生运用汉语进行交际的能力，他们的交际是跨文化的，因此，正确对待对外汉语教学中的文化因素，具有相当重要的意义。

文化是一个很宽泛的概念，广义的文化涵盖了人们物质产品和精神产品的总和，内容庞杂，范围广泛。因此，第二语言教学在面对庞大的文化范畴时，就需要筛选出最有用的文化因素，进行加工，促进第二语言教学。北京语言大学张占一对文化进行了分类，提倡将文化分为知识文化和交际文化。所谓知识文化是指两个不同文化背景培养出的人进行交际时，对某词某句的理解和使用不产生直接影响的文化背景知识，交际文化则指的是直接对交际产生影响的文化知识。张先生也强调了对外汉语教学中更应看中交际文化。对于文化概念的切分，学界一直有不少争议，但是从二语教学的角度出发，笔者认为张先生的划分是科学可取的。第二语言教学作为一种跨文化教学，它的核心应该是交际文化，交际文化因素直接影响了交际功能的发挥并贯穿了整个语言教学的过程。由于文化的动态性和开放性，交际文化和知识文化之间也没有清晰明确的界限，这就给对外汉语教学中文化因素的教学和文化教材的选编带来了很大的挑战。

语言是文化知识的载体，只有对语言所表现出的文化内涵进行深入了解，才能将语言知识转化为优秀的交际技能。《老乞大》中，节日习俗的介绍和多次出现的谚语、俗语等，都有效地渗透了汉语中的文化，使语言学习者能够在语言学习过程中有效地了解和掌握中国文化以实现有效的沟通和交际，这为我们现代的对外汉语教学做出了典范，有值得我们好好研究的地方。

《老乞大》教材中涉及了元代社会生活的方方面面，每一段对话都生动地体现了元代中国的实际社会生活，教材中对十几种社会称谓的介绍，对社会礼仪的介绍，算卦占卜的说明，甚至对炒菜的技巧和各种作料的名称都有详细的介绍。这种对社会文化详尽的介绍，较为全面地将语言以文化的形态展现在学习者面前。学习者在学习语言的同时，也有了对社会现象的认识和了解。因此，这是一本灵活的对外汉语教材，也是一份活的社会资料，语言学习者通过这样的教材比较全面地了解了中国社会生活的方方面面，真实而生动地在社会语境中学习语言。

《老乞大》中丰富的社会文化背景，带给我们的启示就是要从新的视角来研究对外汉语教学，即社会语言学视角。社会语言学重点探究社会和语言的关系，通过鲜活的社会话语材料我们可以更好地研究语言，从另一个角度思考，利用某个历史时期的话语材料我们也可以更好地了解这个时代的历史和社会文化状况，通过语言解析社会，也更有利于社会语言学的发展。"李思敬先生在论述如何理解中国古代典籍《春秋》三传中的'微言大义'时指出，传统经学研究侧重其政治意义，今天的古籍解读中，亦应考虑其语言使用中的社会语言学问题。"[1]这句话一语中的，充分说明了社会语言学在解读中国经典著作时的重要作用。通过语言学的视角解读古代经典著作，我们可以从不同的话语材料中看到更多的语言学、社会学、历史学的知识，从而为更好地研究语言学打下基础。

社会语言学涉及语言学、人类语言学、文化学、社会心理学、心理学、心理语言学、民族语言学等多学科。经过40多年发展，社会语言学成长为一门独立的边缘学科，也为语言学界带来了丰硕的研究成果。传统的结构主义语言学将语言看作一种符号系统，重点集中在语言的内部研究上，社会语言学的产生则为语言学界带来了革命性的变化，将传统的注重研究语言结构的重点转向语言和社会的关系。社会语言学不仅研究语言，而且将语言置于社会环境中进行研究，这个新的视角不仅有利于从社会角度研究语言的共时和历时变化，而且将丰富的历史学、社会学因素纳入语言研究中，为语言学的发展提供了更加丰富的视角。因此，社会语言学具有学

---

[1] 杨永林，司建国.社会语言学研究——反思与展望[J].现代外语（季刊），2013-10（4）.

科的开放性、边界的不定性、内涵的外延性、理论的驳杂性、方法的多样性、内容的多元性、视角的宽泛性等特征，它像一个自由开放的课堂，实现了跨学科的探索和研究。社会语言学把语言当作一种社会资源进行整合和研究，在语言教学中引起了相当大的重视，社会语言学的注意力也转移到研究语言生活、语言规划、语言习得、语言与社会、语言与文化、语言教学、语言的社会差异、语言应用等方面。社会语言学给语言教学带来了新的思路和方法，引起了语言界的广泛研究和关注。

对外汉语教学作为二语教学之一，同样在语言学视角的影响下出现了新的教学思路和教学方法。社会语言学中对社会文化因素的注重也被吸收进对外汉语教学中，语言教学不仅局限于语音、词汇、语法的讲解，而且将语言看作一种交际工具和社会现象，让语言习得者在学习语言的同时也能深刻领悟语言背后蕴含的文化内涵和民族价值观，文化和语言的相互促进在二语习得过程中逐渐形成完整的体系。

韩国和中国同属亚洲国家，地理位置毗邻，加上从汉代开始两国就有经济、政治、文化等多方面的交流，历史渊源深厚，都深受中国儒家思想的影响，社会文化知识的讲解对韩国留学生来说应该更有共鸣。这就要求对外汉语教师要深刻了解中韩的社会文化习俗，在教授语言的过程中，正确把握文化的适度原则。例如，中国的酒文化源远流长，现代社会生活中商业洽谈、政治外交、聚会交流也离不开酒，同样地，韩国人也有类似的酒文化，韩国人将酒看作一种谋求亲和的男性社会礼仪，结婚、生日等庆典之时或者是朋友聚会，甚至是平常下班也会小酌一下。因此，酒文化的讲解在对外汉语教学中能引起韩国人很大的共鸣。此外，韩国基督教盛行，佛教等其他教义也存在，同时也存在巫教（萨满教总称）。例如，韩国每年高考之前，学校会组织大型的祭祀祈祷活动，校长、老师、家长、学生等都会参加，祈求学生们高考顺利。对于这样的习俗我们也应该尊重。韩国和中国文化的相同点和不同点还有很多，对外汉语教师应该找到合适的切入点，尊重对方文化背景的同时，将中国文化顺利地进行传播，促进汉语语言的学习。因此，社会文化的导入在语言教学中是需要不断探讨的，这个过程涉及了应该导入哪些文化内容，怎样导入等问题。同时，社会文化的导入过程也涉及了科学性、阶段性、合理性等多项原则，这也需要每一个对外汉语老师好好学习和把握。

笔者认为，对外汉语教学中的文化因素的教学在选择范围上，首先应该关注细微的具体文化。对外汉语教学的目的是让学习者掌握运用汉语的能力，人们的日常行为、生活习惯、风俗节日都蕴含了典型的社会文化，从这些小的内容入手，让语言学习者在一种隐性的过程中慢慢习得，逐渐积累，会让学习者在循序渐进中接受目的语的社会文化。相反地，如果将语言中的民族价值观念、民族情感等抽象概括的文化进行渲染，反而会起不到好的教学效果。其次，要关注身边现实的文化因素。中国文化博大精深，历史悠久，跟国外的文化有很多不同的地方，这在很大程度上吸引了外国人学习汉语。但是，在语言教学过程中，如果在不了解文化背景和文化差异的基础上，过分强调中国古代的文化传统，如婚嫁丧葬礼仪、祭祀礼仪、古代文化饮食、跪拜礼仪等，这些在一定程度上会吸引他们的兴趣，但是却对他们的语言习得益处不大。因为这些文化的有用性和实践性是和整个现实社会脱节的，学生可能更想知道现实中的中国是怎么样的。因此，把握文化教学中的"度"是十分重要的。

此外，在文化教学中，还应该注重文化导入的原则。首先是阶段性原则，对外汉语教学的初级阶段和中级阶段不适合将文化单独列为教授内容，而应该将文化渗透在语言教学中，这样可以让语言教学更有趣味性。在语言学习的高级阶段可以将文化作为单独课程讲授，语言学习者有了一定的文化底蕴可以更深入准确地了解中国文化。其次是科学性原则，文化部分的教授应该为语言的交际目的服务，为二语习得者消除文化背景方面的障碍，厘清文化差异，更好地完成交际行为。因此，文化教学应该注重内容的实用性、正确性和规范性，让二语习得者掌握中国的主流文化，而非将非主流的文化误解为中国的大众文化，对中国文化产生误解。中国文化博大精深，这也就要求对外汉语工作者要熟知中国文化，让二语学习者能够掌握准确的、实用的中国文化。

第二节　对外汉语口语教学的实践活动

以外国留学生为主要教育对象的汉语口语教学，旨在培养学生口头上运用汉语言的能力，是一个独立而全面的对外汉语教学形式。一般来说，在整个语言类课程教学体系中，口语教学一直是教学的重要组成部分，各大院校通常都把口语课程与阅读课、听力课并列为基础主干课程。为了提高对外汉语口语教学，应该遵循学生的认知规律，顺应对外汉语教学的发展趋势，在对外汉语口语的教学实践中，设定情节和任务，多采用提问式和语段、语篇式进行口语教学。

一、提问式口语教学

口语教学的主要任务是培养学生言语交际能力，通过激发学生的表达欲望，引导学生运用所学的语言知识和言语材料，进行真实的言语交际，言语交际的形式主要是问与答。在教学中，习惯的做法是老师问，学生答。问是主动发出信息，答是被动反馈。为了让学生主动地学习，并且将来在言语交际中能处于主动地位，笔者认为在课堂上应该对学生进行强化"问"的技能训练。学生问，老师答；学生问，学生答；人人问，处处问，口语课堂上的主旋律应该是在教师指导下的学生的"问"。本专著试图从理论与实践的结合上，对如何在口语课上培养和训练学生提问的能力加以阐述。

有汉语教师在教《汉语会话301句》（第3版韩文注释）❶时，做了一个统计。全书301个句型中含81个问句，占37%，而前100句中竟含42个问句，占42%。一本教材，选定这301个句子作为口语会话的基本句型，当然是精心设计的，而其中含有如此多的问句，也绝非偶然。

言语能力包括人们在言语方面的刺激与反应两方面的能力。在言语交际过程中，刺激与反应这一对矛盾中，刺激是矛盾的主要方面，它起主导作用。无论是刺激对方还是接受对方的刺激，然后做出反应，刺激无疑都是使言语过程得以开始并继续的决定因素。神经语言学认为"动机和意向是言语的起点"，❷"动机和意向"在言语交际中的行为表现就是"问"。会问才能会说，会问才能使言语过程得以开始并进行下去。问，是言语过程的起点，是口语教学的一个重要内容，是口语训练的重要手段。因此，对外汉语口语教学不能不重视"问"的教学。

（一）激发问的欲望

来学习汉语的外国留学生都具有强烈的求知欲望，他们对我们这个具有五千年历史、近十四亿人口的泱泱大国怀有神秘感。要学会中国人的语言，也要知道中国人的生活，了解中国的社会、文化、风俗、习惯、历史，乃至中国人的心理状态。他们还具有好奇感，有感必然要发。他们自然也强烈要求老师为他们解惑。例如，这么多人的吃饭问题、穿衣问题是怎么解决的？这么多人，这么大的国家，语言的交流是怎么进行的？怎样才能跟中国人用汉语进行交流？这些强烈的欲望都是有利于教学的心理优势，这些欲望的激发会产生学习汉语的强大动力与热情。关键在于，老师能否利用这个优势，促其有问，奖其发问，教其会问，使其善问。问，可以调动和发挥学生的积极性，可以增加人的记忆负荷，可以充分利用人的大脑机能。在课堂上，教师若要使学生"语言的汉语"向"言语的汉语"转化，就要抓"问"的教学。

❶ 康玉华、来思平编著，北京语言大学出版社，2008.

❷ ［苏］卢利亚.神经语言学［M］.赵吉生，卫志强译.北京：北京大学出版社，1987.

激发学生问的欲望，关键在老师。师与生，是矛盾的两个方面，而矛盾的主要方面在老师，只要老师能敞开自己的心扉，学生就敢于发问。如果老师能根据教学内容改变自己的身份，宣布自己扮演什么角色，从而给学生创造新的语境，则更便于学生发问了。学生在问的过程中得到满意的回答，获得恰当的鼓励，问的欲望就会更强烈，积极性就会更高。除了文化、历史、政策等方面之外，学生还比较关心老师的家庭。这也无妨，老师确实也是他们了解中国的一个窗口。

（二）教会问的方法

学习口语，首先要学习问。生活中有千千万万的问题，有各式各样的问法，但是归纳起来，却仅有四种问法，九类问句。我们为每类的各种变化都选定一个句型，一共也才只有 30 个。问是重要的，也是不难学会的。我们要先学会这四种问法，天天练习这四种问法。

第一种问法是是非问，包含有四类：一是在陈述句的末尾加"吗"。二是在陈述句后另外加上"好吗？"或"行吗？""对吗？""可以吗？"。三是用疑问语气表示疑问，其书面形式，只是在陈述句后改用问号即可。四是用"吧"的疑问句。当提问的人对某事有了某种估计，又不能完全肯定时，在陈述句尾加上"吧？"就可以了。第二种问法是特指问，包括一般特指问（即用疑问代词的问法）和用"呢"的特指问。第三种问法是正反问，其中含一般正反问和用"是不是"的正反问。第四种问法是选择问。将这四种方法所含的九类及其变化都配好例句，定为30 个基本句型，列成表格 4-1，把四种问法的分类、各类的句型、表示的意义、基本格式、结构特点以及回答方式等一并展现在一张表上，让学生人手一表，就可以把一个纷繁复杂的"问"的世界系统化、简单化。建议采取"短期突击，天天实践"的方法，第一周全部教完，而后天天进行各种问法的操练，实现问法的"系统化、简单化"，并通过教学活动使其"熟练化"。

表4-1　提问法教学表

提问法	类　别	基本句型	表示的意义	基本格式	结构特点	回答方式
是非问	用"吗"的是非问	（1）张老师在家吗？	询问情况的肯定或否定。	主－谓－（宾）－"吗"？	词序跟陈述句一样；句尾有"吗"。	或答肯定，或答否定。

提问法	类　别	基本句型	表示的意义	基本格式	结构特点	回答方式
是非问	用"好吗""行吗"或"可以吗"……的是非问	（2）我们上午去，好吗？	说话人先提出自己的估计、要求，然后征求对方的意见。	主－谓－（宾）－"好吗"？	在陈述句后，另加"好吗"或"行吗"等。	只用肯定或否定的答语即可。
	用疑问语气表示疑问的是非问	（3）小张没来？	询问情况的肯定或否定。	主－谓－（宾）？	在陈述句后用"？"。	或答肯定，或答否定。
	用"吧"的是非问	（4）这是你的女儿吧？	说话人对某事有了某种估计，又不能肯定，带探询义。	主－谓－（宾）－"吧"？	在陈述句后加"吧"。	或肯定或否定的答语。
特指问	用疑问代词的特指问	（5）谁是老师？（6）哪个人去？（7）这本专著怎么样？（8）你看什么？（9）他在哪学习？（10）他什么时候去？（11）我们怎么去？（12）复习几天？（13）这儿有多少人？（14）这条路有多长？	询问某人、某事或某种情况。"多"可问程度，也可问年龄。	（1）疑问代词－谓－（宾）？（2）主－疑问代词？（3）主－谓－疑问代词－（宾）？（4）主－疑问代词－谓－（宾）？	词序跟陈述句一样，疑问代词放在要求回答的句子成分的位置上。	回答所询问的人、事物或情况。

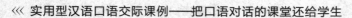
续 表

提问法	类 别	基本句型	表示的意义	基本格式	结构特点	回答方式
特指问	用"呢"的特指问	（15）哥哥呢？（16）窗户干净了，地板呢？（17）他不同意呢？	询问人或事物在哪儿或怎么样，或问"如果……怎么办？"	（1）词-"呢？"（2）词组-"呢？"（3）主-谓-（宾）-"呢？"	多用于独语句	回答人或事物的处所或情况，或回答有什么办法。
正反问	一般正反问	（18）你去不去北京？（19）你去北京不去？（20）你去北京不去北京？（21）你去北京了没有？（22）北京大不大？	询问某情况的肯定与否定	（1）主-谓-"不（没）"-谓-（宾）？（2）主-谓-宾-"不（没）"-谓-（宾）？（3）主-谓-宾-"了没有"？	并列谓语的肯定形式与与否定形式，肯定形式在前。	或答肯定或答否定。
正反问	用"是不是"的正反问	（23）你是不是去北京？（24）是不是你去北京？（25）你去北京是不是？（26）我是不是找他谈谈？	进一步证实某种情况或征求同意。	（1）主-"是不是"-谓-（宾）？（2）"是不是"-主-谓-（宾）？（3）主-谓-宾-"是不是"？	"是不是"可放在主语前或句尾，也可以放谓语前。	或答肯定或答否定。
选择问		（27）你去还是他去？（28）你去北京还是去上海？（29）你今天去北京还是明天去北京？	询问人或事物是几种情况中的哪一种。	（1）主-谓-（宾）-"还是"-主-谓-（宾）？（2）主-谓-（宾）-"还是"-谓-（宾）（3）主-壮a-谓-（宾）-"还是"-壮b-谓？（4）主a-谓-"还是"-主b-谓？	连接两个或两个以上的词或词组提问。	选择几项中的一项回答。

（三）实现问的训练

任何一种语言技能的掌握都离不开大量的实践，问的训练概括为：见面两问，每词必问；一句多问，多句一问。

上课开始，每个学生都要用学过的词语，有准备地就以前所学过的汉语知识范围向老师问两个问题，这叫见面两问。事先有规定，如果问句无语病，而且是真实的问题，不是明知故问，老师必答，这里突出强调问要问真实的问题，有毛病的问句，老师纠正错误而不回答。如果仅仅是重复书上的现成句型，老师也不回答。这一教学活动，既达到了复习学过的语言知识的目的，又迫使学生实践由语言向言语的转化，同时激发并鼓励了学生用汉语发问的欲望。在这样的汉语口语教学实践中，课堂成了师生双向活动的交际场合，师生关系也和谐、融洽，既实践了问的训练，提高了学生运用汉语的言语表达能力，又加深了他们对教师的了解，增加了对中国的感情。

对于每课的生词，要做到每词必问。学生负责在课前将生词抄在黑板上，逐个轮流，每人一天。这是学习汉字的过程，也是对学习的促进。更重要的是学生在抄写的过程中会发现很多要问的问题。生词的发音和组句是教师示范在先，向学生灌输正确的语音信息以给学生以正确的语感。然后让学生针对老师的句子提问，每词必问，每问都让全班同学重复并回答。其间要进行声、韵、调的训练，更要进行重音与停顿的训练，要让学生掌握句中的音强、音长及音高，以及句子的节奏。这样，发问的学生在小有成功的兴奋中轻轻松松地就掌握住了这个词，同时全班同学也都提高了这个词的使用频率，加强了学生大脑词库对这一生词的"近视性"（神经语言学释为"近期曾经相识"）。由此，便可以大大提高言语交际中对这个词的检索水平。

词与词不同，有难易的区别，也有常用不常用的差异，有的还具有特殊的语法功能。因此，搞"每词必问"的训练，方法与力度也因词而异，而且这一教学活动要与句型、课文教学融为一体。老师的指挥与控制是在组句的过程中实现的，组句是由词到词组，由词组到短语或短句，再到长句。逐步发问，逐步加长。句要组成本课的句型和课文以及替换练习中的句子。重点词语和能组成代表本课语法点的句子的词语还要多组几句。

训练说的技巧主要靠模仿，训练问的能力同样也是靠模仿。让学生模仿是进行"一句多问"的模仿，这可以成为对外汉语口语教学的重要组成部分，主要在课文与句型的教学中进行。例如，对"弟弟昨天抓住一只鸟"这个句子的教学分三步进行，首先用正常语速说出这句话，然后马上让学生说出全句的中心词——"弟弟抓鸟"，随即明确句子的"主、谓、宾"各是什么。继而用标准的语音、语调练熟这句话，并针对其"主、谓、宾"进行提问。第二步用填充扩展法逐一加上此句的补语"住"、状语"昨天"和定语"一只",学生逐项填充扩展,逐步模仿老师完全正常的语速和自然的语调。第三步要求学生逐一对这句话的不同句子成分提出不同问题,共提出如下九个词题:① 弟弟昨天抓住一只什么?(特指问,问宾语。)② 弟弟昨天抓住几只鸟?(特指问,问定语。)③ 弟弟昨天抓住没抓住鸟?(正反问,问补语。)④ 弟弟什么时候抓住一只鸟?(特指问,问状语。)⑤ 谁昨天抓住一只鸟?(特指问,问主语。)⑥ 弟弟昨天抓住一只鸟吗?(是非问,问全句。)⑦ 弟弟昨天抓住一只鸟没有?(正反问,问补语。)⑧ 弟弟昨天还是今天抓住一只鸟?(选择问,问状语。)⑨ 弟弟昨天抓住一只鸟?(是非问,问全句。)这是用疑问语气表示疑问的是非问,它的逻辑重音可作四五种变化,语意也有四五种相应的变化。教师逐一演示,学生一一模仿、认真体味。这样,学生发问的语速、语调都已初具水平。

对汉语口语课中的每一个句型都可以这样来学习,一个句子表层结构的句子形式及其决定的语音特点在每一次填充扩展过程中都有相应的变化,在每一次发问过程中,这些变化又都有发展。"如果说成分是句子的一个单位,那么命题可以说是意义的单位。因此在理解句子的过程中,如果我们能够辨认出成分的界限,我们就可以理解它们所代表的意义。"❶能够辨认句子成分,才能对同一句子针对不同命题进行多角度、不同方式的提问,而这些提问与作答必然使人们语言心理机制方面高频率地产生转换与倒转换的过程。即每一次提问都是由深层结构到表层结构的转换;每一次被问都有由表层结构到深层结构的倒转换。这个过程完成得越快,越自如,人的言语能力越强。

"多句一问"是在课文的教学中进行的,这是要学生从一个句子走到句群中去,在一段以至通篇之中进行概括性、抽象性的发问,从问小问题发展到问大问题。言语能力在宏观和微观的变化之中能得到一定的升华,要达到这种升华,就可以在进行了"每词必问,一句多问,多句一问"的训练基础上,引导并安排学生进行有交际动机的、富有交际价值和创造性的提问训练。

有的专家说:"对外汉语所教的内容只能是作为'语言'的汉语,但是教学目的却是要学生把作为'语言'的汉语转化为自己'言语'的汉语。"❷这个转化过程,是不是只是学生单方面的事呢?在课堂上,教师能不能发挥作用帮助并促成这种转化呢?其实"问"就可以帮老师的大忙,让学生问,从被动地答到自发地问;从

---

❶ 桂诗春.什么是心理语言学 [M].上海:上海外语教育出版社,2011:93.

❷ 邢公畹.从对外汉语教学看"语言""言语"划分的必要性 [J].世界汉语教学,1993(2).

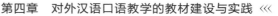

问书上的内容到问自己心中的内容；从问一句到连续问几句；从问分散的具体的小问题到问概括性的大问题；从模仿着问到创造性地问……尽最大的可能让学生自己问，自己进行言语交际。这便是从"语言"向"言语"的转化。

人类的言语行为是通过刺激—反应链来实现的，人们注重刺激与反应的连接，尤其注重刺激，并依靠刺激来控制反应。口语会话过程，不只是被动地接收对方的声音信号做出反应的过程，而且是双方的一个主动的心理过程。会话能得以进行，必然有赖于双方交替地发出刺激与做出反应。会话的发展情况是依靠刺激来控制的，而刺激的言语形式则主要是问。因此，教师要教会学生口语，要提高他们的言语交际能力，要帮助学生更快、更好地实现作为"语言的汉语"转化为"言语的汉语"，那就要注重问的教学，搞好问的教学。

二、语段、语篇口语教学

在对外汉语教学中，学习者会经历一个由词到词组、单句、复句、语段乃至语篇的渐进程序，从实际的教学及其结果来看，我们在词、词组、单句到复句这一程序的教学中有较多的语言研究及教学理论的指导，积累了一定的教学经验，教学效果也较明显。而复句、语段、语篇这一过程因缺乏相关理论指导，没能形成具体的、行之有效的、规范化的教学方法和训练手段，其教学一直处于摸索的状态，难以突破，成为对外汉语教学中的一大"瓶颈"问题，阻碍了学习者的汉语表达水平向高层次推进。

在此，笔者将运用篇章语言学的相关理论对对外汉语语段、语篇教学的现状以及教学的难点和重点进行分析和归纳，并结合学生的认识特点，提出建议，以促进语段、语篇的教学。

如何运用语篇语言学的相关理论来指导语段、语篇口语教学，构建科学系统的语段、语篇口语教学模式，笔者认为首先要解决四个方面的问题。

第一，加强汉语与外语的对比，使学生了解并掌握典型的汉语篇章表达模式。要想使学生的语段、语篇表达自然、地道，而不是"洋腔洋味"，则其表达模式首先要符合汉语的习惯。为此，我们必须提供与别的语言的篇章表达模式有显著差别的、典型的汉语篇章表达模式，只有这样，才能使学生对汉语篇章表达模式有清晰准确的认识，在表达时自觉排除母语篇章表达模式及衔接手段的干扰，选择汉语的表达模式及衔接手段。这需要进行大量的汉外篇章的对比，从中发现并归纳出典型的汉语篇章表达模式。在这方面，可以参考的东西较少，而且太笼统，还需要做大量的工作。

第二，引入篇章语言学中相关理论，建立与基础语法的接口。基础语法向学习者介绍了主语、谓语、宾语等一系列句法层面的语法概念及理论，但仅依靠这些语法概念和理论是无法清楚地解释语段、语篇的衔接与连贯的方式的，所以造成很多学习者在语段、语篇中所做的语法分析只能停留在句子上，对句与句之间如何衔接与连贯认识不清。应运用相关的篇章语言学的理论来介绍、分析语段、语篇，首先引入主位、述位、照应、替代、省略、复现、同现等概念，在此基础上介绍主述位的推进与照应、替代、省略、复现、同现的运用等衔接手段。笔者认为，篇章语言学相关理论的引入和运用与基础语法在教学程序上是相互衔接的，基础语法主要解决了词——词组——单句——复句这一过程的教学，而复句——语段——语篇这一过程的教学必须由篇章语言学的相关理论来承担。

第三，加强在语段、语篇层面上的相关语言要素的教学。在语段、语篇中存在大量语义不足、句法成分不完备的句子，这与在初级阶段学习者所掌握的句法成分完备的单复句有很大不同，也就是说，语段、语篇不是单个的单复句的简单的相加，而是经过必要的整合的。对此，很多学习者缺乏足够的认识，而且很多学习者的词汇在大脑的语言库中没有按不同的标准和目的归档、储存，所以在提取词语时找不到可供查寻的线索或线索不清，不能整体提取，进入语段、语篇或筛选不当，出现不精确或歪曲使用词语的现象。因此，有必要加强学习者在语段、语篇的层面上对一般词语、关联词语、句子等语言要素的认识和学习，其中包括词汇的搭配关系，句子之间的主述位推进，照应、省略、替代等衔接手段的运用，连贯的句子的逻辑推理等。例如，在词汇层面，可以根据话题内容将语段、语篇的教学与词汇教学结合起来，帮助学生有序地储存词汇，增强词汇查寻的信息线索，提高他们在词汇提取时的速度与有效率。

第四，设计大量的配套的练习。运用篇章语言学的相关理论对语段、语篇表达模式及衔接手段进行分析、讲解只是帮助学生建立对此的基本认识，要想在学生大脑中构建起汉语语段、语篇表达的图式，让他们熟练掌握汉语语段、语篇的衔接手段，必须通过一定的训练才能实现。这就需要大量配套的练习，所以我们应该在原有的语段、语篇练习的基础上发展、创新，使练习形式更丰富，内容更科学，更有针对性，从而能真正达到有效地提高学生语段、语篇表达水平的目的。

语段、语篇教学是许多对外汉语教学工作者一直在探讨、研究的课题。众所周知，语言教学要想取得成效并有所突破，离不开语言研究的理论指导。虽然现在对汉语篇章的研究还不够详尽，但不能一味消极地等待，应该将一些具有指导意义、操作性较强的理论知识用于教学实践，让它在实践中得以检验和发展，反过来促进对汉语篇章的研究，增强其针对性与实用性，使理论研究与语言教学实践能更好地结合。

三、基于交际任务的口语教学

（一）交际任务与交际任务教学法

基于交际任务的教学法（Task-based Approach），概括起来就是通过让学习者用目的语完成一系列的交际任务，在运用语言的过程中学习语言的运用，从而实现发展学习者的言语交际能力这一最终目的。

交际任务教学法属于功能主义教学理论的范畴，这一教学法在美国、马来西亚等国的第二语言教学中被广泛使用，因此它并不是一个新模式，只是从汉语作为第二语言教学的角度来看，它才是一个新模式。

据专家学者的讨论总结，交际任务可以定义为具有下列特点的活动：意义是基本要素；目的是解决某个交际问题；与真实世界的活动相关；首要的事情是完成任务；是根据输出结果来评估的。从反面来看，交际任务具有以下特点：它不是让学习者咀嚼他人的意思；与展示语言本身无关；不以系统性为导向；不以练习为导向；不是把某些语言结构形式有意嵌入言语材料中去加以强调。

下列活动都属于交际任务：相互介绍；购票；问路；教室里的空调坏了，去找办公室老师，要求修理；写一封致灾民的信，大家一起讨论信里写些什么。而下面的活动不属于交际任务：造句、做句子变换练习、学习根据语法教学内容编写的课文。

Peter Skehan 提出了交际任务教学法的原则：第一，确定所要教学的语言结构；第二，根据实用性原则选择交际任务；第三，安排交际任务的教学顺序，以达到教学目标的平衡发展；第四，最大限度地引导学生有意识地注意语言形式方面；第五，循环深化。他还把基于交际任务的教学分为三个阶段：任务前、任务中、任务后。

任务前：准备阶段。让学生明确交际任务：语境、内容、目的。激活学习者的知识储存，并导入供学生参考的、有助于完成该交际任务的词汇、结构等新语言要素。帮助学习者准备，引导、鼓励学习者使用新的更复杂的表达形式。

任务中：学习者在虚拟的交际情境中完成交际任务，教师对整个过程进行录音。

任务后：教师让学习者听他们自己的录音，进行讲评。

（二）交际任务教学法的特点与利弊

所谓交际任务，实际上就是对我们实际交际活动的概括。交际任务是最基本

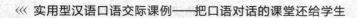

的日常交际活动单位，一个交际任务是交际功能、语言要素、话题、语境、文化因素的有机组合。

交际功能项目是从交际活动中分析出来的最小的交际活动单位，但不是独立的交际单位。一个交际功能总是在一定的语境中展开的，并且往往是与若干个交际功能配合起来实现交际价值的。单独以一个功能为单位、脱离语境和话题，编出来的只能是一本功能手册，而不是课本。

长期以来，对外汉语口语教学提倡与实践结构、功能、文化相结合，结构、功能、文化的有机结合必须找到一个落脚点，这个落脚点就是交际任务，因为交际任务天然地是三者（其实不仅是这三者）有机结合在一起的基础。按照结构、功能、文化三者结合的原则编写的课文，大多也是体现交际任务的，如一般教材里都有的"购物""问路"等。但是，由于不是有意识地把三者的结合落实到某个特定的交际任务上来，有些课文尽管有明确的结构、功能、文化点的教学目标，在课文里也有充分的体现，但是课文的谈话没有特定的语境，没有集中的话题，没有明确的交际目的，让人觉得课文里的人物是在东拉西扯，不知所云。学生问老师："他们为什么说这些话？"老师只能回答："是为了让你们学习汉语。"

交际任务教学法的最大特点和优点在于交际性和真实性。由于模拟真实交际活动有明确的交际目的，有特定的语境条件，能大大提高培养语言交际能力的效率。如果交际任务选择恰当，反映学生的实际生活，与学生的预期交际活动一致，学生的学习积极性就必然比较高，课堂教学的可操作性也比较强。

交际任务教学法的关键在于追求表达内容和语言形式的平衡，既不是为了灌输、强化结构格式而损害交际内容的真实性，同时在学生运用汉语完成某项交际任务的活动中，又要积极引导学生有意识地注意结构形式方面。片面强调结构形式方面，不但会削弱学习兴趣，而且不利于真正培养交际能力，而片面强调交际内容，则会导致学生回避使用新的语言材料，忽视表达的准确性，不利于提高学生的语言水平。把教学活动分为任务前（准备）、任务中（表演）、任务后（讲评）可以较好地解决这个问题。

交际任务教学法的弱点在于，语言形式较难控制，语言结构的系统性较弱。为了完成一定的交际任务，往往需要运用多种语言结构形式，从而可能打破长期以来形成的语法教学顺序。

交际任务教学法由于把注意力更多地放在内容上，对于形式上的循序渐进必然要做出妥协，难免在一定程度上违背"语言结构习得顺序具有普遍性和语言教学应该遵循语言结构习得顺序"的观点。另外，这一教学法把注意力放在输出上，主张让学生在运用中学习运用，似乎跟"输入大于输出"的观点也不一致，值得学者深入研究。

（三）交际任务教学法对口语教学及口语教材编写的启示

笔者认为，交际任务教学法是适用于跟其他课型相配合的口语课教学法。这里说的口语课指训练口头表达技能的课型。

在初、中级阶段，如果设有综合课、口语课、听力课、泛读课、写作课等，那么这些课型应该是既相对独立，又相互配合的。口语课、听力课、泛读课、写作课等分别是对综合课的听、说、读、写技能训练的延伸和强化。在这种口语课上，尽管也承担着传授新语言知识的任务，但是主要的是让学生把综合课、泛读课、听力课等课上学到的东西在语体风格协调的前提下，在语言口头表达技能上加以强化，即主要是解决"输出"的问题。交际任务教学法在课堂教学中给予学生明确的表达目的、内容和范围，又给予了语言形式上的自由表达的广大空间，为激活学生的语言知识，产生表达欲望，提供了良好的条件，使学生有话可说，并且有创造性学习的乐趣。

口语课的两个大问题，一是学生不肯开口说，或者不说教师希望他们说的东西；二是教师满堂灌。教师之所以满堂灌，是因为他们认为学生不肯说，或者不会说、"乱说"，所以只好自己来说。学生之所以不肯说，是因为学生觉得没话可说，不知道说什么好，或者教材的话题没意思。学生之所以"乱说"，是因为他们不愿意（尤其是西方学生）死板地重复课文里的句子，总想别出心裁，但是他们掌握的同义表达手段有限，结果在教师看来，希望他说的正确的句子（课文里有）他不用，说出来的都是错句，是在"乱说"。

基于交际任务的教学法启发对外汉语教师在口语教学中采用一种新的思路：

选择学生感兴趣的、有价值的交际任务。完成这些交际任务所需要的语言难度是与学生的语言水平相适应的。

指导学生认真准备。例如，让学生回忆学过的有关词语、结构，用于完成该交际任务。提供补充的新的语言材料（词语、格式等），可以让学生把要说的话写下来（可以用拼音）。教师对于学生的准备材料加以修正，特别是对语篇连贯等方面进行指导。

让学生分组表演。表演时不得看书面材料。要表演时进行录音，录音可以形成一种比较正式的气氛，从而使学生比较重视输出的质量，也为下一步的讲评提供基础。

最后是教师进行总结讲评。

这样一种教学法要求教师熟悉学生母语，具有非常全面的知识修养和应变能力。能够随时为学生想要表达的内容提供语言上的帮助，对各种各样可能出现的偏误进行纠正和说明。这样，真正体现了交际性原则和以学生为中心的教学原则。

教材只是提供有关交际任务的说明和供参考的语言材料，教师的主观能动性大大加强。这样一种设想要求口语教材采用一种全新的面貌。与现行教材相比，主要有以下不同。

把一般口语教材中练习里的对话、语篇表达一类练习提升为每课的核心部分。详细说明交际目的和语境。除了词表以外，还要提供有关的短语、结构、句子等，但不是必学的，而是供选用的。把语言形式结构方面的练习也放在每一课的开始。按照"词——短语——句子——语篇"的顺序进行"热身"练习。取消一般口语教材的"课文"部分。

第五章 对外汉语及汉语口语教学在国内外的对比分析

尽管现在对外汉语教学发展蒸蒸日上，但在对外汉语课堂上仍有一些问题需要正视和解决，特别是在对外汉语口语教学课堂上。口语课的目的是以学生为中心并充分发挥他们的积极性和主创性，同时为学生提供更多的时间和空间进行交流互动练习。但是，如今的口语课堂上大都还是以老师为主体的传统教学模式，基本上是学生跟着老师说，然后练习。这样虽然能够使学生有目的地练习，但是让学生被动的学习和练习会失去口语交际的主动性，同时也在客观上限制了学生的思维。学生的思维得不到发散，就无法发挥学生的主观能动性。

第一节 国内外大学汉语专业的口语课程情况

国内有许多大学针对留学生班汉语国际教育专业开设了对外汉语口语课，通过开设对外汉语口语课使留学生练习并掌握汉语的词汇、语法知识以及中国文化，从而提高留学生的口语交际水平。下面以北京语言大学汉语学院留学生一年级班为例，通过对初级留学生班的汉语口语教学课程设置、目标及教学效果的情况来进行分析。

一、国内大学留学生汉语专业的口语课程情况

（一）课时安排与教学环境

表5-1北京语言大学汉语学院一年级留学生专业汉语必修课课表。

表 5-1　一年级专业及方向必修课程表（部分）❶

专业及方向	学　期	课程名称	周课时	学　分	应选课时
所有专业及方向	两学期	初级汉语综合课（上）	10	10	20
		初级汉语听力课（下）	8	8	
		初级汉语听力课（上、下）	4	4	
		初级汉语阅读课（上、下）	2	2	
		初级汉语口语课（上、下）	4	4	
	下学期	汉语写作入门（下）	2	2	

从表 5-1 可以看出，北京语言大学汉语学院的初级汉语课程设置综合课有 10 课时，10 学分；听力课有 8 课时，8 学分；听力课有 4 课时，4 学分；阅读课有 2 课时，2 学分；口语课 4 课时，4 学分；写作入门课时下学期的开设课，占 2 课时和 2 学分。口语课一周 4 个课时，加上综合课里的口语课，大约占了总课时的至少 30%，课时安排比较科学。

从汉语教学环境上看，北京语言大学汉语学院教学环境优越。留学生在以汉语为目的语的环境进行学习，周围有汉语老师和中国学生的指导和帮助，有目的语的交际环境对外汉语口语教学能达到学以致用的效果，同时能让留学生明确地感受到目的语交际的必要性。

（二）教学模式与教学方法

北京语言大学汉语学院的口语课是以任务型教学法为基本方法，即通过在课堂上完成一个"任务链"让学生在解决实际问题的过程中不仅掌握所需的语言知识，而且能自觉运用这些语言材料和以前学过的语言知识来完成新任务。任务型教学法强调以任务的设计和完成为中心来安排教学，使语言在真实的交集中得到运用。经过精心设计的"任务"能使教学过程交际化，使语言教学更具有交际性。

如在讲"具体"这个词时对话如下：

老师：上海好玩吗？

学生：特别好玩！

---

❶ 数据来源：北京语言大学汉语学院官方网站·一年级各专业方向选课单 http://hyxy.blcu. edu.cn/art/2016/8/26/art_7983_1115899.html

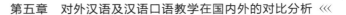

老师：好玩，怎么好玩呢？请你说具体一点。

学生：……

这就是一个真实情况，让学生完成任务并理解"具体"的用法。同时说完整的句子来提高口语表达能力，完成交际任务。任务作为任务型教学的核心部分，借此来培养学生的综合语言运用能力。其设计的好坏直接影响到教学过程的成败，经过精心设计的"任务"能使教学过程交际化，使语言教学更具有交际性。

从北京语言大学汉语学院的口语教学课程设置可以看出，北京语言大学在初级口语教学这方面是非常重视的，以任务型教学法来进行口语课教学，让留学生通过完成特定的任务来掌握口语交际能力，从客观上调动了学生的积极性，提高了学生的语言交际能力。任务的实用性将课堂与留学生的日常生活结合了起来，容易让学生融入教学，不会让留学生觉得课堂所学知识点与现实生活反差太大。

二、国外大学汉语专业的口语课程情况分析

随着中国国力的强盛，汉语热快速升温。世界各国高等院校相继开设了汉语课程，越来越多的外国大学生开始学习汉语，了解中国文化。尤其是东亚韩、日两国地区对汉语教学尤为重视。下面以韩国首尔的高丽大学汉语开设的初级口语课的课程情况以及教学情况为例进行分析。

韩国高丽大学汉语教育以培养学生的汉语交际能力和实际的语言表达能力为目的。然而，相关的调查显示，韩国大学的初级汉语口语课存在很多问题，没有达到应有的教学效果。表5-2和表5-3是韩国大学口语课教学的调查表及调查分析。❶

表5-2 学生对大学的初级口语课安排的评价表

太少	正好	太多，可以减少	时间不是问题，需要教学质量的改进
38.60%	34.65%	2.63%	24.12%

表5-3 韩国初级汉语口语课的教学法情况

选题（多选）	百分率（%）
听写生词	62.28

---

❶ 朴安娜.任务型教学大在韩国大学初级汉语口语课中的应用研究[D].沈阳师范大学，2013.

选题（多选）	百分率（%）
背课文	68.86
表演课文对话	47.37
小组讨论	14.04
反复朗读	49.56
模拟交际场景	35.09
布置具体的交际任务	25.88
其他	7.46

（一）课程安排与教学环境不理想

从韩国大学的课程安排情况来看，在初级阶段（大学一、二年级），语言基础课占一半，但是实际上学生能够开口练习汉语的课程很少。尤其是实际应用汉语进行交际的课程更少。在一年级，口语课程最多安排两门，一般情况下一周三课时。学生希望学校多安排提高实际口语能力的课程。口语课的教学通常局限在模仿、跟读以及背课文、讲解语法等基础层面，与其他语言基础课（尤其是综合课）在内容上大同小异，没有体现出口语课应有的特性。

从语言教学环境看，韩国学生是在以母语为背景的环境下学习汉语，缺乏相对应的汉语学习环境。虽然在课堂上会使用到目的语，但是学生不能体会到用目的语进行交际的必要性，导致口语学习与实际交际相脱节，学用分家。因此，要在汉语环境缺失的情况下教好汉语就需要设计合适的情景来辅助汉语口语教学。

（二）课堂教学模式相对陈旧

目前，韩国高丽大学的初级汉语口语课的教学比较单一，多是以听写生词、背课文和反复朗读课文为主，和学生对教学的要求不符合，多种教学法教学在课堂上使用比较少，同时教学辅助手段也比较单一。虽然现在很多教师都在课堂上使用多媒体，但是大多数的教师以使用多媒体为教学辅助手段的层次比较低，使用多媒体更多的是为了代替板书。学生在课堂上的语言交际少，教师和学生也很少有交流。这样的课堂教学模式实际上违背了语言作为交际工具的教学特性。

口语课堂上多以教师的教为主，教师说得多、学生说的少，没有形成以学生为主体的课堂。教学和练习也多是以教师讲解为主，学生被动地听，操练语言点环节的设计类似模仿课后习题，缺乏实用性，没有做到让学生参与到课堂中来。另外，教师在课堂上过于讲解词汇、语法。学生学到了词汇和语法知识不意味着他们就会说汉语。词汇和语法仅是语言知识的一部分。课堂教学内容与实际生活中的交际有距离，学生只能模仿教学内容说话，却不会用汉语表达自己的想法。从高丽大学的口语教学情况来看，显然教学效果不理想。首先，口语课的课程安排较少，使得学生开口练习汉语的机会相应减少。其次，口语教学只局限于模仿、跟读、背课文和讲解语法，形式单一，课堂教学以教师为主。汉语口语教学的目标是让学生能用汉语进行交际。因此，教学应该以学生为主体，充分调动学生的积极性，让学生参与到口语教学活动中，提高学生的汉语口语交际能力。最后，汉语口语的学习需要营造一个良好的语言环境，使学生学以致用。

三、对比分析

通过比较分析国内外汉语口语教学的现状和问题可以看出，国内北京语言大学的口语课设置和教学方法要优于韩国的大学，北京语言大学的口语课设置更科学，任务型教学注重情景元素的运用，教学效果显著。国外大学口语课程设置则出现了一些问题。首先，课程安排不理想，口语课安排较少，教学模式相对陈旧，单一的学习词汇、语法、背课文使学生失去了学习的积极性。其次，教学手段单一，运用多媒体的层次较低；师生交流方式单一，课堂以教师为主，没有让学生过多地参与课堂活动，没有调动学生的学习积极性。再次，教学内容脱离实际，过于讲解词汇，语法等基础知识，没有和实际生活相联系。口语教学的语言点应以实用为主，贴近现实生活的交际环境，使学生学用不分家。

现在，大多数的口语课堂上老师留给学生练习口语的时间并不是很多。所以"精讲多练"的原则需要坚持贯彻在口语教学课堂上，而现在留学生在课堂上没有充分的时间去大量地巩固练习老师所讲的语言点。学生更多地是以课后的习题或者仅仅是围绕课文来练习。老师无外乎是让学生两三人一小组按照课文分角色练习对话，这样的练习虽然在一定程度上锻炼了学生的口语，但练习的内容却与实际生活相脱节，没有达到让学生掌握口语交际技能的目的。基于此，教师要在课堂中引入情景教学。情景的设置能让学生感受到口语交际不再是按部就班地读课文和分角色练对话，而是真正和实际生活场景相关联，是具有实用性的口语交际。

本章着重从国内留学生口语课程设置和国外汉语专业的口语课程设置的现状进行分析，通过对比国内和国外的口语课程设置可知，口语教学要和情景相结合，脱离情景的口语教学是无源之水，没有情景的教学更是难以应用到日常口语交际中，孤立的词句教学与日常口语交际不相适应，是无效的教学。除了对国内外口语教学课程设置的分析，还要明确对外汉语口语教学的本质、目标及任务，只有把对外汉语口语教学的理论和引入情景的实践相结合，最终才能更有效地开展口语教学。

第二节 美国以文化为核心的汉语教学模式及启示

语言与文化并不对立，对外汉语教学是一种语言教学，也是一种文化教学。美国堪萨斯中南部教育服务中心通过四年的摸索与实践，总结出一套较为成熟的以中国文化为核心的汉语教学模式，为美国的汉语教学开辟了一条新路。本节将对堪萨斯中南部教育服务中心的汉语教学进行概述，整理出一个相对完整的教学模式。并从中寻找出一些能够为国内对外汉语教学所用的有益因素，希望能够让我们目前的对外汉语教学有所借鉴。

一、语言与文化

关于语言和文化的关系，学界历来说法不一。索绪尔认为，语言是一种自给自足的符号系统，是社会的产物。布龙菲尔德认为语言是客观的物理现象，它与文化、社会等因素毫不相干。乔姆斯基则提出，语言是一套由有限成分构成的、长度有限的句子的集合，语言的本质就是普遍语法。也有许多人类学家、语言学家、历史学家认为，语言并不是一个孤立的系统，它与文化之间还存在着某种联系。萨丕尔曾说过："语言也不能脱离文化而存在，就是说，不脱离社会流传下来的、决定我们生活面貌的风俗和信仰的总体。"德国语言学家洪堡特也有类似的观点，他认为一个民族的语言和思想是密不可分的。美国语言学家拉波夫和海姆斯主张把语言放到社会文化中去研究，把社会文化作为语言生成的重要背景。而美国多元文化教育家班克斯则进一步提出，语言是为克服不同文化之间的差异，实现各种文化的融合服务的。❶对于语言和文化，我们不能简单地把它们对立起来，而应该从科学的角度辩证地加以分析。综合来看，语言和文化的关系可以归纳为以下四个方面：语言是文化的一个重要组成部分；语言是能够记录、保存文化的工具；语言促进文化的发展与传播；文化影响和制约语言。下面对语言与文化之间的这四方面关系进行详细论述。

---

❶ 潘文国.语言的定义 [J].华东师范大学学报（哲学社会科学版），2001，33（1）.

第一，语言是文化的一个重要组成部分。语言是人类在进化过程中所创造的一种社会共有的精神财富，如邢福义先生所说，语言是一种制度文化。❶

　　第二，语言是能够记录、保存文化的工具。语言是重要的符号形式，它能够将抽象的文化记录下来。比如说，当我们看到"醯"这个字的时候，不仅能够知道它"醋"的意思，更能够从中看到这个字背后的文化。左边的"酉"表示酒，也就是说酿醋先要酿酒。整个字表示"把酒流入器皿中保存起来"，这正是古人酿醋的最原始方法。正是借由"醯"字，我们才能够窥见古代"醋"文化的风貌。由于全世界科技飞速发展，不仅使文字得以保存，连人们讲话的内容也能够很容易地被录制、保存下来。想必后人也可以通过这些录音来了解我们现在的语言和文化状况。

　　第三，语言促进文化的发展和传播。各种历史文化之所以能被我们现代人了解，是依赖前人的历史文字记载。我们要了解其他国家的历史和文化，也需要通过阅读用他们的语言所做的相关记载。如果离开语言，人类就无法进行思想交流和信息传递。也就是说，没有语言就没有社会和文化。在今天，世界变得越来越小，掌握几种语言的人也越来越多。随着语言藩篱的被打破和因特网的发展，我们足不出户便可了解他国的文化。但这一切仍然离不开语言这一媒介，无论是文字上的还是声音上的。

　　第四，文化影响和制约语言，这在做跨语言比较时，尤为突出。中国人重视孝道，不仅要孝敬自己的父母和家族里的长辈，而且还将孝道推而广之，"老吾老以及人之老"。自家是"小家"，其他人就是"大家"。当遇到年龄和自家亲属差不多的老人时，总要亲切地喊一声"X爷爷""X奶奶""X伯伯"之类的，如同叫自家人一般，这也是汉语中的独特现象之一。而英语中的称呼则分工明确，对自家的亲戚该怎么叫还是怎么叫，但是对外人，一般就只是称呼"女士""先生"。除非是对个别关系非同一般的外人，才可能偶尔沿用对亲属的称呼。这是因为他们的文化以各自的家庭为中心，有"小家"而无"大家"，对内对外态度分明，自然很少出现以亲属的称呼来称呼外人的状况。这是就不同国家、不同的语言而说。而在同一国家中，也会由于地区文化的差异而产生不同的语言现象，比如说中国方言之间的一些差异。

　　简而言之，语言属于文化的一部分，语言与文化又是相互依存、相互制约、相互影响的。

---

❶ 邢福义.文化语言学[M].武汉：湖北教育出版社，2000.

二、对外汉语教学中语言教学与文化教学的关系

程棠在《关于当前对外汉语教学中的几个问题》一文中指出："对外汉语是指对外国人和海外华人进行的系统的汉语和中国文化教学。"[1]在这个定义中，对外汉语教学既是一种第二语言教学，同时也是一种文化教学。而对外汉语教学的根本目的就是培养学生利用汉语进行交际的能力，进而对中国文化有所了解，最终实现文化上的互相理解和尊重。由于对外汉语教学对象是外国人和海外华人，因此它的性质与一般的语言教学不同，它是一种跨文化的语言教学。这种性质就决定了这种教学不可能不涉及与汉语相关的文化。而对外汉语教学的学科理论基础除了包括语言学、教育学、心理学之外，还包括了哲学和文化学。[2]

因此，我们在汉语教学中不应该仅仅教授语言，也应该教授相应的文化。即使学生是为了熟练地掌握汉语，并能够顺畅地与中国人进行交流，也需要将语言教学与文化教学结合起来。比如前面提到的汉语的称谓方式，是学汉语必须掌握的基本口语知识。而汉语的称谓方式是深受中国传统文化的制约和影响的，不了解与称谓方式密切相关的文化知识，就不可能深入理解和恰当运用汉语的称谓方式。

目前，这一理念已经被国内外的汉语教学界广泛认可。很多学校的汉语教学纷纷将文化引入课堂。一般来说，有两种方式：一种是在语言课中加入文化因素的教学，这种方式还是以语言教学为主导，在语言学习需要的情况下介绍一些文化背景知识或是交际文化；另外一种是开设单独的文化课，其任务是系统地学习文化知识，学校会为中高年级的汉语言本科学生开设这样的课程。

但是在实际操作上，文化课和语言课常常处于一种相互冲突和矛盾的状态。主要是涉及教学时间分配和学生的接受能力的问题。如果在语言课中讲文化知识，会不会挤占语言学习的时间呢？另外，开设文化课会不会加重学生的负担，学生是否能消化、理解和接受呢？这些都是现实问题，虽然从理论的角度来说，大家都意识到文化的重要性，以及在汉语教学中引入文化教学的必要性。但是在具体操作的问题上，却矛盾重重，障碍重重。这其中固然有学校课程设置、学生测试的压力等各方面的因素，但是如果我们从源头上来找答案，会发现最根本的原因，即有一些观念没有明确下来，对文化教学还缺乏足够的信心。

如果汉语教学的目的是让学生熟练地掌握语言，并能够顺畅地与中国人进行

---

[1] 程棠 . 关于当前对外汉语教学中的几个问题 [J]. 语言教学与研究，1992（2）.

[2] 赵金铭 . 对外汉语教学概论 [M]. 北京：商务印书馆，2010.

交流。那么在教学中自然就会以语言教学为主，文化教学则是依附语言教学而存在的。如果汉语教学的目的是让学生能够进行跨文化交际，成为促进两国沟通的桥梁，那么在教学中一定会加重文化教学，尤其是交际文化教学的力度。如果汉语教学的目的是让学生学会语言，进而学到中华民族几千年来凝结而成的文化精髓，今后不仅成为语言上的使者，更成为文化的使者，让中华文化在全世界发挥积极的作用，促进世界的和平与和谐，那么我们的汉语教学则会相应的以中国文化为总的指导线索。从以上分析我们可以看到，不同的教学目的所产生的不同影响，这不得不让我们重新思考一个问题，汉语教学的最终目的究竟为何？孔子云："取乎其上，得乎其中；取乎其中，得乎其下；取乎其下，则无所得矣。"笔者以为，汉语教学实在是功在千秋的大事业，其目的不仅是要培养语言人才、跨文化交流的人才，更是要培养能够吸收运用甚至是传播中国优秀文化的积极、健康、向上的人。相信这也是很多跨越千山万水来到中国，或者是虽没有来到中国但在国外勤奋学习汉语的国际友人的心愿。当我们以这样的目的来看待汉语教学的时候，语言教学和文化教学的关系就明晰起来。我们教语言不是单纯的教词汇、语法、语篇，而是要以中国文化为核心，让学生在点点滴滴中感受文化的魅力和影响力。这样，在学生语言羽翼稍为丰满的时候，就会自动地化被动学习为主动学习；就会更深入和准确地理解中国人和中国人的思想；就会逐渐将知识转化为能力和修养。在学生成为语言和交际人才的同时，也成为一个具有崇高美德和修养的人。

论起中国文化的博大精深、浩瀚无边，全世界很难找到能出其右者，甚至简单地谈谈什么是中国文化，中国文化大致包含了哪些内容，都不是短短数千言能够概括的。那么在如此浩如烟海的文化中，什么才是学生需要的？什么才是我们要教给学生的？语言课中的文化教学与文化课中的文化教学内容上有没有什么区别？这些都是需要解决的问题。如果什么都要教，那么再多的课时也是不够用的。我们的文化教学必须在这众多文化中萃取最精华和学生最需要的文化，形成一个较为完整的体系，才能够在教学中有的放矢，事半功倍。总之，文化教学并不等于什么文化都教，这一点确定下来，文化教学和语言教学才不会发生所谓课时上和内容上的冲突或重复。

既然我们要教文化，那么语言教学和文化教学会不会有什么矛盾？有没有办法将它们结合起来，这是我们接下来要考虑的问题。首先需要肯定的是，语言教学和文化教学不是对立关系，它们是可以有机融合的。可以说，语言教学从某种意义上来讲就是文化教学，而文化教学也不可能脱离语言而存在。语言不仅可以直接描述与文化有关的内容，甚至还可以构建一种蕴含着文化氛围的语境。从这一层次上来讲，语言教学和文化教学是完全可以协调和兼容的。使语言教学和文化教学互相配合、互相协调、互相促进，达到"和谐共生"的境界，我想这也是许多对外汉语教师所追寻的目标。

在明确了这三个观念之后，语言教学和文化教学的关系就比较明确了。我们可以将其总结为以下几点。第一，语言教学和文化教学相互依存，但两者又不是完全对等的关系。形象地说，语言是学生学习的翅膀，没有这双翅膀，学生就飞不起来。文化教学是学生学习的生命和灵魂，没有生命和灵魂，即使有翅膀也是死的，也是飞不起来的。因此，在汉语教学中，文化是核心，但是也不能忽视语言教学。第二，文化教学所教的文化不是无边无际的，它是有限度的，并不会影响正常的语言教学。第三，语言教学和文化教学是可以有机结合起来达到"和谐共生"境界的。

三、美国堪萨斯中南部教育服务中心

美国的堪萨斯中南部教育服务中心（South Central Kansas Education Service Center，简称 SCKESC），是一家具有悠久历史和良好口碑的教育服务机构。作为堪萨斯州的七个教育服务中心之一，堪萨斯中南部教育服务中心的主要工作是向管辖的学区、堪萨斯州乃至美国全国以及其他英语国家比如澳大利亚、英国、加拿大等提供各类教学和培训服务。其汉语教学项目始于 2007 年 9 月，是堪萨斯州除孔子学院外第一家引进汉语教学的教育机构，推出的汉语教学和中国文化特别项目一直颇受好评，在美国中部地区的汉语教学领域具有一定的影响力，甚至吸引了不少学校前来参加，并获得美国政府提供的汉语教学补助。

堪萨斯中南部教育服务中心的汉语教学模式所面向的对象为全日制公立学校幼儿园至高三的学生，其中大部分是初中生和高中生。教育服务中心对外主要提供三种形式的汉语和文化课程：一种是面向州内或所管辖校区的常规远程课程，学生每周定时参加，课时量依不同学校的安排有所区别；一种是仅向所在市高中提供的现场教学课程，周一到周五，每天一个半小时的课；还有一种就是面向全美国和其他英语国家的中国文化特别项目，项目长度 30 分钟到 60 分钟不等，这一特别项目是面向社会开放的，成人也可参加。目前，已有《中国学生生活》《中国情人节》《从功夫熊猫看中国式学习方法》《从汉字到文化》《丝绸之路》《中医养生》《中国艺术》《深度中国游》《中国神话》等十六个项目。这些项目一经推出，便获得热烈的反响，学生对中国语言和文化产生了浓厚的兴趣，进而选择继续参加长

期的汉语文化课程。可以说，堪萨斯中南部教育服务中心在中国语言和文化推广方面，具有相当的特色和实力。它实行的是以中国文化作为核心的汉语教学模式，堪称美国汉语教学界的先锋。

（一）理论基础

以中国文化为核心的汉语教学模式的理论依据来源于中国传统语文教学，中国传统语文教学虽然针对的是本国人的母语教学，但是它是中国先人心血与智慧的结晶，蕴含着很多语言教学和文化教学的普遍性原则和方法，对于我们今天的对外汉语教学也有着相当的指导意义。中国传统语文教学的基本理论主要体现在以下三个方面。

第一，传统语文教学的教学目的。关于中国传统语文教学的终极目的，《大学》一书在开篇中就做出了明确的阐释："大学之道，在明明德，在亲民，在止于至善。知止而后有定，定而后能静，静而后能安，安而后能虑，虑而后能得。物有本末，事有终始，知所先后，则近道矣。""大学"的根本宗旨，在于彰显光明和完美的德性，在于人们用这种德性去除旧布新，成为新人，在于使人们达到完美无缺的至善的最高境。那么怎么才能达到这个境界呢？首先要知道这个境界，然后才有明确的方向；有了明确的方向，然后才能做到内心宁静；内心宁静不乱，然后才能做到遇事泰然安稳；遇事泰然安稳，然后才能行事思虑周详；行事思虑周详，然后才能得到道的真谛。天下万物都有根本和枝叶，世间万事都有结局和开端，知道它们的主次先后、轻重缓急的顺序，那就接近于《大学》的道理了。这一教学目的贯穿于整个语文教学的过程中，古人的开蒙教育也能体现这一特点。《易经》有蒙卦，就是讲对儿童的启蒙教育：蒙卦的上卦是"艮"，为山；下卦是"坎"，为水，意思是山下有泉。山静、泉清象征着儿童未开发的天然善性。因此，古人在对儿童进行启蒙教育的时候，最精要的有两点：一是正心、育德。用最好的思想来培养儿童的德性；二是防渎、汩、乱，严防乱开发。

第二，使用的教材。《三字经》对中国传统语文教学所使用的教材和使用次序做了这样的描述："为学者，必有初，小学终，至四书"，"孝经通，四书熟，如六经，始可读"，"经既明，方读子，撮其要，记其事"，"经子通，读诸史，考世系，知终始。"可以看出，中国传统语文教学以古代经典作为教材，这些经典本身就是中国传统文化的结晶。学生学习经典既掌握了语言，又能够吸收到中华文化中最精华的部分。这些经典也有着严格的使用顺序，先是学习朱熹的《小学》，学会识字和基本的洒扫应对，打下做人做事的基础；再来学《孝经》，因为"百善孝为先"，"孝"是儒家文化的出发点；接着学《大学》《中庸》《论语》《孟子》。《中庸》

是理论,《大学》是方法,《论语》和《孟子》是举出孔子和孟子这两位圣人来例证,就是把理论、方法运用到生活中示范给我们看。最后再来读史书,古为今用。

第三,基本的教学法。中国传统的教学法很简单,就是采用韵语教学和背诵,古代比较经典的童蒙课本,比如《三字经》《百家姓》《千字文》《弟子规》等都是几字一句,朗朗上口的韵文,孩子易学易背。孩子在七岁到十二三岁的阶段教师不着重讲解,就是教他熟读。因为这个时候孩子智慧还没有开,心思纯正,记忆力好。读的时候计算遍数,老师只教句读,一句一句教清楚,每一个字的音念正确,很少讲解。会背了还要背一百遍,两百遍。还要背得大声,老师要听得见。这样小孩子就没机会开小差,定力也就培养出来了。所以到十二三岁就很有威仪,像一个成年人一样,一举一动都有规矩。以后无论应付什么事情,写文章引经据典,随手拈来不会再去查书。到孩子十三四岁时,老师再开始讲解。中国古时候没有中学,只有小学和太学,太学就相当于现在的大学。太学里面就是讲解,小时候背过的经论,在太学里要做深入的研究探讨和讲解辩论。太学的老师每个人指导的学生并不多,按今天的话讲就是小班教学。老师带着学生去旅游、游山玩水,一边走一边研究探讨。连书都不用多带,因为大家都背过的。典籍里的很多历史、地理就可以在旅游时进行考察,真的是"读万卷书,行万里路"。

中国的传统语文教学从教学目的到方法论都与今天的语文教学相差甚远,那它是不是具有科学性,它的效果又如何呢?

蔡元培,曾是清末翰林,国学根基深厚,41岁学习德文,之后又学习法文,并留学德国,成为一代学贯中西的大儒,主持北京大学,开出一代新风。夏丏尊,自幼在私塾学习传统经典,16岁开始接触英文并涉猎西学,成为一位渊博仁慈的教育家。这样的例子数不胜数,像孙中山、王国维、陈寅恪、鲁迅、郭沫若、闻一多、陶行知、赵元任等都是国学底蕴深厚,最后学贯中西,成就卓越。可见传统的中国语文教学不仅能培养出卓越的语言能力,更能培养出人的根本智慧。有了这样的智慧自然能更好地领会和消化外来文化并开创新的局面。

以中国文化为核心的汉语教学模式正是秉承了中国传统语文教育的精神,以教书育人为己任,不仅要向学生传授语言和文化知识,更要引导学生形成健康的人生观和价值观。在教材方面直接选取比较有代表性、朗朗上口的中国传统经典,并按照恰当顺序编排,让学生既通过学习经典巩固语言知识,又能直接接触中国文化中最精妙的部分。在教学中强调背诵,加强学生的语用熟练度和学习的定力,在教师和课程方面贵精不贵多,继承"教之道,贵以专"的优良传统,不使用过多的教师和课程分类。让学生不至于因为学得过多过杂而"门门通,样样松"。

（二）教学目标

美国外语教学委员会（American Council on the Teaching of Foreign Language，简称 ACTFL）在 1999 年公布的全国外语教学标准（Standard for Foreign Language Education：Preparing for the 21st Century）中提到，外语学习目标必须涵盖五大目标：沟通（Communication）、文化（Culture）、贯连（Connection）、比较（Comparing）和社区（Communities）。这一标准将课程中的文化提升到崭新的高度，并赋予它极大的重要性。

堪萨斯中南部教育服务中心的以文化为核心的汉语教学模式也体现并发扬了5C 标准的原则，其课程目标是使学生具有基本的中文沟通能力，具有一定的中文自学能力，能够较为深入地了解中国文化和中国人，并较快适应国内外的中国人社区；能够比较和理解不同语言文化的特性，并以包容的态度对待它们；能够吸收和应用中国文化中的精华，提高个人素质和道德修养。其中，提高个人素质和道德修养这一点，是以往诸多教学目标或标准甚少提及的。

这是以文化为核心的汉语教学模式的总体教学目标，针对的是在堪萨斯教育服务中心选修汉语课的所有学生。但是事实上，由于参加汉语课程的学生按照学习汉语的时间又可分为汉语一年级、二年级和三年级。因此针对不同程度的学生都有配套的具体汉语教学目标，内容包括听说读写以及文化理解等方面应掌握的词汇、句型及应有的能力等。

（三）操作程序

课型——不采用分技能模式，语言课采用综合课这一种课型，但其中包含针对各种技能的训练。一个班由一名老师主讲，但偶尔可以请其他老师进行客串或辅助练习。语言课与文化课分开，每周安排一次文化课，但在语言课中也会渗透有关文化的内容。

教学计划——小班教学，一个班原则上不超过 20 人。每学期约 18 周，学期中和学期末各有一次大考。平时每一课学完后要完成课本上的练习题以及网上提供的配套练习。每单元学习结束后（学完一单元大约需要四周时间）进行单元测验，单元测验内容也包括文化课内容。教室布置得具有中国特色，并贴上常用拼音、词汇等，方便学生随时复习。

操作程序——开学第一节课为简介课，介绍中国概况、中国语言文字等基本情况，具体内容参照《欢迎来到中国》特别文化项目。接下来，用两三次课来教授拼音和汉字基本笔画和偏旁，让学生对汉语有一个基本认识，这一阶段的课程主要以英语教学为主。之后正式开始学习课本，教材为香港大华风采有限公司出版的

《奇妙中文》，每节课前十分钟教学生背诵 2 到 4 句《弟子规》或其他经典，对内容进行简单解释，并检查前面的背诵情况。之后进入语言学习，学习词汇、课文并进行练习，同一目的的练习至少进行 5 到 6 次，但通过不同的形式完成。比如，对话练习可以采用交换练习对象或者是小组情景对话的形式进行，句型和课文学习结束后再进行汉字学习。每篇课文都有一个重点生字，先播放该生字配套的动画片，帮助学生理解生字的含义，老师再讲解其他生字的字源或记忆方法。之后进行书写示范，学生跟老师一起写 2 到 3 次，再自己练习，一个生字至少写十次，最后再用不同方式进行巩固和复习。课本新内容学习结束后进行复习、练习，下一次上课时对上一次的内容进行简要复习和抽查。以上是语言课的基本程序。

　　每周最后一天安排经典文化课，主要以英语讲授，以中国传统经典为出发点，较为系统地介绍儒家思想、道家思想和佛家思想。中文一年级学生文化课本为中英拼音版《弟子规》，二年级学生为《太上感应篇》，三年级学生为《十善业道经》。这是常规的经典文化课教学，另外还根据中国重要的节日在相应的时间向学生介绍节日风俗和节日背后的文化意义，并组织相关活动，比如春节期间组织学生观看春节联欢晚会的部分节目。目前，堪萨斯中南部教育服务中心已经就中国重要节日开发了《春节》《中秋节》《国庆节》《七夕》这四个特别项目，节日文化课就以这些特别项目为基础展开。另外还有针对学生感兴趣的话题，开设了文化专题讲座，比如《中国艺术》《中国历史》《神话与宗教》《中国学生生活》《中医保健》《深度旅游》《如何跟中国人做生意》等，这些也都做成了可以面向全美各地区和学校输出的远程特别项目。除此之外，还有"看电影说文化"课，让学生在看电影的同时了解中国的风土人情，并巩固所学的知识。另外，教育中心还为参加现场教学的学生开设中国书法课。可以说，堪萨斯中南部教育服务中心所提供的文化课不仅形式上丰富多彩，而且内容上也颇有深度。在具体实施上，文化课以经典文化课为主，节日文化课、专题讲座、电影文化课为辅，不同的文化课穿插进行。

四、对我国对外汉语教学的启示

（一）对于教学法的启示

　　堪萨斯模式是以中国文化为核心、将语言与文化紧密结合为原则的教学模式。在教学实践中，这一模式融入了不少中国传统语文教学方法，并取得了不错的教学效果。这对我们目前国内汉语教学法的研究与实践也是有启发意义的。

　　1.关于背诵

　　学习语言为什么需要背诵呢？加拿大语言学家 Bialystok 区分了两种语言知

识——显性语言知识和隐性语言知识。显性语言知识是存在于学习者意识层中的所有目标语知识，包括语音、语法和词汇等方面，学习者可以将这些知识清晰地表达出来。隐性语言知识是指存在于学习者潜意识中的、那些内化了的语言知识，学习者不一定能清晰表达出来，但却能不假思索地使用语言，也就是我们常说的语感。隐性语言知识越多，熟练使用目标语的程度就越高。学生在课堂内学习的外语知识，开始总是显性知识，但通过各种操练，就逐渐转化为隐性知识，而背诵就是将语言的显性知识转化为隐性知识的重要渠道。随着背诵输入量的增加，学生的语感会不断增强，语言的熟练程度也会有显著的提高。如果学习语言只注重理解而不注重背诵，所学的知识就无法得到有效地巩固。就像俄罗斯教育家乌申斯基所比喻的一样：他拼命地赶着马，却忘记将所装载的东西好好捆在车上，当他飞快地赶到目的地时，东西早在沿途失散光了。

　　在我们的对外汉语教学中，重理解轻背诵也是普遍存在的问题。一年下来，学生学了几大本教材，句型不可谓不全面，内容不可谓不丰富，老师的讲解不可谓不细致，可是学生的学习效果却总是差强人意。这不得不引起我们的注意。在教学中，我们是不是也忙于往学生的马车上装东西，却没有帮他们把东西捆好呢？德国医学博士林助雄论证说：人类有两大学习能力，即记忆力和理解力，记忆犹如电脑资料的输入和保存；理解犹如程式的设计和应用。没程式空有资料，资料是死的；没资料空有程式，程式是虚的。因此，我们的对外汉语教学不仅需要培养学生的理解力，还要培养学生的记忆力，使学生在背诵的过程中更深入地体会汉语的文法和奥妙，形成良好的汉语语感，让学生的"电脑程式"真正地运转起来。著名散文家梁实秋就是在背诵中打下了扎实的语文基础，他说："我在学校上国文课，老师要我们读古文，大部分选自《古文观止》《古文释义》，讲解之后让我们背诵默写。这教学法好像很笨，但无形中使我们认识了中文文法的要义，体会遣词炼句的奥妙。"

　　学习语言要背诵，学习文化更要背诵，中华文化的精髓就融入在一个个汉字中和一篇篇经典中。譬如"教"，本义为"上所施下所效"，小篆"教"，从孝、从支，支是象形文字，像手有所执持之形，含举手做事之义，换句话说，就是实践、落实，故教之原义就是让人们学习如何力行孝道。《孝经》云："夫孝，德之本也，教之所由生也"，因此，无"孝"不成"教"，"孝"乃"教"之本。有了孝作为根基，才能受教有地，一切的教育才能扩展开来，才真正能化育人民。这是汉字中的文化，而中国上下五千年的古典书籍更是中华民族的瑰宝，通过这些典籍，中华文化才得以一代代传承下来。背诵这些经典作品的过程也是对中华文化的咀嚼和吸收的过程，对中国文化有着深入认识的瑞典汉学家高本汉说："中国学生即使是在低年级里，必须背诵几种大部的经典，并须熟记历代名家所做的几百篇文章和几百首诗歌。这种学习的课程，已经采用了两千年，养成大家于古代文书具有特别的熟悉；结果，对古代的历史和文学，又发生了一种崇敬的心理；这实在是中国人的特色。这种聚集成功的大资产，以供中国著作家任意使用，在文辞的修饰上，自然能得到有效的结果。"从高本汉先生的这番话，可以得知中国教学讲求背诵，背诵不仅能够加强学生对传统文化的认识和敬爱，也能帮助他们提高文字应用能力。

其实不仅中国学生需要背诵，学习中国语言和文化的外国学生也需要背诵。目前，汉语在世界范围内大热，很多外国人已经不满足于学会基本的交际语言，他们对博大精深的中国文化有着浓厚的兴趣。经常有美国老师或学生提出这样的问题：什么是气？佛教是不是宗教？中国人的家庭伦理观是怎样的？这些问题说明他们对中国文化，尤其是深层次文化很感兴趣。但他们的这些问题都还不是一两句话或者是一两节文化课能解决的。如何让他们更深入地体会中国文化的奥妙呢？答案还是背诵。比如，让学生背诵"君子求诸己，小人求诸人。"学生不仅能巩固之前学过的"子""人""小"等汉字。还能了解到孔子关于"圣人""君子""小人"的划分，以及中国人严于律己、宽以待人的君子之风。学生背诵之后，对这句话的文字和意义印象很深刻。遇到相应的场景，相信他们也能脱口而出。背诵就是这样一条神奇的纽带，既能帮助学生培养语感、提高语言水平，又能帮助学生更深刻地学习和理解中国文化。

背诵，不仅使学生的记忆力、语言熟练度和中国文化素养得到了显著提高，而且学生的精神状态和气质也会有变化，就是苏轼所说的"腹有诗书气自华"。在2010年美国世界外语教学大会上，有一个汉语教师分享了他教学生背诵三字经的经历，虽然教学时间不长，但是学生的精神面貌已经有了很大的变化，以下是他的一个学生学习三字经的感想，大意是："三字经虽然难背，可是一旦记下来，就不容易忘记了。学习三字经让我知道了在生活中要对父母孝顺，要尊敬老师，要找品质好的人做朋友。在家里，我看到大姨关照父母，她为我树立了很好的榜样。我将来也要好好教育我的孩子。"

正因为背诵在汉语教学中能够起到如此积极的作用，我们也不妨将背诵的理念带到对外汉语课堂中去，让学生在背诵中，不知不觉地掌握中国的语言和文化。

2.关于汉字教学

外国学生，尤其是非汉字圈的学生，很多都没有接触过汉字。因他们对汉字的基本笔画、结构、书写规则等没有相应的概念，在这样的状况下进行语文并进的教学，很容易使学生陷入迷茫和挫折感。因此，有必要在学生正式学习汉字之前先让学生对于汉字有个基本的概念。这就产生了将语文分开和语文并进相结合的路子。

汉字的教学并非与拼音教学完全同步，只有在学生掌握了基本的汉语拼音，能够较为熟练地拼读音节之后，才开设短期汉字课。否则拼音汉字一起上，很容易让学生顾此失彼，两样都学不好。另外，学生掌握了基本的拼音，有助于头脑中建立起字形和读音的联系。在拼音学习阶段，教师可以用学生的母语讲一些简单的汉字概况，让学生对汉字有一个大致的印象，为后面的短期汉字课埋下伏笔。

拼音学习结束后的汉字教学，主要目的是让学生掌握基本的汉字结构和写字方法，能够顺利正确地书写汉字。在看到陌生的汉字时，也能够运用所学的知识分解汉字结构并将该汉字书写出来。因此在汉字课上，教师首先要向学生介绍汉字的常用笔画、常见汉字和常用偏旁部首并让学生多加练习。当学生对这些熟悉之后，教师可以展开汉字的教学。选择的汉字要由简到难，最好能够按部件或结构分类，数量不要太多，如果手头没有现成的汉字教材，可从《弟子规》中选取，每天讲三五个生字，并补充一些相关的汉字知识。教学过程中，教师应在黑板上多次示范所讲的生字，前几遍让学生认真看，后几遍让学生跟着老师一起写，还可以向学生提供一些演示汉字书写过程的网站，以便学生课下复习。下课后，布置写字作业，让学生练习所学汉字，如果有条件，可为学生提供描红本来练习，以规范学生的笔画和字形。汉字课开设的时间长短是按照学生的情况灵活变动的，当大多数学生看到陌生汉字能够很快正确书写，能够比较准确地认知汉字的基本结构和部件时，汉字课就可以结束了。另外，查字典和运用网络查询和学习生字等方法也可以在这一阶段完成，以便于培养学生的自学能力。需要明确的是，短期汉字课是为了培养学生对汉字的基本概念和感觉，以便为后来的汉字教学打下基础，因此并不强求学生识记所有学过的汉字。

短期汉字课的结束并不意味着汉字教学的完结，为了让学生能够时常有巩固所学汉字的机会，我们还可以在综合课或者是写作课当中加入一小段汉字复习课。汉字复习课的内容可以有两种方式，但是它们所采用的原理是相似的，都是运用韵语或歌谣的形式，让学生掌握汉字的音形义。一种是运用所学的生字和词汇来编写押韵的歌谣，或者是找一些包含所学字词的现成歌谣。学生在记忆歌谣时，不知不觉就把汉字的音、形、义联系起来了，而且经久不忘。比如，在学生掌握了数量词、动物名等词汇之后，教学生说唱"两只老虎"的童谣。另外一种是直接应用《弟子规》等童蒙课本，教学生反复记诵，老师可以对内容进行讲解。这样做的优势，是让学生始终处在一种接触汉字，认读汉字的情境中。并且在认识汉字的时候也能领略中国文化的魅力，增强学生学习汉字的兴趣。这样的汉字复习课每次只需要十分钟左右即可，可以作为平时汉语教学的有力补充。

（二）对汉语口语教学的启示

1.对外汉语教师应具备的中国文化素养

为了促进汉语在世界范围内的推广，促进对外汉语教学事业发展的进程，提高对外汉语教学水平、加强对外汉语师资队伍的建设显得尤为重要。面对目前汉语国际教育事业呈现出的欣欣向荣的局面，作为汉语教育工作者要抓住机遇，不断提升自己，使自己具备更多的优秀品质，以传播中华文化为己任，共同推动汉语事业的发展。这里，我们主要研究的是成为一名合格的对外汉语教师所需要具备的中国文化素养。

对于对外汉语教师应该具备哪些知识和能力，一直是对外汉语界研究的一个主题。吕必松在 1987 年出版的《对外汉语教学探索》中曾经提出："从事对外汉语教学的老师必须具有很高的业务水平，他不但要精通汉语的理论、知识和技能，而且要熟悉一两种外语的理论、知识和技能，还要掌握对比语言学的理论和方法，不但要具备语言学、心理学、教育学等方面的专业知识，而且要具有高度的文化素养，熟悉中国和外国的有关文化知识，还要具有组织教学的能力。"因此，必要的中国文化素养，对于对外汉语教师这么一个中国文化传播者来说，是至关重要的。

为了提高国际汉语教师的专业素质和教学水平，培养一大批合格的汉语教师，以满足世界各地日益增长的汉语学习需求，国家汉办组织研制了《国际汉语教师标准》（以下简称《标准》）。

《标准》是对从事国际汉语教学工作的教师所应具备的知识、能力和素质的全面描述，旨在建立一套完善、科学、规范的教师标准体系，为国际汉语教师的培养、培训、能力评价和资格认证提供依据。《标准》借鉴了堪萨斯中南部教育服务中心和 TESOL 等国际第二语言教学和教师研究新成果，吸收了国际汉语教师实践经验，反映了国际汉语教学的特点。

一个好的对外汉语教师，应该既有本民族文化的修养，又有国际文化的修养和开放性思维；既要摒弃盲目自大，以自我为中心的"天朝文化中心论"，又要坚决反对那种全盘否定中国传统文化的民族虚无主义和崇洋媚外思想，切忌只当一个"只会讲中国话的老师"。因此，只有重视中华文化教学的对外汉语教学才是完整的语言教学，要想成为一名优秀的对外汉语教师，就要深刻了解中国文化，并能熟练地在教学过程中导入、传播中国文化。

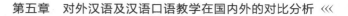

2.对外汉语教师所具备的中国文化教学技巧

外国学生在学习汉语的时候往往会有"汉语难学"的看法，而很多老师单调枯燥的课堂教学形式和沉闷乏味的教学状态，只会让学生感觉汉语更加难学，以至于逐渐产生厌学情绪，阻碍了汉语在世界范围内的传播进程。这就要求对外汉语教师在汉语教学过程中通过语言和肢体动作技巧，采用富有趣味性、易于操作、效果明显的教学技巧和课堂游戏，把中国文化知识自然生动地融入课堂教学之中，不但可以帮助学生领略汉语的博大精深，而且可以保持他们学习汉语的兴趣和热情，得到事半功倍的课堂教学效果。

（1）语言技巧

一个对外汉语教师，本身就是中国文化的一面镜子，他的一言一行都可以折射出中国文化的深奥精微，都可以借以向学生展示中国文化的深厚魅力。

中国地域广大，方言较多，日常用语里会出现很多口语词、方言词。这些词区别于书面语，不像普通话，对于外国学生来说认知度较低，但这些词恰恰普遍存在于我们生活的角落里。教师若能掌握一两种方言，也可以巧妙地运用到口语课的教学中去。比如，用方言跟学生打招呼会让学生觉得中国的语言很丰富，与普通话不尽相同的方言又会让他们觉得学习汉语更加有趣。再如，相声是极具中国文化特色的艺术形式，侯宝林大师的相声段子可以出现在高级口语的教材中，而相声中大量的口语词和方言词就成了学生学习最好的蓝本，在掌握了大量口语词以后，相信他们可以说出一口流利地道的中国话。

另外，中国有很多传统文化形式可以运用到口语课的教学中去，比如绕口令、儿歌、古诗词、戏曲、神话故事等。在对外汉语口语课的文化教学中，教师可以使用这些文化形式来导入中国文化因素，避免枯燥的说教消磨学生学习的兴趣。

在讲到中国传统节日的时候，教师总是会直接地向学生罗列春节、元宵节、清明节等节日，并介绍中国人如何过节。但这么多节日名称以及顺序，学生未必会记得清楚，这时，教师可以教学生一首儿歌：

小孩儿小孩儿你别馋，过了腊八就是年，贴窗花，点鞭炮，回家过年齐欢笑；摇啊摇，看花灯，我们一起闹元宵；清明节，雨纷纷，大地开始冒春苗；赛龙舟，过端午，粽子艾香满堂收；七夕节，盼今朝，牛郎织女会鹊桥；过中秋，蟹儿肥，十五月圆当空照；重阳节，要敬老，转眼又是新春到。年年岁岁，岁岁年年。福星高照。

这首儿歌读起来朗朗上口，内容丰富，学生学会以后就可以很清晰地掌握中国传统节日的时间顺序和庆祝形式。

在具体介绍中秋节的时候，教师可以教学生名为《八月十五月儿圆》的歌曲："八月十五月儿明，爷爷为我打月饼。月饼圆圆甜又香，一块月饼一片情。"同时又可以引入简单的古诗词，如《静夜思》，让学生通过学习古诗来领悟中国人对中秋团圆的期盼。另外，对汉语水平较高的学生，教师可以向他们讲述嫦娥奔月的故事，或者学唱歌曲《但愿人长久》。对于学生来说，这些都是接触中国文化的机会，也是学习汉语的乐趣所在。

（2）肢体动作技巧

在对外汉语的教学过程中，因为学生汉语水平不高，即便有中介语的帮助，但由于文化差异的存在，学生有时也很难理解教师传达的信息。这时候，如果教师适时使用一些恰当的肢体语言，则可以帮助学生完成和教师之间的交流和理解，使课堂教学顺利进行下去。在口语课堂上，教师发出课堂指令、进行讲解示范以及与学生交流时，都需要大量的肢体语言。这些肢体动作可以使教师的指令更加明确，讲解更加生动形象。更重要的是，教师要通过肢体动作的反复使用与学生产生默契，形成一套有规律的用来表达课堂指令的肢体语言，有效利用时间、提高课堂效率。肢体动作很好地弥补了教师有声语言的不足，是对教师有声语言的补充。

在给韩国零基础的留学生讲解关于穿戴的词汇（衬衫、高跟鞋、牛仔裤等）时，除了通过PPT展示图片来配合词汇的导入外，还有PPT中没有准备而临时想到需要扩展讲解的词汇，比如鞋带、领带、手链等，教师就是指着自己手上的手链或者解开一个学生的鞋带来向他们传达词汇含义的，他们也可以迅速地明白词义，在这个过程中教师同时也与学生进行了互动，课堂气氛变得更加活泼。

值得一提的是，一些具有中国特色的动作可以广泛运用于口语课的教学中，比如教师可以用作揖的动作对学生进行问候；讲到中国服饰的时候，女教师可以身穿旗袍，并向学生展示中国女性温婉含蓄的肢体动作以表现东方美，男教师则可以穿上唐装、手拿折扇，演示一个谦谦君子的举止等。这些中国味儿十足的表现如果能巧妙地融入课堂教学之中，就会更加激起学生对中国传统文化的浓郁兴趣。

教师在对外汉语课堂中要擅于利用肢体动作，发挥肢体语言的作用，活跃课堂气氛，保证教学质量。

（3）教具使用技巧

教具包括模型、实物、图表等，具有典型性、直观性和实践性的特点，在对外汉语口语课的教学中被广泛使用。

学习者在初级阶段接触的话题中一般都包括旅游城市或旅游景点，比如《汉语口语速成》入门篇中出现的西安、大同、哈尔滨、桂林和颐和园、龙门石窟、

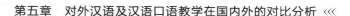

少林寺等。在课文中出现的这些地名或景点名称，对于学习者来说陌生而抽象，教师可以通过向学生展示中国地图来加深他们的印象。具体来说，可以由教师说出旅游城市所在省份，请学生上前在地图上找出该城市的位置并做出标记；而旅游景点的引入则可以先向学生展示图片，然后在学生指出各景点所在城市的基础上，请学生把图片标记在地图中对应城市的位置上，这样学生不仅初步了解了旅游城市和著名景点，也从地理上对其有了直观的认识，甚至可以帮助有兴趣的学生根据地理位置的远近来制定旅行计划。中级口语课中开始出现中国地方特色小吃，比如《魔力汉语》中级教材引入的豌豆黄、手抓面、豆汁等，教师依旧可以借助地图的辅助，让学生在地图上找到小吃所属地区的位置，很容易地就把饮食文化与地理知识结合到了一起。

再比如，很多教材涉及中国的春节，在向学生介绍春节习俗时，教师可以向学生展示春联、剪纸等一些实物，让学生传看并教他们如何张贴，讲中国饮食习惯的时候可以教学生使用筷子，让他们练习用筷子夹橡皮，不但活跃了课堂气氛，也增加了课程的趣味性，这比只是通过图片和讲解来进行教学的效果要好很多。

还有，多媒体现在已经广泛运用于各类教学实践中，对外汉语教学也不例外，借助音频、视频等多种形式来呈现教学内容，会使学生感到学习过程变得丰富有趣。

口语课的主要目的就是提高学生的口语交际能力。想学好汉语，不仅要练习语音语调，语速的训练也是必不可少的。不少对外汉语教师在对初级学习者的教学中，经常会给学生播放课文内容的音频文件，然后让学生跟着音频朗读，尽量保持与音频中相同的语速。虽然这对于初学者来说有点困难，但学生听着自己和同学在跟读时"顾得了语速就管不了语音，注意了语音就赶不上语速"甚至错误百出，会觉得很好笑也很有意思。

口语课的教学内容中，中国饮食文化是不可或缺的，而说到饮食文化，就必会提到中国特色菜肴，比如《发展汉语》初级的教材中就有"学做中国菜"这一课，主要内容就是番茄炒蛋的制作方法。学生在学习课文的时候，单单靠阅读文本和对话练习，是无法准确掌握番茄炒蛋的烹饪方法的。教师可以给学生播放一段制作番茄炒蛋的视频，再让学生根据课文内容并配合视频进度，描述每个烹饪步骤，就能够让他们很快地记住这道菜的做法，即使在以后他们亲自操作的时候，脑海中也会浮现视频里的内容，按部就班，做出这道菜。

另外，关于对外汉语口语课中的中国文化教学的研究与实践无疑会对对外汉语教师具备的能力及中国文化素养提出了更高的要求。文化的导入不仅需要教材的合理编排，也离不开教师科学生动的讲解。作为教学过程的直接参与者，教师要根据已有的教材，采用多种方式、借助各种手段，把口语课中涉及的中国文化因素呈现给学生，所以对外汉语教师需要更加专业化。如果教师缺乏应有的中国文化素养，不能很好地控制课堂，那么课程中导入的中国文化因素则可能会受到曲解，课堂教学无法顺利进行，造成学生对中国文化理解的偏差，以至于其在今后的生活中出现跨文化交际失败的现象。

第六章　实用型情景创设教学策略

情景教学法是在"直接法"的基础上发展而来的，它是以培养口语能力为基础，强调在自然情景中讲解语言点，在教学中充分创设直观形象的情景，使学生有身临其境之感，从而调动他们的学习积极性，更好地巩固和深化语言点记忆的教学法。

第一节　情景与情景教学

一、情景

情景，现代汉语中的解释是感情与景色，情形与景象。顾名思义，情景即指特定的场景、环境，而学习语言只有在一定的情景中才能理解和表达。正如人类学家马林诺斯基所说的："如果没有语言情景，词就没有意义，也不能代表什么，话语只有在情景语境中才能产生意义。"语言的词、句、篇来源于情景，又不能脱离情景。汉语口语教学中的情景教学过程是教师通过语言、教具及各种教辅设备为学生营造一个融视、听、说于一体的语言环境，使学生能在真实的环境中训练口语技能，这样的教学有利于调动学生的非智力因素，加深对学习对象、课文内容的理解，完成对口语中语言点的掌握。在对外汉语口语教学课堂上要尽量营造良好的合乎情景的语言环境，尽可能多地让学生了解汉语文化背景，有利于增强学生的语感，提高学生的口语能力和相关技能。

一般来说，语言学家认为情景是情景语境和上下文的总称。情景有两层含义，在狭义上指的是话语背景；另一种是广义的，指的是一种语言项目在广阔的社会背景下使用的条件的总和。通常情况下，更多的语言学家认为，人们的交际活动中所有内部和外部条件的总和是情景，其中包括内部条件，即心理活动，外部条件指的是语言使用的社会环境，特别是指语言沟通的社会环境相互作用而形成的语言信息。所有的人类都是在一定的环境和特定的形势下发生与发展的，当人的交际活动脱离了一定的情景时，它的存在是没有任何意义的。所以人类的交际活动要依托一定的语言情景，它同时反作用于人类的交际，使人类的交际能力不断向前发展，而后出现了心理活动、认识活动等人类赖以生存的条件。因此，情景是人类活动，特别是交际活动赖以生存和发展的首要条件，并为其他的人类活动提供了广阔的平台，让人类有能力继续发展自身，完善自身。同时，情景也是维持人类社会关系和社会意识的重要纽带，只有在情景中建立的关系才是构成人类交际活动的基础，并拓宽和深化人类的社会活动。

情景表达的是真实的场景，所以在创设情景时，一定要尽量使"情景"是真实的或接近真实的场景。如果不能让学生看到丰富、生动、形象的客观事物，情景教学就不能发挥最佳的效果，也就失去了引入情景的意义。学习者通过接触引入的情景来练习口语，并通过吸收内化完成对口语语言规则的建构。要做到这一点，首先我们课堂情景的创设要源于生活又要回归生活，使学生在课堂情景教学反映的生活细节中去认识、学习，这样能激发学生对口语交际的兴趣，从而加强学生对生活的关注和体验。让情景设计细节化，从而增强教学情景的真实性。让学生学会关注自己身边的日常生活，从中寻找学习的素材，然后再到生活中去应用、验证所学的语言情景。

（一）构成汉语情景的一般要素

构成情景的一般要素可以归结为"六何"。陈望道在1932年出版的《修辞学发凡》一书中提出"六何"说，即"何故、何事、何人、何地、何时、何如"，"六何"是构成语境的因素。第一个"何故"，是指目的，是为劝化人的还是想让人了解自己意见或是同别人辩论。第二个"何事"，是指写与说的事项，是日常的琐事还是学术的讨论等。第三个"何人"，是指认清说话人的对象，就是写说者和读听者的关系，如读听者是文学青年还是普通群众等。第四个"何地"，是指认清写说者当时所处的地方，即是在城市还是在乡村。第五个"何时"，是指了解写说是在什么时候，怎样的时间背景。这样的时间小至年月，大至时代。第六个"何如"，是指怎样的写说，如怎样剪裁、怎样配置之类。❶

引申到汉语口语的情景教学概念中，何故即"为什么"，一般是指言语交际的目的，交际的原因是什么，要达到什么目的。何事，是指具体发生的事件，具体的情景内容和事项，在交际中起主导作用的是双方对交际内容的关注度和所持的

---

❶ 陈望道.修辞学发凡[M].上海：上海教育出版社，2006.

主观态度。这也直接影响到听者对言语形式的选择与理解。何人，指的是参与情景事件的对象以及对象之间的人际关系，这种特定的人际关系表现为如亲友之间、同学之间、师生之间、上下级之间等社会关系。何地，一般是指情景事件发生的地点，也指交际的场合，它与交际的目的、范围、对象和方式有关。何时，指的是情景发生的具体时间与场合。何如，是指言语交际的方式，即口语交际。❶

（二）情景与词语

情景是交际时的具体场景，这种场景的构成需要用词语来组合，要创设一个情景需要用词语或词组来表现。词语对情景的创设有关键的作用，同时也可以从词语中提炼情景语料。引用教材《成功之路·进步篇·听和说》第一册15课中的一段对话"还是地铁又快又方便"为例，来论述情景与词语的关系。

男：我要去北京饭店，请问，北京饭店在哪儿？

女：在王府井大街。

男：怎么去王府井大街呢？坐地铁能到那儿吗？

女：能到，你就在这儿坐13号线地铁，到西直门换乘2号线地铁，再到复兴门换乘1号线地铁，到王府井站下车，从地铁站的西北口上去就是北京饭店了。你也可以坐公共汽车去。

男：要换这么多次？算了，地铁没有堵车的问题，还是地铁又快又方便，我就坐地铁去。谢谢你了！

女：不用谢！

从上述对话中可以归纳出和情景相关的词语，例如，"北京饭店"和"王府井大街"是整段对话的谈论焦点，"北京饭店"是目的地，"王府井大街"是地址，是情景的要素之一，可以作为地点情景。"地铁"是交通工具，在对话中起到方式的作用，"坐地铁"可以作为方式情景，"堵车"是一个城市交通现象，在对话中是男士为什么不坐公交车的一个原因，因为坐地铁没有堵车问题，坐公交车会堵车。所以堵车是一个原因情景。由此可以看出情景和词语有着密切的联系，情景的创设需要从词语中归纳。

二、情景教学与情景创设

关于情景教学的定义，在《朗文语言教学与应用语言学词典》中解释为"由

---

❶ 冯广艺.汉语语境学概论[M].银川：宁夏人民出版社，1998.

英国语言教学专家于 1940 年到 1960 年创立的一种语言教学方法。"❶情景教学建立在各种语言结构和语法知识的体系上，在教学实际实施过程中，采用现实中可能出现的语言运用功能来创造适合学生学习的各类场景，并在这些场景下通过各项语言练习来达到教学的目的。因此情景教学在此用来指依据现实生活中所提炼的各类情景来选择、安排、提出和教授语言知识的教学方法或手段。

美国结构主义语言学派认为"语言学习是学习个体的内因和外因相互作用的结果，语言习得的过程是外部环境不断地刺激和内部因素积极的地适应和调节的过程。"❷他们还认为"认知能力的发展有一定的阶段性，这与语言习得和周围环境相互作用有密切的关系，他们相互促进、相互调整，在此过程中，逐步建立起对外部环境的认知结构和语言知识的框架。"❸因此，对于美国结构主义语言学派来说，情景教学法在课堂教学中的实施是通过学习个体的主动体验和外界环境的刺激和强化下形成的，外界的环境作用于内在因素的过程中，逐步构建出学习个体的认知结构和语言机制。同时，这种认知结构和语言机制也在不断地积极调整，以适应新的信息和环境。所以，在语言习得的过程中，美国结构主义语言学派强调充分调动学习个体的各种感官，对语言信息进行全方位的认识和加工，促进内化过程并达到提高语言交际能力的目的。

情景教学法和其他教学法相比，有着与众不同的鲜明特色。情景教学法重视情的作用，重视口语教学，注重现代化教学手段，而且教师还要担当多重角色。

第一，情景教学法强调感知情景和重视情景。首先，充分把握和利用这些与学生学习、生活密切相关的真实情景。其次，除了利用真实情景，情景教学法的实施过程中还要设置并创设情景，让学生在情景中学习和操练，并在合适的场合表达话语内容。

第二，重视口语教学，在听、说、读、写专项技能教学中，强调以口语为重点。要求教师在课堂上着重运用各种手段创设符合口语教学内容的情景，让学生有身临其境之感，使学生即学即练，帮助学生提高口语交际水平。

第三，教师担任多重角色。首先，教师要作为情景的创设者，为课堂教学提供一个有目的性和趣味性的情景教学氛围。其次，教师在课堂上不仅是知识的讲

---

❶ ［英］里查兹，史密特.朗文语言教学与应用语言学词典 [M].管燕红译.北京：外语教学与研究出版社，2000.

❷ 王静文.情景认知与学习 [M].重庆：西南大学出版社，2005.

❸ 李宇明.儿童语言的发展 [M].武汉：华中师范大学出版社，1995.

解者和传授者，还是情景中某个角色的扮演者——模仿、展示某个句子的表达，并作为"教练"在学生的训练中指导学生的练习。此外，教师还要在课后组织学生到现实生活的场景中进行实践。❶

第四，情景教学法注重现代化教学手段。对外汉语情景教学课堂需要真实再现生活情景，提供标准的语法范例，以帮助学生达到视听融合的效果。"一系列现代化教具和立体化教学手段为情景法在对外汉语课堂中的广泛运用提供了强大的技术支持。如今先进的数字化、立体化教材和多媒体教具已在对外汉语听说课堂上有了用武之地。它们在充分实现汉语教学情景化的同时，更增加了学生使用汉语的机会，它们已逐步成为教师开展对外汉语以及逐步提高对外汉语教学质量的最重要的条件之一。"❷

情景创设这一教学方法和手段，以情景教学基本理论为基础，通过在语言教学过程中创设一定的语言情景，以达到语言交际目的。而对外汉语初级口语教学中的情景创设，就是指教师根据汉语学习者的认识结构和认识水平，遵循汉语学习者在第二语言习得过程中的认知规律，结合教学内容，充分利用生动、形象和具体的语言情景，使抽象的语言形式变为生动具体的、可理解的语言，创设尽可能多的汉语语言情景，让学生更多地接触和习得汉语，促进第二语言习得过程中语言输入、内化和语言输出的过程，以提高教学的效果。在实际的教学过程中，教师应创设真实的语言情景或是模拟真实的语言情景，使学生产生身临其境的感觉，利用情景中传递的信息和语言材料，激发学生用汉语表达思想的欲望，从而培养学生运用汉语交际和表达的能力。

所以说，情景教学法的准备工作也非常重要。教师创设的课堂情景的目的性必须很强，不仅要充满趣味，也要符合教学的内容和主题。同样，情景的创设也必须具有现实意义，要能引起学生的情感共鸣，激发学生的学习兴趣。此外，情景教学要进行层级优化，对教学的内容进行分级设定，让学生按照先易后难原则进行学习。

❶ 李星雨.情景教学法在对外汉语教学中的应用研究 [D].安阳师范学院，2014.

❷ 李文奇.试论情景教学法在对外汉语听说课中的应用 [J].现代语文，2010（12）.

第二节　情景创设教学策略的理论基础

一、第二语言习得理论

利用情景创设进行对外汉语初级口语教学的理论首先是第二语言习得理论。以克拉申学说为代表的第二语言习得理论主要提出了输入假设和情感过滤假设，输入假设是在对学习和习得进一步区分的基础上提出的。

克拉申认为，语言输入在整个第二语言习得的过程中占有极为重要的地位，他借助输入假设阐述了语言教学过程中的诸多问题，包括怎样习得语言，习得语言过程中的程序和结构。针对美国结构主义语言学派，克拉申指出，语言交际能力的获得不是先习得句法结构，而是先获得语言信息的意思，在"可理解性"语言输入的前提下，再从中习得语法结构和语言规则。在"可理解性"语言输入过程中，输入必须略高于学习个体的认知水平，即 i+1 的模式，才能促进语言的掌握和吸收，才有利于语言交际能力的培养。i+1 的模式中，i 指的是学习个体现有的认知水平，1 是略高于学习个体现有认知水平的语言信息和知识。"如果学习个体在语言习得过程中大量地接触到 i+1 的语言信息，语言习得的过程会变得更加顺畅和容易，学习个体也在自然的过程中不断地汲取新的语言知识。"❶

情感过滤假设是克拉申提出的又一语言习得假设。情感过滤假设与学习个体的内在因素特别是情感因素有直接关系。如果说语言输入在习得过程中具有主要和直接的作用，那么情感因素则具有间接和隐晦的作用。情感因素对语言习得的影响大致分为两个方面：一方面为积极的作用，即学习个体的情感主动积极地接受语言信息时，会促进或深化语言习得的过程；另一方面为消极的作用，即学习个体的情感被动消沉地接受语言信息时，会阻碍或减缓语言习得过程。因此，在实际的对外汉语教学过程中，教师不但要做到大量的"可理解性"语言输入，还要为学习个体营造有利于调动个体积极情感因素的学习气氛，将负面的情感因素减少到最低程度，为语言习得创造有利条件。

根据克拉申的输入假设和情感过滤假设，可以归纳出以下几个要点。第一，

---

❶ 温晓虹 . 汉语作为外语的习得研究——理论基础与课堂实践 [M]. 北京：北京大学出版社，2008.

学习个体的习得过程较之于学习过程更为重要，因为个体的习得是一种自然的过程，这样更易于语言的内化和吸收，也符合语言习得的基本规律。第二，语言习得的过程需要语言输入和情感因素的支持。首先，学习个体在大量接触可理解性语言信息的过程中，奠定了自己已有的语言结构和水平，通过不断提高认知水平和语言能力获得更多的语言知识。当新的语言信息略高于已有认知水平时，会对语言习得起到促进和深化的作用。其次，要为学习个体营造情感顺畅的语言学习环境，只有这样，才能使语言输入起到应有的作用，并为语言输入打下良好的由内部因素组成的基础。

克拉申也将自己的理论应用于指导外语教学，这样的应用和指导也适用于对外汉语教学，特别是初级口语教学。他认为，在实际教学过程中为学习者提供大量的可理解性语言输入是课堂教学的首要任务，并在语言的听说能力的培养上强调了这一观点。因为只有首先获得了大量的语言材料，学习者才能全面接触目的语，了解目的语，内化并有语言输出，从而提升听和说的技能。而读和写的技能较之于听和说会有一定的滞后性，是略高于听和说的语言技能。

克拉申的第二语言习得理论对对外汉初级口语教学也具有指导性和启发性的意义，主要可以归纳为以下几点。

第一，在课堂教学的具体实施中，教师应该把主要精力放在提供语言习得需要的"可理解性"语言输入上，把语言输入作为口语教学的首要任务。

第二，教师在课堂教学中应该尽量使用目的语，让学习者最大限度地接触目的语。当学习者在第二语言习得中犯错误或者在语言输出时犯错误，教师应该给予一定的宽容，只要不是影响交际目的或交际需要的语言错误，一般不纠正，并鼓励学习者多用目的语交际和输出。

课堂教学目标应紧紧围绕语言的意义，而不应拘泥于语言的形式和结构。教学过程中可能会包含一些语法项目的讲解，但是最终要达到理解和掌握语言意思的目的。通过语言意思的内化和加强巩固来培养语言交际能力。

二、认知发展理论

以皮亚杰为代表的认知发展理论学派认为，人类语言的发展和人类的认知能力有着密不可分的关系，语言的习得过程是外部因素和内部因素相互作用的过程。当人的认知能力发展到一定的阶段时，语言能力也会相应地提高；反之，如果语言能力有所提高，也会促进认知能力的提高。因此，人类的认知发展水平和语言能力是相辅相成、相互制约的。认知发展理论与天赋论和行为主义有一定程度的联系，但又不尽相同。天赋论过于强调内在因素对语言习得的影响，而行为主义则认为后天的、外部的因素是决定语言习得的主要因素。认知发展理论既承认内在因素对语言习得有影响，又强调外在的因素的重要性。"它认为语言能力是学习个体在外部环境中主动、积极地去体验而形成的，语言习得的过程是在直接的、具体的体验和经历中慢慢积累起来的，并伴随着认知能力和语言能力同时发展的一个自然的过程。"❶

皮亚杰的认知发展理论的核心思想是学习个体主动地体验外部环境，并积极地适应它，从而提高认知水平和语言能力。"图式""同化""顺应"和"平衡"是皮亚杰用来阐述认知发展理论的四个术语，从中可以很容易地看出皮亚杰解释认知发展理论的思路，即人类在自身已有的认知结构和水平基础上，通过寻求外界的新信息达到一种平衡状态，但是这种状态不是永恒的，又会被所接纳的新信息打破平衡，形成新的平衡状态。学习个体有原来的认知水平和语言能力，他们遇到外部刺激或新信息的时候，会积极调动原有的经验去感知新事物，将新知识吸收到原有的认识结构中来，达到新的平衡状态。"人的语言习得过程就是一个不断改变原有认知结构，寻求新的平衡的过程。"❷

皮亚杰的认知发展理论对对外汉语初级口语教学也有一定的启示。在语言习得过程中，学习个体会不断地接受语言信息，在接受的过程中会碰到一些阻碍，这些阻碍主要来自学习个体原有的认知结构。当新的语言信息与原有认知结构中已经固化的经验一致时，同化的过程则相对顺利；当新的语言信息与这些经验不一致时，学习个体会主动、积极地调整原有认知结构，这需要一定的过程，不是即时的行为，需要构建起一个新的认知结构才能接受这些新信息，将这些新信息融入新的认知结构中并保存下来。

在对外汉语口语教学过程中，创设语言情景是认知发展理论的要求。在课堂上创设的情景一般是现实生活中相同或相似情景的模仿和再现。在这样的情景下进行语言习得所获得的语言信息是与现实生活紧密联系的，学习个体会主动、积极地将这些语言信息转化为新的认知结构中的一部分。这时，这些语言信息就内化为学习个体的已有经验了。当学习个体在现实生活中碰到类似的情景时，他们则会调动已有的经验，使现实的交际变得更顺畅、更容易。这样，学习个体不会在交际过程中感到新信息的陌生，能更从容地对交际活动做出反应，语言的输出

---

❶ 李宇明.儿童语言的发展[M].武汉：华中师范大学出版社，1995.
❷ 李宇明.儿童语言的发展[M].武汉：华中师范大学出版社，1995.

也会更加准确和得体。

　　教师在课堂教学中应充分考虑学生的认识水平和语言能力，尽可能多地创设与现实生活相符的情景，通过对话、表演等方式让学生熟悉并掌握新的语言知识，以便在日后的生活中运用得更加准确和灵活。

三、教育心理学理论

　　情景在一定程度上是带有一定感情因素的语言环境，学习者在情景中学习语言时，会与情景中的感情因素产生共鸣。只有当情景中的感情因素和学习者的感情因素相互渗透和相互影响时，情景中的语言信息才能被学习者掌握。

　　教育心理学阐述了学习者在教育过程中心理活动的变化规律和特点。学习者的内部因素，即心理活动和外部语言环境是促进学习者语言习得最重要的两个方面，所以教师在强调外部语言环境的同时，还应该关注学习者的心理活动。毫无疑问，心理活动对语言习得的影响极大。例如，健康的、积极的情绪能促进认知能力的发展，提升语言输入和语言输出的能力；消极的、不健康的情绪会阻碍认知能力的发展，不利于提高语言输入和语言输出的能力。由此可见，情感因素对语言学习很重要，能够将语言输入的过程和学习者的习得过程紧密结合起来，如果学生者有积极向上的学习态度，就能充分、有效地处理语言输入。因此，对外汉语教学不仅要提供可理解的语言信息输入，还要排除学生的各种心理障碍。在教学过程中，教师要与学生进行情感上的沟通，才能充分调动学生的学习积极性。教师还必须重视学生的情感，关心、尊重和信任学生，使他们产生一种积极的情绪。这种积极的情绪可转化为学习动力，推动学习进步。所以，教师要重视遵循心理学原则，用满腔的热情换取学生的亲近和信任，充分调动学生的积极情感因素，达到汉语教学的最佳效果。

第七章　情景教学法与对外汉语口语教学的现实关系

对外汉语口语教学的目的是培养学生实际运用汉语交际的能力，运用情景教学法可以更好地培养学生的口语交际能力，学生可以通过具体生动的情景进行会话练习。这样既可以使口语教学课堂变得生动有趣，又可以通过不同情景的设置让学生掌握不同交际场景中的语言特点，提高语言学习的实践性。

第一节　情景教学法在我国对外汉语教学中的应用情况与重要性

在我国，情景教学法的发展较晚，理论也大多来自国外语言学派的学说。

新中国成立初期，情景教学法传入我国，在教学一线的教学工作者将情景教学法视为情景在课堂中的一种重现，与现实生活联系在一起，让学习者在课堂上习得和强化对类似情景的反应。这时，在外语教学的实际中已经意识到情景教学法的重要性，但是在实际操作中并没有很多措施来落实。改革开放以后，我们了解到更多关于情景教学法的信息和理论，并将其他教学方法和情景教学法相结合，产生了结构情景、功能情景、交际情景等各种教学法，在实际的教学中取得了一定的成效。我国的语言教学开始探索以整合各种教学法的优点为特征的整体教学法。在总结各种教学法的优缺点的基础上，情景教学法成了一线教师所推崇的教学法，在结合结构法、功能法、交际法和听说法等之后，要求学习者在情景中学习，在情景中使用语言。

我国的对外汉语教学起步较晚，在改革开放以后才较多采用情景教学法进行对外汉语教学。在此之前，对外汉语教学一直都采用传统的教学方法，一般以翻译法为主。20世纪80年代，对外汉语教学仍采用传统教学法，按照常规的教学模式讲解字、词、句和语篇，学生在课堂上被动地接受这些语言知识，在有限的教学资源和固化的教学模式下习得语言。学生的学习与现实生活场景脱节，所学的知识不能很好地运用，以至于他们在现实生活中用错甚至不敢使用已学的知识。

20世纪90年代至今，教师逐渐认识到情景教学法的重要性，开始将注意力转向了培养学生的语言交际能力，在课堂上创造出生动具体的语言环境，并通过各种教学手段，如直观的教具、图片、游戏活动和角色扮演等，实现了课堂教学内容与现实生活场景的相容。教学方式也从死板的灌输转变为学生乐意接受的各种形式，因此学生的语言交际能力有较大幅度的提高。但是在实际教学中也会出现一些问题，例如，由于教师对情景教学法的认识不足，对情景教学的原则和实施情景教学的具体措施不太清楚，导致教学效果不理想。这样不仅浪费了时间，还在学生习得语言的过程中造成了一定的障碍。要想改变这种状况，教师不但要懂得情景教学法的本质，还要掌握情景教学方式，进一步探讨在怎样的教学环节中创设怎样的情景才能更好地为对外汉语教学服务，达到更好的教学效果。

目前，研究情景教学法的相关理论主要有中介作用理论、建构主义理论和外语的学习动机理论等。

中介作用理论是由以色列心理学家和教育家费厄斯坦提出的，他认为，自出生时起，儿童的行为就受到和他密切接触的周围的人的影响，他把这些在儿童成长中起重要作用的人物叫作中介者。❶具体到对外汉语教学的实践过程中，作为中介者的教师应积极创设问题情境和生活情景，通过丰富的生活情景让学生把将要学习的内容与有关的亲身经历联系起来，从而调动学生学习的积极性。

建构主义又称为结构主义，由瑞士心理学家让·皮亚杰提出，后经过多位教育学家的补充完善，最终形成了今天的建构主义理论。建构主义理论强调教师在运用情景教学法进行教学活动时，要尽可能多地为学生创设各种学习的情景，让学生在情景中学习，并针对所处的情景提出进一步的设计构想。建构主义强调学习的主动性、社会性以及情景性，反对现成知识的简单传授，认为学习是一个积极主动的、与情景联系紧密的自主操作活动，是学习者主动建构内部心理表征的过程。❷从建构主义的观点来说，学生的学习实质上是主动地对接收信息进行选择加工，而不是被动地接受。另外，提倡情景教学法的相关学者也认为，知识本身就具有一定的情景性，是社会活动、民族文化的重要组成部分。知识是在特定的文化活动情景中发展和完善起来的。因此，建构主义认为，学习要从实际出发，

❶ 刘春华.谈中介作用理论与英语教学实践[J].辽宁师专学报，2012（4）.

❷ 程玲.浅谈建构主义理论下的视听英语教学[J].黑龙江教育学院学报，2012（10）.

解决生活中存在的问题。教师要借助丰富的学习资源，把学习知识和真实任务情景结合起来，让学习者通力协作解决问题。只有这样，才能充分调动学生的学习积极性，达到理想的教学效果。

外语学习动机理论最早由加拿大语言学家加德纳等人组成的研究小组提出，他们在对外语学习者的长期观察中发现，外语学习者对非母语的学习动机主要分为工具型动机和结合型动机两种。随着人们认识的不断深化以及外语学习动机理论的不断运用，人们开始从社会心理学、建构主义、教育学等角度重新对外语学习动机理论进行研究，取得了一定的成效。关于学习者心理问题的研究最具代表性的是加德纳的语言学习的社会教育模式，该模式包括文化信念、对语言学习情境的态度、融入目的语社会的倾向和动机，其中基本的因素是动机。该理论把语言学习的动机定义为努力付出和达到目标的愿望以及对语言学习的积极态度。❶

此外，张珍珍研究了对外汉语教学中的文化冲突问题，分析了文化冲突问题的演变形态和表现形式，指出社会文化语境理论对语言情景教学的作用。

国内学者结合对外汉语教学也对情景教学法进行了理论阐述，主要是刘珣的《对外汉语教育学引论》和李泉的《对外汉语教学理论研究》。

国内对情景教学法在对外汉语教学中的应用研究也取得了一大批成果：赵玉露探讨了情景教学法在对外汉语教学中的整体应用情况，概括性地指出了情景教学法的原则和特点；陆野通过调查和试验证明情景教学策略较之传统教学策略具有更大的优势；窦曼玲分析了情景教学法在课程导入和词语讲解中的运用和要注意的问题；等等。

语言只有在一定的情景中才能被理解和表达，在对外汉语教学过程中，教师通过图画、实物、言语和一些辅助的教具，为学生创设与现实生活相符的语言情景，使外界的情景与学生的认识系统发生联系，让学生有一种身临其境的感觉。这样，学生的积极性会被最大限度地提高，他们会主动接受这样的情景，并将所学知识内化为已有认识结构的一部分，加强对语言的理解和运用。因此，对于语言学习者来说，他们最需要的就是语言情景。语言情景不仅能帮助学习者更好地理解语言的内涵，还能帮助学习者处理语言信息，为课堂教学情景和现实生活场景搭起一座桥梁，使学生所学的知识能够更好地在现实生活中使用。

从教师的角度来看，在课堂教学的具体操作中，教师应善于利用各种方式，巧妙运用各种教学媒体、手段创设教学情景，全方位地调动学生的感官，让学生

---

❶ 闵玉娟.高职学生外语学习动机调查与分析 [J].大众科技，2004（4）.

多渠道地获得语言信息，让学生积极、主动地学习语言知识，让学生在情景中交流、发展，使学生较快地掌握所学的语言知识。

从学习个体的内在因素角度来看，习得过程如果能积极主动、生动活泼，习得必将达到最佳的效果。所以，在语言教学中，教师营造一种宽松愉快、和谐合作、具有适度焦虑和较少心理压力的心理氛围和具体、直观、生动、活泼的言语情景，是提高对外汉语教学质量最关键、最有效的途径。情景教学法无疑是有利于调动学生的积极性，提高学生注意力，激发学生兴趣和发挥想象力的最好的教学方法。对外汉语教师在课堂上要高效和准确地提供可理解性的语言输入，同时要充分调动和发挥学生的内在因素，使学生全身心地投入学习过程中，进而使学生对语言有更加深刻的理解，并不断完善自身的语言结构和知识。

对外汉语教学中情景教学法的运用有举足轻重的作用，教师必须遵循学习个体的主观能动性和教学实施过程的高效性和可行性原则，从语言教学实际出发，精心组织，巧妙构思，创设有效的并符合教学需要的情景，加强引导，启发思维，建立融洽、和谐的师生关系，使学生能活泼、主动地学习，真正成为学习的主体。

第二节　对外汉语口语教学中创设有效情景的原则

一、真实性

如果学习者在真实的情景中习得语言，那么他们也能够顺利地将语言运用到真实的情景中去。创设情景时所具有的真实性可以极大地为语言输入和输出服务。在课堂教学中，真实的情景应该与一定的任务、活动和实践结合起来，使学生在主动、积极的体验过程中完成对情景的理解和把握。设计的情景越趋向于真实，学生获得的语言信息越可靠，那么他们在交际活动中的语言输出也越准确和得体。脱离了真实性并简化了细节的情景创设只会让学生感到刻板、不完整，学生对情景的理解是片面的、机械化的。许多学生在交际过程中总是用错词、说错话，问题的根源就是他们可能掌握了某个语言知识，但是不知道在什么样的情景下使用。这就造成了学生懂得语言知识的意思，但不敢使用或一用就错的情况。因此，情景的创设一定要遵循真实性原则，为语言输入和输出构建起一座桥梁，不能让学生所学的语言知识脱离了赖以从中获得意义的真实情景。

情景的创设一定要与真实的场景相结合，这样创设出来的情景才有意义，才能让学习者更好地掌握所学知识，并在真实的交际过程中受益。在情景创设时，教师要尽量保留那些起关键作用的语言功能，因为只有这些语言功能才会让交际活动变得更有意义。又要让情景创设贴近生活，使语言知识变得易于接受、易于学习，不能太过死板。因此，在创设情景之前，教师要设计好情景的内容，最好是一个完整的、连贯的场景。学习者在接触这样的情景时，会认为语言信息更丰富和生动。要做到这一点，创设的情景要来自于现实生活，但是又不拘泥于现实生活，只有这样，语言知识才能为学习者所熟悉，容易被接受，并作为学习生者的已有经验保存下来，在现实生活中遇到类似情景时也可以灵活运用。真实的情景还可以让学习者体会多样的生活细节，并在这些细节中发展认知能力，从而丰富学习者的生活经验和经历，促进语言的输入和输出。

二、交际性

语言习得的目的是交际，所以语言教学也要紧紧围绕交际功能展开。在交际过程中，交际双方提供自己的语言信息，同时接收对方的语言信息。这些语言信息只有在达到交际目的的基础上才具有意义。所以，交际双方在不同场合说不同的话，并对对方的语言信息给出恰当的回答，包括说话时的语气和态度也要符合交际的需要。

这些都说明教师在创设情景的时候也要注意情景的交际性，才能更好地培养学习者的语言交际能力。只有情景具有一定的交际性，学习者在语言习得的过程中获得合理运用语言的能力，才能灵活地把已学的语言知识运用于不同的场合中，才能避免懂得了语言知识的意思，却在具体的交际场景中用错的情况。创设情景时要有合理的具体场合铺垫和前因后果，避免机械化。在人们的交际过程中，有些信息是一方知道的，而另一方不知道。为了使交际顺利进行，一方或双方同时填补另一方未知的信息。对此，在情景创设的过程中，教师也要考虑到新信息和未知信息之间的差距，通过各种方式填补这样的信息差距，使学生更容易理解，更能接近特定的场合，提高语言交际能力。

三、趣味性

兴趣是人们对未知喜爱的一种倾向，当学习者对某一事物产生兴趣时，他们会利用各种方式、各种途径去了解它、认识它。在语言习得的过程中，兴趣具有非常积极的作用，为学习者接触语言和掌握语言提供了更多的机会。在积极和主动的求知过程中，语言内化的过程会更加深化，语言信息也易于记忆。

因此，在情景创设过程中，教师应该注意情景的趣味性，避免乏味枯燥的内容。首先，教师应该大力挖掘语言情景本身所隐含的有趣之处。例如，情景可以适当与名人趣事相结合，或者语言情景本身就在叙述一个有趣的人或事，还可以将情景与学习者的兴趣爱好相联系，激起学习者的求知欲。其次，教师在创设情景之初就设置一定的谜团或惊喜，学习者为了一探究竟，会想尽办法解开谜题，这时，学习者就会积极、主动地融入情景中。

四、互动性

互动是教学过程中极为重要的一环，不仅包括教学内容上的互动，还包括师生之间的情感互动。教师在创设情景时首先要考虑教学内容上是否有互动性，内容上的互动可以激起学生对情景的充分认同，从而最大限度地调动学生学习的积极性。只有内容上有一定的互动性，学生的思维才能被解放，学习的过程才能变得更加轻松和愉快。另外，在教学方法和方式上也要有互动性，使学生能够在特定的范围和允许的条件下积极地思考问题。学习语言而掌握语言。教学方式和方法的互动还可以使学生使用更多、更好、更有效的语言习得方式来内化语言，并顺利地进行语言输出。在学生学习语言的过程中，教师也要注意多给学生思考的时间和空间，并且耐心地指导学生学习，只有学生对语言学习达到内容和方式上的双重共鸣时，语言学习才能达到最佳的效果。

在传统的教学中，教师只是一味地讲授，没有考虑学生各方面的因素，形成了"满堂灌"的教学模式，导致教师的教和学生的学脱节，也背离了教学的本质。因此，在教学中，教师应该努力使情景创设的内容和方式都具有较强的互动性，让师生之间、学生之间都有可理解的沟通和交流。这样，才能发挥情景教学法的优势，让学生在不同的语境中能灵活地运用所学的语言知识。

五、针对性

在情景创设之初，学生对情景的内容和方式有一定的心理预期，这种预期具有极大的个性差异。因此，在课堂教学中如何更好地使用，让每一个学生都能达到自己的心理预期，使心理上的负面影响减到最小，是教师要解决的问题。教师应该承认学生之间的个体差异性，鼓励学生用适合自己的思维方式来学习语言，充分挖掘学生的学习潜力。如果教师在教学中只是统一对待学生，肯定会出现某些学生的心理预期和学习需要不能得到满足的情况。这样会出现很多负面影响，学生的消极情绪会影响教学质量。因此，在情景创设中，教师应该充分考虑每个学生的心理因素、认知水平、理解能力和实践能力，发挥情景的针对性来满足每一位学生的学习需要和心理预期。

六、创造性

语言具有极大的创造性，语言学习也是如此。语言学习者要利用所学的语言知识，在有限的语言规则中创造出各式各样的新句子，这是有相当大难度的事情。所以，在教学中，教师要利用好情景所体现出的各种意境，为学习者更好地接受语言信息打下良好的基础，让学习者能轻松地理解情景中表达的意思，然后运用自己的思维更好地组织语言。要让学习者的语言在输出时具有创造性，对外汉语教师创设的情景就不能仅局限于对现实生活场景的直接转述，而是要结合学习者思维活跃的特点，创设具有一定创造性的情景，在这样的情景中学生可以看图说话、对话、辩论和演讲等。如果情景创设只是对某一场合机械化的重复和模仿，就难以达到培养学习者创新能力的目标。此外，教师甚至可以要学习者自己创设情景，发挥学习者的想象力和创造力，创设具有独特个性的情景。在此过程中，教师也可以给予学习者一定的引导，比如给出关键词或典型例句，引导学习者创设更加生动和形象的情景。

第三节　对外汉语口语教学中创设情景的措施和方法

创设情景是课堂教学中重要的一环，创设情景也有很多有效的措施和方法，教师应该利用好各式各样的措施和方法，培养学生的口语交际能力。下面根据对外汉语教师的实际情景教学经验，介绍几种有效的情景创设的具体措施和方法。

一、展示图片

利用生动形象的图片和简笔画是培养学生想象力和口语交际能力的重要教学手段。例如，在教授关于心情和状态的生词时，教师可以首先展示一组与人的表情有关的图片，如心情很好、心情不好、心情一般等相关的图片，并引导学生说出"我很好""我不好""心情一般"等生词。展示图片的主要目的是让学生对所学词语的意思有初步的感性认识，如例子中，人心情好时会很开心、很高兴，反之则不开心、不高兴。这样的感性认识会慢慢地内化为一种概念，也就是存在于认知结构中的一种简单的情景。然后教师要将这种情景与语言符号相联系，也就是这种状态用什么样的语言符号来表达，如例子中的"我很好""我不好"等。在实际的教学中，利用图片创设简单的情景是一种省时省力，使用方便、快捷的方式。形象生动的图片在实际教学活动中运用极为广泛，被绝大多数一线教师视为最好的教学手段之一。

二、展示实物

展示实物是一种很直观且易于记忆的教学手段，学生可以通过摸一摸、认一认、试一试等方式切身感受，并在自己已获得的经验基础上体验真实的情景，提高语言能力。例如，在教授"大"和"小"这两个生词时，教师可以准备好大小不同的两个木偶、两张纸、两支笔、两个球等，将大的实物与"大"的语言信息匹配，小的实物与"小"的语言信息匹配，以达到使学生更好地理解和掌握生词的目的。又如，在教授"灯笼""月饼"等一组与中秋节有关的新词时，教师可以事先展示灯笼、月饼等实物，让学生零距离地感受真实的情景，然后再将既定的概念与语言信息相搭配。展示实物是学生更乐于接受的一种教学手段，能在第一时间就激发学生的兴趣。

三、言语描述

利用言语描述创设情景是教师通过"可理解性"的语言输入提供相关或类似的真实语言环境，让学生在情景中学，在情景中使用语言，有效地提高他们的语言运用能力。在创设情景之初，教师可利用话语描述一个特定的交际场景，这些场景来自学生的现实生活，这样，在教师的启发和引导下，学生从原有的认识结构中唤起与原有经验和经历相符合或相类似的那一部分，然后根据听到的词汇和故事说出在相同或相似的情景下怎么用所学的词汇和句子表达自己的想法，并可以通过对话或报告等方式提高语言交际能力。例如，在教授"快""慢"两个生词的时候，教师可事先以举例的方式告诉学生"飞机很快，汽车很慢""汽车很快，走路很慢"等，让学生比较"快"和"慢"，然后让其建立关于快慢的概念，最后通过举一反三的方式将"快""慢"运用到真实的生活情景中去。在实际教学中我们发现，通过言语描述创设情景是促进学生口语交际的最佳方式。言语情景实际上是真实语言环境的再现，学生会运用已有的知识和经验去同化和顺应它，得到新的信息，使原有的知识结构得到新的发展。这样，学生就很容易在类似的语言环境中运用所学到的生词和句子。

四、游戏和活动

利用游戏和活动创设情景，不仅能增加学生接触新的语言信息的机会，还能促进语言输入和语言输出。学生在语言学习过程中获得的知识和信息在游戏和活动中得到练习和巩固，学生不仅对情景有所了解和熟悉，而且巩固了在此情景下运用的词汇和句型，为新的语言输入奠定基础。学生要参与各种活动，才能获得真正的知识，只观察别人的活动，包括教师的活动在内，并不能达到提高语言表达能力的目的。教师在设计游戏和活动时，要尽量使其为特定的情景创设服务。一是要从学生已有的生活经验出发，游戏和活动必须在学生的认知发展水平和已有的知识经验的基础上进行。二是要将特定的语言情景设定为游戏和活动的最终目的。只有这样，学生才能在游戏和活动之后学到语言。

游戏和活动是对现实生活的一种积极再现，能使学生通过自己的亲身体验来发展语言能力和积累知识经验。学生表面上是借助语言交流来完成游戏，实际是对现实生活的模仿和再现。下面介绍几种简单的游戏和活动。

（一）卡片游戏

学生分为两排，然后每位学生手里拿一张写有生词的卡片，当教师说到一个词的时候，哪个队中拿着相应卡片的学生先举出卡片，那个队就赢了。此游戏是在学生对所学生词足够了解和掌握的基础上进行的，通过听辨练习，学生对生词的形音义进一步学习和巩固。在游戏开始时，学生会将所学生词尽量内化为认知结构中的长久信息保存下来，当老师说到该生词时，相当于唤起了学生已有认知结构中的某一部分，这时学生如果认为老师所说的与自己已有的记忆信息或已有的经验相一致，便会做出反应和行动。

（二）先听后说

教师先问一个问题或提出一个话题，学生有两分钟的思考时间，然后再用两分钟告诉伙伴自己的想法，在交换完想法之后，向老师汇报另一个人的想法。这个游戏是将听与说相结合，在理解他人话语的基础上，用自己的语言进行转述。学生试图去理解他人话语的过程实际上是学生"同化"和"顺应"他人语言信息的过程。他人的话语中会大致包括两部分内容，一是学生本人已有的经验，在理解的同时对自己已有认知结构进行巩固；二是学生本人未知的内容，需要学生通过向老师转述内化为认知结构中的一部分。

（三）画图描述

教师先提问或给出一个话题，然后将学生分为多个小组练习，学生要根据自己搭档的回答画一幅图，再根据这幅图描述自己搭档对这个问题或话题的回答或看法。在这个过程中，先画图，是对别人的话语进行直观的情景再现，后描述，是将已有的情景通过描述的方式再一次呈现，这样能提高学生的口语交际能力。

（四）互问互答

教师每讲完一篇课文，把学生分为两组，让学生准备好各自的问题。第二次上课时，两组学生互问互答。例如，由 A 组学生问一个问题，并指定 B 组的某一学生回答。教师在学生问答过程中应把握好问题和回答的方向与尺度，发挥引导作用。例如，在互问互答前一定要让学生做好准备，努力让问答与课文内容相结合，还可以对学生的回答进行总结。

（五）观察描述

教师可以在 PPT 或黑板上展示两幅图画，乍看之下一模一样，但是仔细一看，会有很多不同之处，让学生一一找出不同之处，并用中文描述出来。教师可适当地将图画的主题和范围扩大，达到锻炼学生观察能力和描述能力的目的。

五、真实情景

一个特定和具体的情景是由多个表意完整的语言要素组成的。学习者在学习各种语言要素的同时，也在不断接触情景。因此，要充分发挥情景的作用，在情景中学，在情景中用。教师要坚持用汉语教学，避免用学生母语或英语教学，为学生营造直接、真实的语言环境。在这种语言环境中，学生所学的各种语言信息都能在真实的交际场合中找到或重现。这样，在交际过程中，学生就不会感到陌生，能灵活运用所学的语言知识。只有学生所学的语言知识与实际的交际活动接轨时，学生才能更好地进行语言输出的各项交际活动。

在课堂教学中，教师设置各种具体的交际情景，让学生练习表达打招呼、寒暄、问候等日常用语。例如，面对生人、熟人怎么打招呼，面对长辈、平辈怎么打招呼，等等。教师在学生练习过程中要适当引导学生得体地回答问题，还可以将活动扩展到双向对话和角色扮演。

教师还可以通过其他方式让学生在真实情景中学习语言，比如可以让学生走出课堂，到真实的社交场合中去进行语言交际。再如，教师在课堂上讲到了一个生词或一个新的语言点，可以先要求学生在课后的日常生活中去找到刚学的生词或语言点，如在报纸上、课外书中、别人说过的话里、大街上的广告语等，然后将这些信息收集起来，或归类，或总结，最后将归类和总结的结果告诉大家，如新词或新的语言点的用法及其出现的情景等。这样，其他学生也会熟悉更多的情景，以便在真实的生活情景中更好地运用所学的语言知识。

六、多媒体教学

多媒体教学较之于传统的教学方式有很多优势，这些优势都是显而易见的。多媒体教学通过图片、视频、声音等满足教学上的各种需要，能够激发学生的学习兴趣，被证实是一种行之有效的教学方式，在教学中发挥了极大的作用。

在情景创设教学中，教师更应该充分利用多媒体技术，例如，可以在情景创设时展示图片，或播放一段视频，或播放一段声音，让学生有身临其境的感觉，从而调动学生的各种感官，让他们全方位地置身于真实可靠的语言环境中更好地学习语言。

在情景创设的过程中，教师首先应该熟练地掌握各种多媒体的技术，充分发挥多媒体在课堂教学中的优势。在情景创设的内容方面，教师应该将内容按照一定的原则和特定的规律呈现在学习者面前，呈现的过程是可以通过多媒体来完成的，例如将图片、文字、声音等相结合来呈现出情景的内容。在情景创设的方式上，教师也可以充分利用其他教学资源，利用电视、广播或网络来丰富多媒体创设的情景，让情景更贴近学生的生活，真实的生活情景有利于学习者更好、更快地掌握语言。

第八章 实用型情景创设在汉语 口语课堂教学中的实践

把情景元素引入对外汉语口语教学是可行的，本章首先从听和说两个方面进行情景设置，然后设计出完整的教案，并分析情景教学的实施途径，探讨教学效果的评价。

第一节 情景的设置

情景的设置分为"听"和"说"两个方面，听的情景设置要让学生听出话来，不仅要听话语内容，还要听话语含义。说的情景设置要让学生说出词，要说出词首先要听得明白，理解听的情景的含义，从而针对听的情景进行说的训练，所以听的情景和说的情景要相关联。

一、听的情景的设置：听出话来

听的情景的设置要符合学习者的汉语水平，《成功之路·进步篇·听和说》（第一册）教材是针对初级汉语水平的学习者。所以，情景的设置也要围绕汉语初级水平来进行。听不仅是听情景内容，还要听出情景中的潜在含义。这里选取"租房"进行听的情景设置。根据教材第五课《房租可以再商量》进行情景对话设置。下面是对话。

女：你好，我是来看房子的。

男：你好，请进吧。这是客厅，那边是阳台，和客厅是挨着的，光线很好，晚上看夜景也非常漂亮。这边是两间卧室，窗户都是朝南的。

女：嗯，不错。

男：来，这边是厨房。橱柜、冰箱、煤气灶、抽油烟机都是全的。这边是卫生间和盥洗间。

女：客厅、卧室还行，就是厨房、卫生间有点儿小。

男：您几个人住啊？

女：就我一个。

男：哦，你一个人住那就不显小了。

女：一个月房租多少？

男：2000 元。

女：太贵了，能便宜点吗？

男：我这房子是精装修的，家电配置都是齐全的，你看这电视、冰箱、洗衣机、空调、热水器都有。而且周围的环境也很好，旁边就是个公园，吃完饭还可以散散步。这么好环境的房子这个价钱你在别的地方都不好找啊。

女：你这个地方离公交站有点远啊，得走一段路呢。

男：这儿马上就通地铁了，以后出了门就是地铁站，多方便啊。

女：我再考虑考虑吧。

男：你实在觉着贵的话，我建议你可以考虑找个人合租，那样，房租可以平摊，还有个人做伴，不会孤单。

女：和别人合租不太方便啊，生活习惯可能都不太一样，还要彼此相互适应。

男：那好吧，这是我的名片，要是决定租了，就给我打电话。

从上述情景对话中可以归纳的情景语言点有"我是来（看房子）""这是……""这边是……""那边是……"男主人公一直在介绍自己的房子，所以听的重点一定在介绍房子上。女主人公对房子满意的是什么，不满意的是什么，她想租这个房子吗？男主人公觉得价钱怎么样，为什么，最后给女主人公便宜了吗？这些也要听出来。具有潜在含义的情景语句有"你一个人住那就不显小了"。是什么不显小呢？这里省略了对象。在前一句女主人公说"客厅、卧室还行，就是厨房、卫生间有点儿小"，所以不显小是说厨房和卫生间，听的时候要联系上下文。女主人公说了一句话"我再考虑考虑"，这句话体现了什么，她是租还是不租，这个"考虑考虑"是指什么呢？是礼貌地拒绝还是真的考虑要租这个房子，这些都要听出来，并理解这些话，这样，才能更好地在口语表达的时候运用学到的语言。

二、说情景的设置：说出词来

说的情景的设置要和听的情景的设置相关联，所以说的情景依然是租房的话题，但说的情景要有变化，不能按照听的情景来设置说的情景，要有所创新，这样，学生才不会感到单一、重复。所以，说的情景变为合租，也就是继续听的情

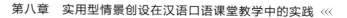

景中对话最后谈到的话题。下面是情景设置。

　　由于学校的住宿环境不是很理想，你和朋友在外面合租了一套两室两厅的房子。房间很大，布局不错，图8-1是平面图，请你介绍一下房子的布局。

图8-1　房间布局平面图

　　大家请看房子的平面图，一进门就能看到餐厅，餐厅很宽敞。在餐厅的东边是小卧室，小卧室里面有一个小阳台，阳台是朝南的，光线好。早上一拉开窗帘，就能接触到清晨的阳光。餐厅的西边分别是厨房和卫生间，厨房很大，我们俩都喜欢做饭，特别喜欢大厨房，厨房和卫生间之间有一个小阳台，可以作为杂物间用。餐厅的正前方是客厅，大家能看到，客厅很大，很舒适。南边就是大阳台，我在阳台上养了很多花儿。客厅西边的屋子就是主卧室，我的东西比较多，所以我就住了主卧室，我朋友住小卧室，房租一个月4000元，不便宜。但是我和朋友平摊房租也不算太贵。怎么样？我租到的房子还不错吧。

　　从上述情景设置中可以总结出需要注意的几点：第一，明确房间的方位布局，每个房间的方位布局都要说清楚；第二，简要描述每个房间的特点；第三，对所租的房子进行总体评价。以上情景设置实际上是训练学生对事物的描述能力，将一项事物叙述清楚，也是让学生练习口语表达能力，提高口语技能。

第二节　口语交际课情景教学法教案设计

　　通过情景的语料归纳和情景的设置来设计口语交际课情景教学法教案。在口语交际课情景教学法教案设计过程中，首先要明确设计理念和教学目标，其次对教学方法与教学过程进行规划和设计。

一、设计理念与教学目标

口语教学能够满足学习者的口语交际需要，对于把汉语作为交际工具的绝大多数外国学习者来说，准确、流利、得体地进行交际要比对语音、词汇、语法的掌握是否熟练更重要。准确应该视语言环境而定。在初级阶段，学习者要掌握汉语的基本语音、词汇、语法，此时，准确和流利训练是第一位的。口语交际课的设计一定要围绕学生的汉语水平进行。选择合适的教材非常重要，现有的口语课教材一般是标准的"校园汉语"，缺乏人们日常交际的真实性，留学生一旦离开教室，到现实生活中，依然听不懂中国人说的话，所以口语课教材的选择要尽量以内容的生活化和口语化为宗旨。同时，要选择与学生汉语水平相当的教材进行口语训练，依据教材但又不拘泥于教材中的内容，创设新的情景让学生反复练习语言点，让学生在愉快的课堂氛围中学习口语、练习口语。教师在课堂教学过程中要坚持以学生为中心，使学生成为教学的主体，要引导学生，让学生积极参与到课堂教学中来，充分发挥学生的主观能动性。教师设计的情景教学内容应以提高学生的口语交际能力为主，选择的情景语料要与学生的日常生活相契合，让学生把在课堂上学习到的汉语口语语言点运用到日常生活中，真正做到学以致用。

二、教学方法与教学过程的设计

口语课不同于词汇、语法课等，口语课需要生动活泼的课堂氛围，要时刻以学生为主体，提高学生的课堂参与度，调动学生的学习积极性，让学生想说、爱说，从而进一步提高学生的口语表达能力。情景教学法注重在教学过程中创设具体的情景，让学生在具体的情景中学习口语、练习口语，提高课堂的趣味性。因此，教师在情景的设计上要用心，在口语课堂教学过程中要突出情景教学法的生动性、趣味性。

（一）课堂导入

有效的课堂导入是课堂教学成功的基础。情景导入环节设计得好，能够提高学生对口语课的兴趣，有利于让学生主动参与教学，有利于师生之间的互动。这里以教材第八课《假期你打算怎么过》为例。上课之前在黑板上挂一幅中国地图，并标注这一课内容中所涉及的地名。在黑板上写出今天要讲的生词，然后开始上课。老师先问好，并讲出今天的口语课和旅行有关。展示几张与这一课有关的风

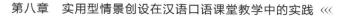

景图，让去过那些地方的学生把风景图贴在地图相应的城市位置上。了解了学生的情况之后，进入讲课环节。

（二）课文的讲解

在口语教学中，情景教学法的运用要注重对课文情景的练习，学生对课堂知识学习的过程非常重要，要让学生理解老师讲的内容，理解和掌握课堂知识。教师要对教学内容进行合理安排，教学内容要符合课堂情景。讲课文时，先要领读，讲解这一课的重点生词，每一个生词都放到具体情景中讲解，这需要教师针对不同词语设计情景。教师要引导学生参与到情景教学中，提高学生的课堂参与度。要注意的是，设置的问题难度要适中，不能超出学生的汉语水平，要能引起学生思考，还要考虑到学生个体汉语水平的差异。稍微难的问题可以让汉语水平较高的学生先回答。学生一时回答不出，教师就要进行引导，让学生理解这个问题，然后再回答。提问的时间不要太多，然后是讲解课文，教师先复述一遍课文，让学生先听一遍，了解课文的谈话内容，谈话的对象。之后，提问一些和课文相关的简单问题，领读课文，讲解课文中的重点词和句子，并让学生熟练掌握。这一部分时间也不应太多，要给学生留足够的时间练习。

（三）课堂演练

讲解完课文，总结出重点的词汇和句子之后，就进行课堂演练，让学生用这些词汇和句子试着复述课文。学生能复述课文之后，针对课文的话题进行情景对话，情景对话内容不在多，而在于精。围绕课文的重点和难点，适当进行情景拓展训练，可以不拘泥于课文的内容去创设新的情景，但要和这节课的知识点相关联，这样的演练能让学生感到口语教学内容上的趣味性，能让学生在一堂课中始终保持较高的活跃度。此外，课堂演练要以学生现有的语言水平为起点，有针对性地提高学生的语言知识水平和交际能力。

三、情景式教案设计

初级阶段口语教学的目标是在以听和说训练的基础上培养留学生的汉语口语交际能力，使他们能够运用所学的语言点进行交流。下面是教学设计案例，以教材第八课《假期你打算怎么过》为例。

教学对象：本课的教学对象为汉语初级班的留学生。

教材来源：《成功之路·进步篇·听和说》

教学内容：假期怎么制订旅行计划，谈论怎么去旅行。

教学难点：口语语音的规范，重点词句的使用是否正确和恰当。

教学目标：掌握本课的重点词汇、句子，并能用这些语言点进行对话、交流。

教学方法：以情景导入提问作为这节课的开始。增加课堂讨论内容，话题为外国人喜欢的中国特色旅游景点。结合口语课课文中的重点词汇和句子进行讲解，讲完每一个语言点后，引入情景让学生进行语言点操练。讲完语言点后，老师对情景进行拓展，创设新的情景，运用今天所学的语言点进行示范，让学生揣摩体会，做到举一反三。布置课后实践作业，让学生用今天所学的语言点进行开放式交际。

教学过程：本课全部内容分两课时完成，每课时 40 分钟。

第一课时

导入："同学们好，我们今天学习的课文和假期有关，'五一'假期快到了，大家假期都有什么打算呢？"提问几个学生，等学生回答完之后，继续引导："看来同学们在假期都有计划，我们今天要学习的新课就叫《假期你打算怎么过》。"

生词讲解：

① 计划；② 国庆节；③ 假期；④ 路线；⑤ 安排；⑥ 大巴；⑦ 夜；⑧ 白天；⑨ 正合适；⑩ 花钱；⑪ 路费；⑫ 旅馆；⑬ 所有；⑭ 费用；⑮ 加起来；⑯ 超过。

注：老师领读，然后让学生跟读，之后老师讲解生词时引入情景，引导学生造句，让学生理解生词的含义，以便于课文的学习。

课文：

田芳：大卫，下个星期就是国庆节了，假期你打算怎么过啊？

大卫：这个假期有一个星期的时间，我想去远一点儿的地方玩玩。田芳，你呢？

田芳：我还没想好呢！你这次要去哪儿玩儿啊？

大卫：我想去上海看看。

田芳：能给我说说你这次旅行的路线吗？

大卫：好的。我是先去苏州，再去杭州，然后去上海，最后到黄山。

田芳：去这么多地方啊！一个星期够吗？你的时间是怎么安排的呢？

大卫：我的时间安排是 9 月 30 号晚上从北京坐火车去苏州。10 月 1 号早上到苏州，在那儿玩儿一天，晚上坐旅游大巴车去杭州，在杭州住一夜，玩儿一个白天。2 号晚上坐火车去上海，在上海玩儿两天。4 号晚上从上海乘火车去黄山，在黄山玩两天。6 号下午坐火车回北京。7 号下午到北京。休息一个晚上，准备 8 号上课。

田芳：你这次旅行时间安排得不多不少正合适，还能玩儿这么多地方，真不错！不过一定要花很多钱吧？

大卫：哪儿啊！我这次旅行都是坐火车，路费还不到 1 500 块，住的也都是便宜的旅馆。南方小吃很便宜，吃饭花不了多少钱。所有的费用加起来不会超过 2 500 块。

田芳：玩儿这么多地方，才 2 000 多块，太便宜了！你可真会玩儿！下次旅行，你也带我一起去吧。

大卫：这个嘛……以后再说吧！

注：老师先自述一遍课文，然后让学生回答下面的问题，考查学生对课文的初步理解。

1. 假期大卫打算怎么过？

2. 他的旅行路线是什么？总共要玩几天？

3. 他是怎么去这些地方的？

领读完课文之后，让学生回答下面的问题，考查学生能否把课文简单地复述下来，对课文是否完全理解，对隐含的中国交际文化是否明白，为后面的口语交际练习做铺垫。

1. 田芳觉得大卫的这个旅行计划怎么样？

2. 大卫这次旅行所有的费用加起来大概是多少？为什么这么便宜？

3. "哪儿啊？"大概什么时候说？

4. "你可真会玩儿！"大概是什么意思？

5. 大卫下次愿意带田芳一起去旅行吗？

课文学完之后，对重点生词和句子进行概括，让学生掌握具体的生词和句子，然后用于第二课时的口语交际中。

重点生词：

① 计划；② 安排；③ 正合适；④ 花钱；⑤ 所有；⑥ 加起来；⑦ 超过。

重点句子：

1. ……你打算怎么过。

2. 这个假期有……。

3. 我想去……玩玩。

4. 能给我说说你这次旅行的路线吗？

5. 先……再……然后……最后……。

6. 去那么多地方啊！……够吗？

7. 你的时间是怎么安排的。从……坐……去……。在……玩儿……。

第二课时

注：先复习一遍上一课时的重要内容。这一课时是让学生分组进行口语交际练习，老师给定情景，让学生用上一课时所学的知识点进行练习，做到即学即用，让学生熟练掌握所学的生词和句型。

小组活动：

分组制订一个旅行计划，然后用地图进行介绍（选下面一个题目）。

1. 如果你有一个星期的时间，你会去哪儿旅游？

2. 如果你有两个星期的时间，你会去哪儿旅游？

3. 如果你仅有三天的时间，你会去哪旅游？

4. 你会以什么样的方式旅游？

（用上一课学到的主要词语，说明你的旅游路线、时间安排、游览地点）

在这节课结束之前，对本课的重点内容进行总结，把重点的词语和句型再复习一遍，以此使学生巩固所学知识。

第三节　口语交际课中情景教学的课堂实施途径

口语交际课中情景教学的课堂实施需要把口语课中情景的设置、教案的设计付诸实践，以此来检验情景教学法在对外汉语口语教学中的教学效果，从而进行客观有效的总结和教学评估。

一、看图说话

看图说话是口语交际课的情景教学中最典型的教学方法，图片为情景提供了素材，便于教师利用图片展开情景教学。图片是最直观的情景，利用的效率也最高，也最容易获得良好的教学效果。看图说话是培养学生表述能力的典型的教学方法。

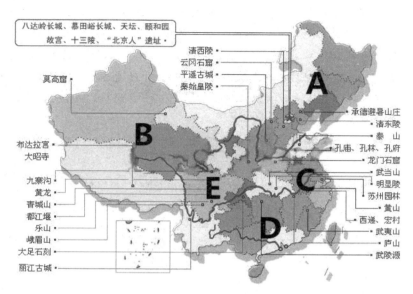

图 8-2　中国旅游城市地图

　　如图 8-2 所示，这是一张中国旅游城市的地图，图中把主要的旅游景点分成了 A、B、C、D、E 五个区：A 区是中国的东北地区；B 区是中国的西部地区；C 区是中国的东部地区；D 区是中国的南部地区；E 区是中国的西南部地区。让学生任选一个地方作为旅行地点，进行说话练习，两人一组，说说自己的旅行计划。然后模拟情景对话，老师先复述一遍，让学生听第一遍，听里面的对话内容，然后老师复述第二遍，让学生听发音、语调和出现的情景。接下来给出提示句子，让学生仿说和复述，之后可以让学生换成自己想要去的地方再进行练习。

　　情景模拟对话：

　　男：快放寒假了，你有什么打算？

　　女：我想去旅行。

　　男：想好去哪了吗？

　　女：还没呢。你来得正好，你说去哪好？

　　男：要我说就去哈尔滨吧。

　　女：哈尔滨不是很冷吗？

　　男：对呀，就是要去很冷的地方。

　　女：为什么？你说具体一点儿。

男：哈尔滨在中国的东北，那儿最冷的时候能到零下三十多度，没到过哈尔滨就不知道什么是真正的冬天。再说，那儿的冰雕和冰灯美极了。如果你有胆量还可以试试冬泳呢。

女：听起来挺不错的，不过我从来没去过那么冷的地方。

男：要是怕冷，你也可以去海南的三亚，那儿一月的平均气温也有二十几度。

女：那就不是冬天啦！

男：是啊，寒假的时候在海边晒着太阳，吃着热带水果，不是也挺有意思的嘛！

女：好主意！听你这么一说，两个地方我都想去。

男：如果我是你，今年还是先去三亚，冬泳以后有机会再试吧。

女：行，就听你的。

提示句子：

……打算？

……旅行。

想好……了吗？

……正好，你说去哪好？

要我说……哈尔滨。

不是……吗？

……就是……

……？你说具体一点儿。

……东北，……零下……，……。再说，……冰灯、冰雕……。……胆量，……冬泳。

听起来不错。……从来……

通过看图说话，教师创设情景，让学生充分利用情景进行口语训练，不仅提高了学生的口语交际水平，也提高了课堂教学效率，做到了以学生为主体，调动了学生学习口语的积极性。

二、课堂实景模拟

根据教案设计进行口语交际课堂教学的实景模拟。先情景导入，黑板上贴着一张中国地图，如图 8-3 所示。

中国地图

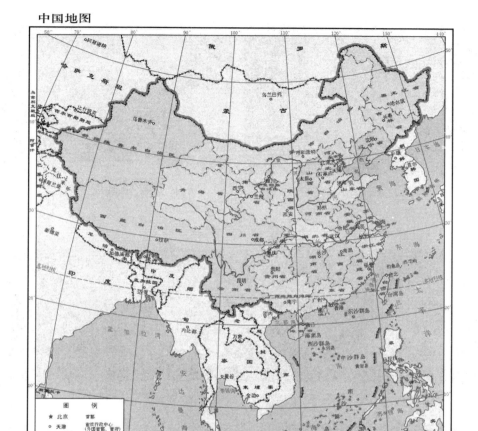

审图号：GS(2016)1573号

国家测绘地理信息局 监制

图 8-3 中国地图

老师问："大家看，黑板上有一张什么？"学生说："地图。"老师接着问："什么地图？"学生说："中国地图。"老师再问："同学们来中国差不多有一年了吧，是不是？"学生会说："是。"老师拿出几张图片跟学生说："老师先考考你们，看看你们知不知道中国的一些著名景点，老师这有几张图片，先给你们看一看，告诉我这些景点都是哪。"展示出图片（图 8-4 至图 8-9）。

图 8-4　哈尔滨冰灯

图 8-5　内蒙古大草原

图 8-6　西安兵马俑

图 8-7　苏州园林

图 8-8　上海浦东

图 8-9　桂林山水

　　老师问每个地方的景色、气候等特点，让学生跟着说。例如，哈尔滨很冷，气温最低能到零下三十多度。之后让个别学生上讲台把这些代表着各地景点的图片贴在地图相应的位置。老师继续导入："好的，看来同学们对中国的城市景点都很了解，我们今天要学习的这一课跟旅行有关，刚才大家都认出那么多的景点，看得出来大家都很喜欢旅行。既然要旅行，那么先要制订旅行计划，我们今天就来学习第 8 课《假期你打算怎么过》。先看 PPT，我们先来读一下生词，老师读一遍，同学们跟读。"然后让每个学生都读一遍，并纠正每个词的发音，之后让学生集体读一遍，加深学生的印象。最后把每一个生词都引入情景。例如：

1. 计划：我们旅行之前要做什么，是不是要想一想要去哪儿，所以要制订一个（旅行计划）。

2. 国庆节：在中国，十月一日被叫作什么节日啊？（国庆节）

3. 假期：国庆快到了，国庆是（假期）。这一（假期）你打算怎么过？

4. 路线：比如，老师打算先去苏州，再到上海，最后到杭州，这个叫旅游（路线）。

5. 安排：你去旅行，能告诉我时间是怎么（安排）吗？

6. 大巴：我们一个班要去一个比较远的地方秋游，我们要坐什么去啊？对，我们要坐（大巴）去。

7. 夜：你今天去天津玩到了很晚，你打算晚上在天津住一（夜），明天再回来。

8. 白天：和晚上相反的是什么时间？（白天）

9. 正合适：老师的衣服大不大，小不小，老师的衣服不大不小（正合适）。

10. 花钱：我们出去旅行吃饭，住旅馆都要？（花钱）

11. 路费：从北京坐火车到上海要好几百块，这好几百块叫？（路费）

12. 旅馆：我们出去旅游，晚上要住哪儿啊？（旅馆）

13. 所有：你去苏州、上海、杭州的费用可以说？这（所有）费用一共多少钱？

14. 加起来：从苏州到上海玩这一路，所有花费怎么样还不到 500 块？（加起来）

15. 超过：你这一次的旅行费用加起来不（超过）2 500 块。

学生学完生词后，开始学习课文，老师先以两个角色自述一遍课文对话，然后问学生问题，让学生简要回答一下。

1. 假期大卫打算怎么过？

2. 他的旅行路线是什么？总共要玩几天？

3. 他是怎么去这些地方的？

之后，老师先领读课文，领读的过程中要注意听留学生最容易读错哪些生词的发音，然后纠正这些发音，让学生自己读一遍。学生学完课文之后，老师提问学生下列问题：（可以用课文中的句子回答）

1. 田芳觉得大卫的这个旅行计划怎么样？

2. 大卫这次旅行所有的费用加起来大概是多少？为什么这么便宜？

3. "哪儿啊？"大概什么时候说？

4."你可真会玩儿！"大概是什么意思？

5.大卫下次愿意带田芳一起去旅行吗？

接下来总结这一课的重点生词和句型。

重点生词：

①计划；②安排；③正合适；④花钱；⑤所有；⑥加起来；⑦超过。

重点句子：

1.……你打算怎么过。

2.这个假期有……。

3.我想去……玩玩。

4.能给我说说你这次旅行的路线吗？

5.先……，再……，然后……，最后……。

6.去那么多地方啊！……够吗？

7.你的时间是怎么安排的。从……坐……去……。在……玩儿……。

老师导入情景1：

我们试一试，看大家对上面的句子掌握得怎么样。快到周末了，大家都会出去玩，但是得计划一下对吗？请你用上你打算怎么过，我想去……玩玩。

请两位学生，一个人提问，一个人回答，尽量用上面学过的句子。让两组学生在课堂上演绎一下。

然后导入情景2：

五一劳动节放三天假，不是很长，但是你又想去周边玩一玩，请你用上"我想去……玩玩，能给我说说这次的路线吗？先……再……然后……最后……。去那么多地方啊！……够吗？你的时间是怎么安排的？……从……坐……去……。在……玩儿……"等句子进行对话练习。"

让一组学生先练习示范。然后让学生在不看书的情况下用今天所学的重点句型把课文复述一遍。之后分角色进行对话训练。这样的情景教学不仅让学生学到了知识点，还增加了学生练习口语的时间，也提高了学生的参与度和积极性。

三、生活场景模拟

生活场景模拟是对口语交际课堂情景的扩展，也是对学生思维的发散。生活场景模拟有利于学生掌握语言点。创设情景："假如快放寒假了，你打算去哪儿旅行，怎么去，请谈论一下。运用上一节课所学的词汇和句子进行交际对话。也可以参考老师的情景对话范例。"

范例：

男：寒假快到了，这个假期你打算怎么过？

女：这个假期有一个月的时间，我想去桂林玩玩儿。

男：听说桂林的山水很美！那你能给我说说你的旅行路线吗？

女：好的，我是先去洛阳，再去西安，然后到成都，最后到桂林。

男：那你怎么去啊，是坐火车还是坐飞机？

女：坐火车去，我火车票都买好了。

男：你为什么不坐飞机啊？飞机那么快，还舒服。火车那么慢，要跑这么远，下车会觉得累，哪儿还有力气玩儿呢？

女：我不喜欢坐飞机，飞机外面没有什么好看的风景，只有云彩，没意思。

男：但是飞机快呀，一两个小时就到了，坐火车得好久呢。

女：我喜欢坐火车，在火车上可以看到中国各地的风景，还能跟车上的中国人聊天，坐累了，还能在车厢里走走，多有意思。

男：坐那么久的火车，你受得了吗？

女：我买了卧铺啊，坐累了可以躺着啊。

男：好吧，那就祝你旅途愉快。

通过这些生活场景的模拟可以让学生复习之前学过的语言点，还能发散学生的思维进行新的情景拓展训练，而不是仅仅局限于对教材内容的学习。

第四节　口语交际课情景教学效果的评价

前文中论证了在口语课中引入情景教学法的理论与实践途径，那么，这一教学法是否科学，是否有效，还需要进行几个维度的评价方能做出结论。以便在教学过程中一边实践一边探索，教学过程中哪些做得好，哪些需要改善。为在口语交际课中运用情景教学法，必须提供一个评价系统，笔者尝试采用三个维度的评价：定量与定性评价、内容与目标评价、对象与能力评价。

一、定量与定性评价

定量评价是采用数学的方法收集和处理数据资料，对评价对象做出定量结果的价值判断。口语课的定量评价是以学生口语运用中出错的字词为量化评定，在口语课中要注意统计、收集学生在口语练习中容易出错的字词，包括出错字的字频，以此作为量化评定的测量基数。如果出错的字频达到一定的量时，就要分析这个字或词所出错的原因，从语法、语义、语境几个方面寻找问题，因为量变所反映的问题一定存在着普遍的规律，也是共性问题，抓住问题的共性，便能够找到问题的源头，从而减少情景教学中口语交际出现的问题。

定性评价是对问题的"量"进行"质"的分析，是运用分析和综合、比较与分类、归纳和演绎等逻辑分析方法，对评价所得的数据资料进行思维加工。口语交际课情景教学是以交际的适合度、准确度、成功度为标准进行教学效果评价的。因此，对一些出错量还要进行问题的筛选，有些属于习惯性错误，有些属于母语干扰，有些属于语法问题。而对"质"的关注是排除这些因素的，因为在口语交际中，即使出现用错字词的问题，但基本合适度还可以，那么这就不是质的问题，或者说，虽然一些用词不当，但交际的成功度还是不错的，那么这也不是"质"的检测范畴。

因此，教师在检测情景教学法时，首先要关注的是情景的设置要符合实际生活中的交际用语，教学环节的设计要符合交际课堂的规律。在这一前提下，再对交际过程中的量和质的问题进行分类，进行条分缕析的检测，从而进行定量和定性的分析和检测。其次，情景教学是一种较为复杂的动态的教学活动，情景教学设计是情景教学活动能够有效开展的前提和基础。如果情景教学设计中的语料不足以达到"量"和"质"的规定性，那么检测的"样本"缺少一定的量，也难以完成检测的任务。任课教师必须在情景教学设计中的目标设计、教学过程设计、教学案例设计等各个环节中精心选择适合学生进行交际的语料，以便达到交际的适合度、准确度、成功度的要求。

二、内容与目标评价

内容与目标的评价旨在评价口语教材选用语料是否符合口语交际的需要，是否与情景教学完全对接，是否与情景教学有合适度、准确度，是否达到交际的目标，交际的目标是否明确。教师往往顾及了交际内容的生动性、鲜活性，却没有达到口语交际的目标，那么仍然不是情景教学法所要达到的目的。因此，教师在考虑内容与目标时，要关注几个要素，即教学对象的汉语程度、教学对象的目的语与母语的关系、交际对象学习汉语的所在国等，这些是决定内容和目标评价的前提。

以口语教材《成功之路·进步篇·听和说》为例，汉语水平为初级阶段的学习者，掌握汉语生词量达到1 200词以上，口语教学内容以两人对话为主，对话难

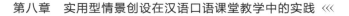

度适中，符合留学生的初级汉语水平，以便让留学生理解课文内容，也让教师在此基础上对留学生的口语技能进行扩展和提高。因此，情景教学中的语料要基于1 200词到2 000词，超过这个基数量，也就难以检测其合适度了，低于这个基数量，其检测水平过高，也难以说明问题。此外，从教材中选用的语料来看，必须符合现实生活中的口语交际需要，才能够满足留学生口语课堂交际的需要。否则，教学内容与现实生活脱节，即使课堂交流没有问题，看起来教学目标完成，但在现实生活中，学习者还是寸步难行。因此，在情景教学法规定下，内容与教学目标的检测不是课堂静态的检测，不是教材规约内容的检测，更重要的是对学习者在现实生活中的语言应用能力的检测，是以提高留学生的口语交际能力为目标的。情景教学法应用在口语课教学中能使学生参与到课堂教学活动中来，让学生在情景教学活动中扮演现实生活中的角色，从而活化了课堂情景，提高了学生的学习积极性，训练了学生的口语交际技能，提高了学生的口语交际水平。

三、对象与能力评价

前面对内容与目标检测进行了分析，内容、目标与对象、能力之间是有千丝万缕的联系的。内容的深浅与对象有直接的关联，如果目标定高了，那么能力评价也就失去了信度，而对象与能力的关联体现了效度的精准性。因此，情景教学法实施之前，教师先要对学习者有初步的了解，依据教学对象的文化背景、学习层次、个性特点进行有针对性的口语教学。本章节研究的教学对象是以英语为母语的欧美初级汉语学习者，《成功之路·进步篇·听和说》教材的学习目标是让留学生掌握1 200个以上的生词，对应的汉语水平考试等级为新HSK四级，所以口语教学的设计和情景的引入都要依据这个能力标准。达到新HSK四级的学生应该可以用汉语就较广泛领域的话题进行谈论，比较流利地与汉语为母语者进行交流，对汉语语音、词汇有一定的掌握。例如，租房的话题在初级汉语口语中属于比较不常见的话题，达到新HSK四级的学生要能比较流利地与中国学生进行交流。初级汉语水平的留学生对知识性的描述会感到厌倦和枯燥，他们以彰显自我的个性为主来学习口语。所以，教师要在口语课堂上有针对性地进行情景导入，让课堂气氛活跃起来。情景的设计要以语料为基础，口语教学的语料均从教材中归纳整理而来，这样的情景设计既源于教材又高于教材，让学生即学即用，不会感到情景脱离教材，又能在教材的基础上进行拓展。情景的引入合乎日常交际的内容，在一定程度上也能提高学生的口语能力。从情景教学的角度来看，教材不仅是承载情景教学知识的有效载体，而且在情景教学中是教师进行正常教学活动的基石，在情景教学中发挥着基础性的作用。在口语课中引入情景进行教学，能让学生在课堂上灵活地运用口语进行交流，也能培养学生的口语能力和思维创造能力。

前文将情景教学法的效果以三个维度进行检测度量，即定量与定性、内容与目标、对象与能力，分别进行了较为详尽的分析。我们还可以对此进行百分制的评价，即以 3-3-4 为分段分值检验。用表 8-1 进行量化：

表 8-1　量化数值分布

定　量	定　性	内　容	目　标	对　象	能　力
10	20	10	20	20	20

通过量化的分值检验可以更清晰地评价情景教学法，使教师更明确情景教学法在口语教学中的目标和方向，这些评估结果为教师更好地开展情景教学提供了依据和参考。

对外汉语口语交际课中的情景教学实施途径分为情景设置、教案设计、课堂实施和教学效果评价四个方面。情景的设置要求听出话和说出词，这样的情景设置才能保证是有效的。教案设计和课堂实施相关联，通过设计出一些较真实的具体的情景为课堂口语教学提供充足的案例，也达到了让学生活学活用语言点的目的。情景教学的生动性与形象性吸引了学生的注意力，提高了学生的学习兴趣。情景教学有助于学生把语言点运用到生动的情景中，使乏味的语言学习变得生动活泼。教学效果评价采用定量与定性、内容与目标及对象与能力三个维度对情景教学法在口语教学中的教学效果进行评价，以便更好地进行情景教学。

第九章 发挥留学生主体作用的汉语 口语情景交际课例

第一节 问路与指路

◆ 课堂实录

师：同学们个个春风满面的，多么有朝气呀！知道我姓什么，是从哪儿来的吗？（同学们有的摇头，有的说不知道。）我姓苏，叫苏听溪（说完在黑板上写下自己的名字），是从石家庄来的。下课后遇到朋友如果问起今天谁给你们上汉语口语课了，这位老师姓什么，叫什么，是从哪儿来的，你会说吗？谁说说看。

生：今天上午是王老师上的（师纠正：今天上午的口语课是苏老师上的）。今天上午的口语课是苏老师上的，苏老师是从石家庄来的。

师：她叫什么名字？

生：叫苏听溪。

师：朋友不问，谁能主动地向朋友说说？看谁能说清今天的口语课是谁上的，谁记得我的名字。

生：大卫，今天上午，口语课是苏老师上的，她叫苏……（迟疑）（师插话：我叫苏听溪。笑声）她叫苏听溪，是从石家庄来的。

师：你记得牢，说得好。同学们，下课以后，我想找你们的辅导员，不知你们辅导员姓什么，叫什么名字？

生：辅导员姓王，叫王导员。（笑声）（没有一个学生能说出辅导员的名字）

师：王导员的办公室在哪里？

生：一进大门往这边走。（边说边用左手一指）

师：是向左拐？

生：苏老师，下课我带你去。

师：多么热情的同学，谢谢你！还有愿意带我去的吗？（同学们纷纷示意）这么多同学下课要带我去找辅导员，这叫"带路"。多数情况下，被问的人是不可能带路的（除非路很近），一般都是指路——告诉在什么地方，怎么走。（板书：指路）今天这节口语交际课叫"指路"。课本中有一段对话，请大家读一读，看看谁为谁指路。

读一读下面的对话，再演一演。想想看，当有人向你问路的时候，你应该怎样说，怎样做。（学生自读）

师：谁给谁指路？

生：珍妮给外地旅游者指路。

师：谁来读读这段对话？

（一男生读。老师做了指导，告诉同学们旅游者应以什么语气问，怎样问才叫"有礼貌"，珍妮应当怎样回答，怎样说才叫"热情"。因同学们有些胆怯，苏老师领读了一遍）

师：我想请两位同学分角色读。谁愿意当珍妮？谁愿意当旅游者？

（指定一男一女分角色读对话。在读的过程中，苏老师又做了指导，最后读得比较好）

师：现在请一位同学当旅游者，一位当珍妮，练习一遍。尽量不看书，看谁能把书上的话记下来，也不一定全要照书上的说。（同学们兴致勃勃地练习）谁愿意到前边来演练？

（一女生在假装路过，一男生背着旅行包——苏老师事先准备好的。然后进行演练。效果较好）

师："问路"时怎样问，人家才会告诉你？

生：要有礼貌。

师：对，没有礼貌，人家就不愿意理你了。还有，问，一定要慢一点，声音大一点，让人家听清楚你打听什么地方。同学们，如果别人问到你了，你应该怎么回答呀？

生：要热情。

生：说清楚。

师：对，指路要清楚——对方问的地方在哪里，怎么走，要让人家听明白。如果你有时间，而且路又不远，对方又可靠，你也可以带路。下面，咱们试一试好吗？刚上课时我说了，下课后，我找你们的辅导员，谁来告诉我王导员办公室怎么走？

（一男生到讲台前，苏老师和他耳语了一番，看来是在做些必要的交代和提示）

师：（手里提着个包，像是从外面来的客人）同学们，请问你们的导员办公室在哪里？

生：姐姐，您找谁？

师：我要找你们的辅导员。

生：您是从哪儿来的？找导员有什么事？

师：（对全班同学）看，他盘问起我来了！（笑声）同学你好，我是从石家庄来的，叫苏听溪，我是来给你们上口语课的，想和辅导员沟通一下。

生：辅导员办公室在校园的前面，我带您去吧！姐姐，我帮您拿着书。（掌声）

师：谢谢。不过咱们现在不能走，走了，谁给你们上课呀！（说完，将课本放在讲桌上，生笑）

师：大家评评，这位同学表现怎么样？

生：他很热情。

师：从哪儿看出来的？

生：他要为您带路，还要为您拿书。

生：他说得很好。

生：他很会问。

师：是呀，他不轻易相信我，因为我是个陌生人。一般来说，陌生人只是问路，不会有问题的，如果还问你别的，对你说别的事，你可要警惕一些。

——下午我准备到你们图书馆去一趟，可是不知道路，谁愿意替我问一下？你们知道图书馆在哪儿吗？知道？好，这样吧，同桌互相练一练，一个当苏老师，一个当被问的人。（学生练习）

师：谁到前边来替我问？

（一女生到讲台前，苏老师又对她耳语了一番）

师：（对女生）如果你问的是一位同学，该怎么称呼，怎么问？

生：（对一位同学）请问同学，到图书馆怎么走？

生：不知道。（笑声）

师：这位同学先说声"对不起"就更好了。——再试一试。（重新演练，被问的同学先说了声"对不起"，再说"不知道"，全班大笑）

师：那就再问其他人吧。

生：（该生走到一位女教师跟前）请问老师，到图书馆，怎么走？

女教师：出了教学楼往前走，挨着花园的就是。

师：再问问有多远。

生：老师，有多远？

女教师：不远，大约走15分钟吧。

生：谢谢老师。(掌声)

师：下午我去图书馆，怎么走我清楚了。谢谢同学们，谢谢这位女老师。

生：不用谢。

师：同学们，问路、指路、带路，在日常生活中是经常发生的，通过今天这节课的练习，你今后需要问路或者别人问到你的时候，相信同学们都知道该怎样说、怎样做了。

◆ 教师观察

一、目标的确立与教学内容的选择

"问路与指路"是所有对外汉语口语教材都会涉及的交际内容，苏老师将本课的教学目标确立为引导学生联系生活掌握问路、指路的方法、策略。为了达成这一教学目标，苏老师选择了以下教学内容：一是创设情境，引入交际话题。上课伊始，通过师生问候把学生带入"指路"的情境，营造了轻松、快乐而又真实的交际场。二是学习、掌握问路的方法、策略。利用教材中的插图和教师创设的情境，引导学生在言语交际过程中掌握问路、指路的方法。其间，苏老师指导学生在交际活动中通过比较与辨析，明白问路、指路时不仅要把话说清楚、态度要热情，还要有自我保护的意识。本节课的教学目标凸显了口语交际特性，指向明确，操作性和实践性都很强。教学内容紧紧围绕教学目标，贴近学生的认知规律，着眼于学生的发展，使知识转化为学生的能力，内化为学生的语文素养。

二、学习活动开展与教师助学

这节课上，苏老师在恰当的时机发挥好引导作用——"示弱"和"用弱"。苏老师尽可能将自己的"有"藏起来，示学生以"无"，使学生不等、不靠、不依赖，自己设法解决问题。在教学过程中，苏老师因势利导，顺水推舟，帮助学生在教师的"无"中生出自己的"有"来。

老师的指导有许多"高招"：一是有梯度地布置有挑战性的学习任务，先是练习书上的插图，然后现场生成对话资源；二是采取对学生的回答使用追问的策略。如想想怎样说才叫"热情""有礼貌"，适当追问和讨论，引起学生兴奋、紧张的

智力活动，让他们享受智力活动的乐趣，在智力活动中实现原有经验的改造，从而一步步完成"登山"的任务。

三、学生言语交际活动的状态及学习方式

苏老师是每位学生的"知音"，他尊重学生，了解学生。课堂上，苏老师通过创设交际环境，让每一个学生都有说话的机会，都有说话的内容，都有说的兴趣，主动积极地参与口语交际；培养学生敢说的胆识，督促学生养成良好的听说态度和语言习惯；让学生掌握口头表达的基本技巧，增强口头表达的信心，感受表达的快乐，从而达到提高学生口语交际能力的最终目的。课堂上，学生经历了由知识转化成能力的三个发展阶段：首先，外部的知识信息经过了主体的主动吸收、自主建构，建立起神经暂时联系，实现知识的"主体化"；其次，经过实践、练习和运用，实现智力技能的熟练化；最后，经过丰富多样、灵活多变的反复实践，形成个体心理特征的稳定化和知能结合的自动化。在这个过程中，学生习得了真正的口语能力。

四、学生参与度与目标达成度

在"课堂热身"时，苏老师亲切地向学生问候，并进行自我介绍，幽默的谈吐很快拉近了与学生的距离，课堂气氛顿时活跃起来。整节课，苏老师引导学生听、说、看、想，用多种感官调动学生的思维。口语交际是一种表达，表达需要驱动，需要教师的引导。在学习问路、指路策略的环节中，苏老师遵循留学生语言的发展规律，鼓励学生进行自我创造，为学生提供相互交流的机会，力求使不同类型、不同层次的学生都能进行表达。这主要体现在两个方面，一是有对象的情境表达。学生的表达需要有倾听的对象，教师创设的情境贴合学生实际，鲜活生动，符合留学生的年龄特点。苏老师通过师生互动、生生互动为学生提供表达的情境，让学生在课堂上完全没有了陌生感与惧怕感，营造了一种轻松的氛围。在快乐的氛围中，学生积极地说，入情地演，口语交际的训练自然地融入教学环节中。二是有综合的语言运用。进行口语交际时，学生在交际中将自己内化的语言与原有的语言进行有机结合，很好地达成了教学目标。

◆ 专家评点

在角色扮演中提升学生的言语交际能力

初级汉语水平的留学生在本课学习中学得轻松，学得有趣，这得益于苏老师

对学生学习心理的了解。他深谙留学生的心理活动特点，采用契合学生认知规律的教学手段，营造了言语交际的学习场，有效地促进了学生的言语发展。

角色扮演是个体处于一定的地位上并产生与此地位相适应的行为模式的过程。本节课，老师不断设置一些情境，多次运用角色扮演法，了解学生的原有认知经验，帮助学生逐渐丰富"带路""指路"的思想认识和言语储备，使学生从"说不清"到"说清楚"，从"想不全"到"想周全"，言语表达的能力得到了提升。由于苏老师在运用角色扮演法的过程中精心设置了与现实生活类似的学习情境，并不断地以问题导引学生的活动，学生浸润其中不仅学到了真实、典型的交际态度，还在情境与现实生活的比较中很好地树立了交际活动中的自我防范意识，习得了科学、合理地带路、指路的方法。

在运用角色扮演法的过程中，苏老师特别注意发挥"演"与"观"的互促作用——"演"的示范、引领，"观"的补充、完善。整堂课，角色扮演犹如一条纽带，将个体经验融入群体交际智慧中，以群体交际智慧带动个体言语的发展，呈现了学习、生活一体化的教学境界。

苏老师的教学实践告诉我们，口语交际教学中用好角色扮演法，学生的言语表达能力会有很大提升。

第二节　转述通知，写留言条

◆ 课堂实录

师：同学们，现在苏老师给大家讲个小故事。同学们小的时候有帮妈妈去买过东西吗？苏老师有过，妈妈说："去买一袋醋回来，可别买成酱油啊。"于是我就快步走出去，一边走一边念叨："买醋，不是酱油。买醋，不是酱油。买醋，不是酱油。……"半路上，路边的草丛里"扑啦"一声飞出一只小鸟。我看了一眼后继续走，到了小卖部就说："老板，我要买酱油。"（笑声）同学们，你们说，我那时候怎么就还是买错东西了呀？

生：没把妈妈的话记住。

师：同学们，在生活中，人们常常请人把话传给别人，这在汉语口语里叫"捎话儿"，书面语也叫"转述"。（板书"转述"，并在上面加上拼音）转述别人的话，首先要听清，记准人家的话，别弄错了。转述的时候，要把原话说清楚，说明白，

不然就会耽误事。（正在这时，系主任走进教室）

师：赵主任，您有事？

赵：苏老师，打扰您了。请问王老师在这里听课吗？（注：王老师是这个班的辅导员）

师：上课前有个人找她，她出去了。您找她有什么事？

赵：刚才接到教务处打来的电话，通知王老师明天上午8点，到大剧场参加话剧排练，要求穿红毛衣、白裤子、白球鞋、白袜子，千万别迟到。等会儿王老师来了，请您转告她。谢谢！

师：好的。（赵主任走出教室）同学们，等会王老师来了，谁能把教务处的电话通知转告她？（学生纷纷举手）

师：转述时，一定要把原话记住，说得清楚明白。想想，刚才赵主任怎么说的？不要忙着举手，每人先在心里说一遍。记不住的，可以问问其他同学。（全班同学认真回忆刚才赵主任说的话，并自言自语地说。有时互相问一问）

师：现在，请同学们把教务处的电话通知说一下。谁先说？

生：赵主任说，教务处打来个电话，通知王老师明天上午到大剧场参加话剧排练，要求穿……穿……穿衣服……（众笑）

师：别笑。这位同学开头说得很清楚。不要紧张，想想，要求穿什么衣服？上身穿——

生：（接着说）上身穿红毛衣，下身穿白裤子，脚……脚穿白球鞋、白袜子。

师：你记得很好嘛！谁还有补充吗？

生：告诉王老师，明天上午8点到大剧场去。

师：你听得很仔细。这句话很重要，如果说不清楚什么时候去，不就误事了吗？

生：最后还要说一句：千万别迟到！（众笑）（接着又找了两位同学说）

师：现在我当王老师，你们先说给我听听，怎么样？（学生非常高兴）不过，除了把通知的话说清楚外，还得有礼貌，说话态度要自然大方，说的声音要让老师听见，当然也不要太响，因为只讲给一个人听。为了说好，先各人出声练习一遍。（学生们兴致很高，认真地练习）

师：现在谁来试一试？约翰，请你到前面来说说看。别忘了，我现在是王老师了。（笑）

郑：王老师，您好！

师：你好！（面向大家）约翰很有礼貌。不过因为早上互相问过好了，现在见面就不一定再问了。再见面应该怎么说呢？

生：王老师，您来了！

师：这句话说明大家都盼着她来。见面喊声王老师，打个招呼就行了。

郑：王老师，刚才赵主任找您。他说，教务处打来个电话，请您明天上午8点到大剧场参加话剧排练，要穿红毛衣、黑裤子、白鞋、白袜。（几个学生举手）

生：约翰传错了一句话，人家要求穿白裤子。

师：是的，约翰，你是不是觉得穿黑裤子更时尚啊？（众笑）就是比穿白裤子好，也不能改。你想，人家都穿白裤子，只有王老师一个人穿黑的，多不协调啊！

郑：（点点头）王老师，请您准时到场！

师：我一定准时到场！谢谢你！

郑：不客气。（众笑，约翰回位）

师：约翰转述得不错，基本上把原话说清楚了，而且自然大方，说话有礼貌。——王老师怎么还没来啊？看来，她可能有事。今天下午同学们又没课，怎么办呢？这样吧，咱们给王老师发个文字版的微信消息，怎么样？咱们学过写留言条，还记得吗？好，现在大家都写，谁写得好，咱们就用谁的，不会写的可以用拼音。（学生兴致勃勃地写，老师巡视指导）

师：多数同学已经写好了。写好了的，请大声读一遍，同桌之间再互相检查一遍。（学生自查、互查，书声琅琅）

师：现在请同学们念给我听听。

生：（念）王老师：您好！赵主任请我们转告您，请您明天上午8时到大剧场参加话剧排练——

师：请停一下，同学们，写留言条的时候，话要尽量简练。"赵主任"一句话可以去掉。请接着读。

生：（接着读）要求穿红毛衣、白裤子、白球鞋、白袜子。千万别迟到。学生：徐敏。

生：最后写上年月日。

师：对，千万别忘了在名字下面写上年月日，今天是5月10日。不然开头说的"明天"，就不知是哪一天了。（接着又请了两位同学读"留言条"，苏老师进行了详细的评改）（刚评改完，王老师推门而入）

师：王老师，您早来一会儿，我们就不必费这么大的事了！

王：怎么回事？

师：哪位同学来告诉王老师？（学生纷纷举手）

师：现在请赵静林来说说看。（赵静林平时不肯发言）

赵静林：王老师，赵主任找您，通知您明天上午8点到大剧场参加排练，（师插话：参加话剧排练）要穿红毛衣、白裤子、白球鞋、白袜子。千万别迟到。

师：赵静林同学说得比较清楚，进步不小。谁再说一遍？（又有一名学生说，略）

师：王老师，我们怕您不来，所以打算给您发微信。

王：那好，请读给我听听吧。（王老师请两名学生主动读了留言条）

王：同学们写得真好！谢谢你们！明天我一定准时参加排练，好好表演！（笑声、掌声）下课请同学们把写好的留言条都交给我，看看谁写得最好。

师：同学们，学会说话、写话多有用啊！今后要好好学，争取说得更好，写得更漂亮！（下课）

◆ 教师观察

一、目标的确立与教学内容的选择

苏老师将"转述通知，写留言条"这一课的教学目标确立为在生活情境中掌握转述通知及写留言条的方法、策略，鼓励学生在生活中学会"说话""写话"。为了达成这一教学目标，苏老师选择了以下教学内容：① 故事导入，引入交际话题。上课伊始，苏老师趣讲"买醋"的故事，一下子把学生吸引住了。故事内容简单，且贴近每个人的生活经历，通过讲述故事让学生明白了转述的含义及作用。② 创设生活情境，学习、掌握转述的方法、策略。课间，苏老师创设了一个真实的生活场景，引导学生在帮助赵主任转述教务处的通知中巧妙地探寻适宜的转述方法。通过苏老师的指导，学生明白了转述通知时除了要把话说清楚外，还得有礼貌，说话态度要自然大方，说话的声音要适宜。③ 让学生在"有所为"的情境中学写留言条。苏老师抓住学生善于合作以及乐于助人的特点，巧设给王老师写"留言条"的情境，让学生在"有所为"的情境中巩固了写"留言条"的方法。综观整堂课，无论是目标的设定，还是内容的确定、过程的设计以及方法的选择，都鲜明地体现了三个符合：符合课程标准的要求，符合外国留学生的认知特点，符合交互式口语交际活动规律。这是一节尊重学生、满足学生、引领学生发展的富有情趣的口语课堂教学。

二、学习活动开展与教师助学

教师的有效"助学"不仅体现在对课程目标的把握上，对学生学情的诊断上，更体现在对教材的深度加工及创造性地使用上。要想让学生学会转述，学生必须经过转述的历练。对留学生来讲，这种历练必须是鲜活的、新奇的。惊奇是人向未知世界探索的起点，这节口语交际课贵在创设了真实的生活情境，开启了学生言语表达的心门。其实教材本身的内容是这样的，"二年级（1）班老师通知大家：明天下午，班级举行树叶贴花比赛，要求同学带齐彩笔、胶水、剪刀、白纸和采集来的树叶。李响请假了，没有到校。如果老师请你把上面的通知内容转告给他，你见到他该怎样说。"应该说这个交际话题贴近学生的生活，留学生转述起来没那么困难，但不足之处是缺少趣味因子和真实体验。如果教师照本宣科，很难调动学生听、说、写的积极性。苏老师敢于用教材而不是教教材：学生的学习活动由故事导入，揭示"转述"的话题，让学生进行情境表演，探寻转述的方法，最后练习写"留言条"。交际成为学生的一种表达需求，呈现的是一种教学无痕的境界。苏老师用他的人格魅力、独特的教学方式实现了教师的有效"助学"，让学习真正发生在了学生的身上。

三、学习方式及学生的学习状态

建构主义理论指出，学习不是由教师把知识简单地传递给学生，而是由学生自己主动建构知识的过程。有意义的学习理论认为，学习者必须积极主动地使新旧知识不断分化、重新组织，才能转化为自己的认知结构，学生的有意义学习是一个主动的过程。本节口语交际课就是在实实在在地践行以学生为主体的教学思想。教学中，苏老师没有进行"转述""写留言条"知识的抽象讲解，而是将学习的主动权交给学生，根据低年级留学生的第二语言思维特点，调动学生已有的生活经验和知识储备，用帮助赵主任给王老师转述通知这一任务主线，逐步地为学生搭建了层层深入的学习支架，让自主学习贯穿了整个教学过程。纵观整堂课，苏老师很少进行知识的直接告知，而是通过问题引领学生探寻"转述"的方法及意义。学习活动是在平等对话的氛围中进行的。学生不知道的，老师给予补充；学生说不到位的，老师给予点拨；学生写得有疏漏的，老师给予示范。学生不是在消极地接受和索取，而是在积极主动地发现和建构，学生在"听、说、思、议、做、写"的过程中主动思考，投入练习，在互动交往中体验着学习的快乐。

四、学生活动参与度与目标达成度

"双向互动"在口语交际中具有重要作用，为口语交际指明了方向。与其说口语交际是语言与语言的交流，不如说是心灵与心灵的沟通，是学生与学生、教师与学生间思想的碰撞和心与心的对话。苏老师的这节口语课之所以如此的灵动、鲜活而富有实效，是因为教师用好了口语交际的三部曲——"话题曲""情境曲""互动曲"。

◆　专家评点

在情境中培养学生的能力

低年级留学生的口语交际课该怎么上？或者说，对于低年级的留学生，应该培养什么样的口语交际能力呢？这是一个相当棘手的问题。苏听溪老师的"转述通知，写留言条"这个课例在"口语交际课教什么"和"口语交际如何教"这两个方面都具有典型意义。

先从"口语交际课教什么"这个问题来看，这个问题本来是汉语课程层面的问题，由于多方面的原因，"口语交际课程"几乎停留在概念层面，在汉语教材中，对"口语交际的课程目标""口语交际的课程内容"等重要方面存在模糊不清的现象。而要上好"口语交际课"，这些问题必须先解决。苏听溪老师的口语交际课在这方面具有清晰、明确的内容。

在本课例中，苏老师的教学目标非常清楚，即培养学生在口语交际活动中的"转述能力"。"转述能力"具体内涵是什么呢？苏老师的界定是："转述别人的话，首先要听清，记准人家的话，别弄错了。转述的时候，要把原话说清楚，说明白，不然就会耽误事。"可以简洁地把上述内容概括为两点：第一，转述时要听准确；第二，转述时要传明白。

"转述"是一项特殊的口语交际活动，也是在日常交际情境中经常出现的交际任务。"转述"这种口语交际活动的特殊性在于，它是一种涉及三方的口语交际活动，可以把转述内容称为"信息"，转述活动中的三方分别是"信息发出者""信息转述者"和"信息接收者"。从时空上看，"信息发出者"和"信息接收者"往往不在同一时空背景下，需要通过第三者即"转述者"进行。从"转述者"的角度来看，其首先从"信息发送者"处接收到信息，即"听"，然后把"信息"记住，遇到"信息接收者"时，再把记住的信息发送出去，即"说"。在这一"听"、一"记"、一"说"的过程中，"信息"的处理要突出重点、要准确。

根据"转述"交际活动的特殊性，苏老师把教学目标定位于：听得明白，传得准确。只有"听得明白"，有重点地听，才能记得深，才能保证"传得准确"。一堂好的口语交际课，老师明白这堂课的目标是干什么。苏老师的这堂课的教学目标定位明晰清楚。

根据"听得明白"和"传得准确"这两个目标，苏老师在"转述信息"的难度上下了一番工夫。在这堂课中，"转述信息"是："刚才接到教务处打来的电话，通知王老师明天上午 8 点，到大剧场参加话剧排练，要求穿红毛衣、白裤子、白球鞋、白袜子，千万别迟到。等会儿王老师来了，请您转告她。谢谢！"

这则信息显然是经过精心设计的。尤其是"要穿红毛衣、白裤子、白球鞋、白袜子"信息量复杂，干扰性极大，这是苏老师故意设计的，以便通过这个例子让学生明白转述时如何听。通过后面师生互动环节，学生明白了听时间、服装和要求等信息点。通过对这则"转述信息"有选择性地听，学生将会在以后的转述活动中做到有重点地、有选择地听，这就形成了"听得明白"的能力。

在"转述"中，"听得明白"是"传得准确"的基础和前提，所以苏老师重点训练学生"听得明白"。在"传得准确"方面，苏老师重点训练学生"传得全面"。

从"口语交际如何教"这个角度看，苏老师的设计更是别出心裁。苏老师通过与其他老师的配合设计了一个真实的转述活动，让学生在活动中体会转述的难点和重点，并参与到活动中，是真正的"在做中学"。

第三节　描述人物外貌，转述通知

◆ 课堂实录

第一课时

（上课铃响，苏老师还没有来。一位陌生的年轻女老师走进教室，学生们都瞪大了惊奇的眼睛）

女：同学们，苏老师在这个教室上课吗？

生：是的，她还没有来。

女：怎么，还没有来？同学们，我是鼓楼区文教局的，找苏老师有点事。局长要他带着教学计划参加座谈会，时间是今天下午两点，地点是文教局一楼会议室，请苏老师按时到会，不要迟到。我还有别的事，不等他了。等苏老师来了，请同学们转告他，好吗？

生：（高兴地）好！

女：谢谢同学们。我再把这个通知说一遍。（略，说完走出教室）

（苏老师走进教室，学生们纷纷举手）

师：同学们，刚才有位家长找我，晚来了一会儿，真对不起！大家举手有什么事情吗？

生：苏老师，刚才有个人找你。

师：有人找我？哪儿来的？是男的，还是女的？

生：（争先恐后地）是文教局的一个姐姐，是女的。（众笑）

师：姐姐当然是女的啦，同学们，文教局的老师我都认识，你说说这位姐姐的样子，我猜猜看，她是谁。看样子，她有多大岁数？

生：这位姐姐大约二十四五岁。

生：这位小姐姐二十二岁。

师：看得竟然这么准确？

生：看样子，这位姐姐也就二十多岁。

师：我们只能看出大约多少岁，不可能一定看出多少岁。总之，看起来这位姐姐很年轻。她的身材怎么样？

生：她不高也不矮。

生：她中等个儿。

生：她不胖也不瘦。

生：她身材很苗条。

师：噢，这位老师是中等个儿，不高不矮，不胖不瘦，长得很苗条。（老师装作思索的样子）同学们，她的脸上有什么特征？

生：她长得很漂亮。

师：能说具体点儿吗？例如说，头发……

生：她是烫头发。

生：她的头发是烫成大波浪形状的。

生：她的头发蓬松松的。

生：好像烫过不久，乌黑乌黑的，很亮。

师：啊，这位老师真爱美。

生：这位姐姐双眼皮。

师：你观察得真仔细。

生：她有大眼睛。

生：她大大的眼睛，目光炯炯有神。

师：说得真好。"炯炯有神"这个词是谁教你的？

生：我在电视剧里看到的。

师：你真爱学习。

生：她鼻子很高。

生：高高的鼻梁上还有一副眼镜。

生：是金丝边眼镜。

师：噢，是一位戴眼镜的姐姐。我们区文教局三位戴眼镜的女老师，她是其中哪一位呢？同学们，这位老师还有什么特点吗？

生：这位姐姐嘴下边长着一个小黑点，细长脸。

师：那叫美人痣。嘿，这位老师长得很漂亮，瓜子脸，双眼皮，一双大大的眼睛炯炯有神，高高的鼻梁上架着一副金丝边眼镜，嘴下边还长着一颗美人痣。她可能是……哎，同学们，她穿的是什么衣服？

生：她上身穿一件毛衣。

生：她上身穿一件紫色棒针线毛衣。

师：呦，你真不简单，我都不知道什么叫棒针线毛衣。

生：她下身穿一条瘦裤子。

师：什么瘦裤子？

生：她穿的是牛仔裤，蓝色的。

生：她下身穿一件蓝色的牛仔裤，脚上穿着一双黑色高跟皮鞋。

师：（恍然大悟状）我知道了，她是文教局教研室的方老师，同学们说得多清楚呀！

师：谁能把刚才说的方老师的外貌，也就是方老师的样子，连起来说一说？先各人自言自语地练习一遍。

（同学们自言自语说过之后，纷纷举手。苏老师让同桌同学互相练习说一遍，然后指名说）

生：上课铃响了，我们教室里来了一个小姐姐，看样子，她有二十多岁，个子不高也不矮，长得不胖也不瘦，很苗条。一双大眼睛炯炯有神，高高的鼻梁上架着一副金丝眼镜，嘴巴下面还长着一颗黑点（老师纠正为"黑痣"）。她上身穿一件紫色毛衣，下身穿一条牛仔裤，脚上穿一双黑高跟皮鞋。她是谁呢？她是文教局的方老师。

师：同学们说得很清楚、很明白，方老师找我什么事？

（课堂气氛顿时又活跃起来，同学们纷纷举手）

生：她让你去开会。

师：开什么会？

生：开座谈会，要带着教学计划。

师：那好，同学们，我不给你们上课了，我开会去。

（老师拿包要走，同学们慌忙举手）

生：是今天下午两点开会。

生：地点在文教局一楼会议室。

师：不是现在就去？同学们，通知开会，除了说开什么会、要带什么东西外，还要把开会的时间、地点说清楚。能不能把方老师的通知连起来说说？

生：苏老师，刚才文教局的方老师来找你，要你带着教学计划去开座谈会，时间是今天下午两点，地点是文教局一楼会议室。

生：苏老师，我再说一遍。

师：好吧，请说。

生：苏老师，方老师通知你今天下午两点到文教局一楼会议室开座谈会，要带着工作计划。不对，是教学计划。

师：你说得更漂亮。（一个学生举手）你还要讲什么？

生：是局长叫你去开会的。

生：还说千万别迟到。

师：迟到了，局长要批评我，是吧？这两点补充得很好，再找个同学说一遍，把这两点加进去。

生：苏老师，刚才文教局的方老师来找你，她让我们告诉你，局长要你今天下午两点钟到文教局一楼会议室开座谈会，带着教学计划，千万别迟到。

师：同学们说得多清楚呀，谢谢同学们。下午开会，我一定准时到。

第二课时

师：同学们，方老师多好哇！不辞劳苦地跑到我们学校送通知。上节课大家把方老师的样子说得非常清楚形象，把听课的老师都逗乐了。说出来了，能不能写出来呀？

生：（齐声）能！

师：现在，我给大家出个题：方老师。（板书：方老师）请把方老师的样子和她来干什么事情写下来，不会写的字还是用拼音。写好了，咱们打电话请方老师来，读给她听一听，让她评一评，谁写得好，谁写得像她。咱们还是这样开头，"上课铃响了，方老师来到我们教室……"下面接着写方老师多大岁数，个儿怎么样。下面我请一个上节课没有发言的同学说一说。上节课没有发言的请举手。

（几个学生举手，苏老师请其中一位说）

学生：方老师二十多岁，个儿中等，（老师纠正为"中等个儿"）不胖不瘦，很苗条。

师：说得不错！接着往下说。对，说长的样子。

生：方老师瓜子脸，戴着金丝边眼镜，一双大眼睛……

师：想一想，用个什么词来形容？炯炯？

生：一双大眼睛炯炯有神，嘴巴下面长着一颗黑痣。

师：这个特点大家都记得非常清楚。

生：（接着说）方老师穿着紫色毛衣、蓝色牛仔裤，脚穿高跟皮鞋。

师：说得好。她是来干什么的？接着说下去。

生：方老师通知苏老师，今天下午两点到文教局开座谈会。

师：说得很完整。现在请同学们把这位同学说的话写下来。一共分两节，第一节写方老师的样子，第二节写方老师来干什么。比一比，看谁写得好。咱们请班长朴幼林这就去给方老师打个电话，请她来一趟。

（学生积极性特别高，老师巡视辅导。其间，请三位同学读写好的第一节，即外貌那一节，请两位同学读第二节，为全班同学起到了示范和引路的作用。三十多分钟后，多数学生写完，方老师走进教室）

师：同学们，方老师来了，看，刚才是不是她来送通知的？

生：（高兴地）是的，方老师。

方：同学们好！

师：方老师，感谢您大老远地来给我送通知，同学们非常喜欢您，把您给写下来了。

方：是吗？读给我听听好吗？

师：不过，还有少数同学没有写完，请您稍等一下。（转身对学生）同学们，已经写好的，读一读，修改修改，没有写好的，加快速度，方老师等着听呢！

（同学们非常兴奋，读的读，写的写）

师：我看，同学们都写好了，请大家坐好。（转脸对方老师）方老师，现在请同学们读写的小作文，您来评评，看谁写得好，看谁写得像您。

方：好。那就请同学们读吧。正好我包里有几张书签，谁写得像我，我就赠他一张书签。（同学们鼓掌）

生：方老师。（老师说明"这是题目"）上课铃响了，方老师走到我们教室。（老师将"走到"纠正为"走进"）她中等个儿，二十多岁，长得很苗条，脸白白的。(方老师插话:"同学们,我的脸不算白,请改一改。"众人都笑了。苏老师插话:"是怎样的就怎样写。大家对照对照老师,不合适的地方赶快改过来。")方老师戴着一副金丝边眼镜,一双大眼睛炯炯有神,嘴巴下面长着一颗黑痣,她上身穿着紫毛衣,下身穿着牛仔裤,真帅!方老师是来送通知的,通知苏老师今天下午两点到文教局开座谈会。

方:不是我帅,是同学们写得帅。来中国学习汉语才一年多,就能写出这么好的作文。来,送你一张书签!(学生鼓掌)

(接着又有四位同学读,每人都得到了一张精美书签。下课时间到了,前排一位同学非要求读不可)

方:苏老师,就请他读一读吧。

师:(对同学们)你是不是很喜欢方老师手里的书签?

生:不是的,不是的,我是想让方老师听听。

师:机会确实难得,读吧。

生:一位女老师走进教室,她姓方,今年28岁,(老师插话:"你怎么知道的?"生:"刚才方老师看我写的时候告诉我的。")方老师中等个儿,大眼睛,双眼皮,鼻梁上架着一副金丝边眼镜。她穿着紫毛衣、蓝牛仔裤,脚上穿着高跟皮鞋。方老师来干什么呢?是来通知苏老师下午两点到文教局开会的。局长说,千万别迟到,迟到罚酒三杯。

师:(问方老师)局长这样说过吗?

方:没有,这是这位同学们自己加的。

师:(对同学们)迟到怎么罚酒三杯呢?

生:过春节的时候,我爸爸请一位中国叔叔吃饭,这位叔叔迟到了,结果自罚了三杯酒。

师:这是咱们过节时喝酒的热闹,开会没有这个规矩。你想,开会哪来的酒呢?不过,我一定不迟到。

方:没想到,这位同学写得这么有意思。方老师奖励你两张书签。

师:同学们,下课了,我们只好读到这儿了。

方:真可惜。没有时间听更多的同学读作文了。我看这样吧,同学们把自己不会写的字下课后查字典标在拼音下边,然后苏老师把这篇小作文改过后,凡是写得好的,都送一张书签,我这里还有好几张呢!(说完,从包里取出十几张书签交给苏老师)这件事就拜托苏老师了。

师:谢谢您,让您破费了。(众笑)

（同学们鼓掌欢送方老师，下课）

◆ 教师观察

一、目标的确立与教学内容的选择

描述外貌与转述通知是每个人在日常生活中都有过的经历，苏老师将本课的教学目标确立为：能够按照一定的顺序描述人物外貌，并转述通知。

为了达成这一教学目标，苏老师选择了以下教学内容：

巧设言语交际的情境，激发留学生说话的兴趣。上课伊始，在苏老师还未出现之前，故意安排一位老师来找自己，与学生自然而然地展开对话。这个环节实则启发学生，先识其面，后听其声，在此基础上苏老师引导学生描述方老师的样子。这既是本节课的教学目的之一，又很符合外国留学生在目的语语言环境中学习汉语的心理。

转述通知。当学生将这位老师的外貌表述清楚、完整时，苏老师随即问："方老师找我什么事？"此处设计甚妙，将教学转向下一个环节。同时，老师向学生暗示：转述开会通知，时间、地点必不可少。

苏老师的口语交际课可谓独树一帜，具有鲜明的个性。选择的教学内容既是重难点，又巧妙地融合和负载了多个教学目标。在简明的教学环节中达到一箭双雕的目的，可谓锦上添花，再显精妙。纵观苏老师的每一堂言语交际课，无一不是"一题多做""一材多用"，他常常针对某一交际训练多角度、多侧面设计丰富多彩的系列教学活动，组成一个前后衔接的教学体系，体现了最优化的教学结构。这是苏老师的拿手好戏，也是苏老师的聪明之处。这一系列训练组成了层层紧扣的知识系统，全方位地进行了听、说、读、写、做等多种技能的反复训练。

写的训练。说是写的基础，会说不一定会写，由说到写还需要老师的细致指导，既要提供语句方面的零件，又要沟通思维的渠道，这对学习汉语的外国留学生尤为重要。本节课开始，老师先教给学生如何开头，对上节课已经说过的词语不厌其烦地反复强调，都是十分必要的。这对提高留学生的汉语水平大有好处。从说到写正是对外汉语教学的基本规律之一。

二、学习活动开展与教师助学

本堂课，我们看到苏老师提出的问题看似很随意，实则都在他巧妙的预设中。例如，在学生七嘴八舌地介绍陌生人的年龄、个头时，老师若有所思地将学生零碎的语言按照一定的顺序连贯地说出来。接着又问："同学们，她的脸上有什么特征？"老师既进行了适时小结，又教给学生运用二语思维进行观察的方法——先观察整体形象，再观察局部特征。这既符合第二语言学习的规律，又符合观察事物的规律。正是在老师的巧妙指导下，学生观察越来越仔细，认识越来越深入，精彩的口语脱口而出。留学生认识能力的发展和语言能力的发展相得益彰。

三、学生活动方式与活动状态

在整个过程中，学生几乎不认为自己是在完成教师分派的学习任务，而认为自己是在完成生活的任务。这样，淡化了学生头脑中的课堂和学习意识，仿佛不是在学习口语交际，而是在日常的家庭、学校和社会生活中与同学、老师和其他人进行平常的交往和沟通。这得益于教师组建了"对话协同体"，学生在"对话协同体"中，思维、语言、情感、语境等各种因素相互协调、配合，言语交际的能力得到提升。

口语交际活动与人的心理认知活动有着极为重要的关系。口语交际该有一个生活化的交际场，在这个交际场中交际双方或多方才能各自以真我的心理完成交际过程。苏老师十分关注学生的学习心理，积极创设适合留学生汉语口语学习的交际情境，面向生活世界，让教学与学生的生活融为一体。

四、学生活动参与度与目标达成度

这节课，苏老师首先通过情景设置打开学生的交际之门，激起学生表达的意愿。学生有了积极反应，抓住这个机会，老师顺水推舟，通过"询问是谁"铺就交际之路，再通过"直面转述"使学生由"近"感到"真"，由"真"感到"亲"，顺利地完成交际任务。苏老师创设交际情境并不单纯是为了激发学生的学习兴趣，更多的是让他们在具体的、现实的情境中体会到描述清楚的价值和必要性，从而激发他们的交际热情。正如汉语口语研究学者所说："当学生的表达欲望被激发起来的时候，兴致所至，妙语连珠，情之所生，妙笔生花。"

在不少课堂上，我们常常看到的是不少老师对"课堂明星"的关注，认为只有他们才能"配合"好老师，课堂成为个别同学的"脱口秀"，而其他的同学只能做"陪听"的人。苏老师不这样。在言语交际课上，他时刻注意面向全体，让更多的学生参与到课堂教学中来，全面提高课堂效益。他常采取的方式有：一是越不爱发言的学生，越是要多给他一些锻炼的机会。在言语交际训练的过程中，苏老师不光给优秀生提供充分展示的机会，还兼顾到那些性格内向、不爱讲话的学

生。其实后者是"最容易被遗忘的角落",而苏老师不仅没有遗忘他们,还常常给他们以表扬和鼓励,增强学生的信心,让他们积极参与到教学活动中来。二是允许插话,都要参与。课堂不是一个或几个人唱独角戏,而是允许插话,都要参与。在言语交际训练的过程中,苏老师让一个同学说的时候,允许其他同学随时补充,补他人未说,补他人未想,同学们争相发言,一个比一个说得准确、说得具体。

◆ 专家评点

先说后写——留学生汉语口语交际与写话的整合途径

写作的训练在语言课程标准中按照"写话——习作——写作"的顺序排列,"写话"简单地讲即话怎么说,文章怎么写。尽管写话和说话有区别,但研究证明,儿童的早期写话是建立在说话的基础之上的。写话写得好的前提是,话说得清楚。在对外汉语教材中,写话的资源通常是以几幅图为先导,让学生先观察图进行说话训练,然后再把说的话写下来。看图写话有明确的写作导向,导致有些图画的内容脱离了口头表达的实际,造成学生看完图不知如何说。不知如何说,也就无法顺利地写下来。

苏听溪老师的"描述人物外貌,转述通知"一课通过口语交际中真实的说话活动,把"说"延伸到"写",有效地提高了学生的言语表达能力。

在本课例中,苏老师巧妙地设计了一个不知姓名的"信息发送者",让学生在转述信息时把她描述出来。交际活动有两个指向,一个是转述信息,另一个是描述"信息发送者"。要转述的信息主要内容为:"我是鼓楼区文教局的,找苏老师有点事。局长要她带着教学计划参加座谈会,时间是今天下午两点,地点是文教局一楼会议室,请苏老师按时到会,不要迟到。我还有别的事,不等他了。等苏老师来了,请同学们转告他。"这则转述信息有四个信息点:一是事情(鼓楼区文教局局长要苏老师带着教学计划参加座谈会);二是时间(今天下午两点);三是地点(文教局一楼会议室);四是要求(按时到会,不要迟到)。这四个信息条都没有干扰信息,都非常明确,容易记住。有三个信息条(第二、第三和第四信息条)只含一个信息点,容易记住。第一个信息条(鼓楼区文教局局长要苏老师带着教学计划参加座谈会)有四个(谁让谁带着什么干什么)信息点,内容稍多,苏老师在让学生转述时,针对"带着教学计划"这个信息点进行了突出训练。

第二节课的目标主要是描述转述者,这是一个自然、巧妙的写话资源。在生活中,学生也会经常遇到不知名的"托信人",或是想要谈论打听的其他同学,而"收信人"和与之交谈者又非常想知道"托信人"和被谈论者的大概轮廓,在这种情况下，学生需要向"收信人"描述"托信人"。用语言描述一个人，既是"口语表达能力"，也是"写作表达能力"。苏老师正是看到了两种能力的相关之处，通过这个活动既训练了学生口语表达能力之一的描述能力，又把这种口头描述能力与书面描述能力联系起来，让学生先说后写，轻而易举地在目标上实现了"一箭双雕"。

"说"和"写"在某些情境下是相通的。苏老师善于抓住机会，把"说"和"写"打通和整合，有利于提高学生的口头表达能力和书面表达能力。

第四节　观察蔬菜、水果，招待客人

◆ 课堂实录

（上课铃声一落，苏老师拎着一只盛着水果和蔬菜的篮子走进教室。）

班长：苏老师，您怎么拎着篮子来上课？

师：我家来了一位客人，买点东西准备中午回去招待一下。刚走到学校，上课铃响了，没来得及送到办公室。

生：苏老师，我给您送到办公室去吧！

师：别！我正好用它来上说话课。（学生睁大了眼睛，露出了新鲜、好奇，并略带怀疑的目光）

师：同学们，我家来了位客人，他是医生。我买了些什么东西招待他呢？同学们注意看。看看谁能说一说。（苏老师说完，把一捆韭菜、一捆菠菜、一把蒜苗、两只萝卜、七个苹果、八个橘子、两串香蕉一一拿出来，放在讲桌上）

生：苏老师买了韭菜、菠菜、蒜苗、萝卜、苹果、橘子和香蕉招待客人。

生：苏老师买了很多东西招待客人，有韭菜、菠菜、蒜苗、萝卜，还有苹果、橘子和香蕉。

师：请你们把每样东西的数量也说出来，就是说，有多少韭菜、多少苹果……

生：（走到讲桌前，看着说）苏老师买了一堆韭菜、一堆菠菜、一堆蒜苗、两个萝卜、七个苹果、八个橘子、两把香蕉招待客人。

生：应当说"两串香蕉"，不能说成"两把香蕉"，而且是"捆"不是"堆"。

师："两串"用得很好。但是说"两把"也可以，这是群众语言。下面，我要求大家不但说出各种东西数量，还要说出它们的特点，例如，什么颜色啦，什么气味啦，什么形状啦……挨着的同学先说一说，说的人可以站起来，一边看一边说，两个人说的时候声音不要太大。（同学们练习说）

师：大家说得很带劲！有的同学说得准确、生动。哪两位先来说一说？

生：苏老师买了一捆绿油油的韭菜、一捆绿油油的菠菜、一把细长的嫩蒜苗、两只青青的萝卜、七个红红的苹果、八个黄澄澄的橘子、两串香喷喷的香蕉招待客人。

生：韭菜是嫩绿的，不是绿油油的。

生：香蕉还可以说两串弯弯的香蕉。

生：苹果还可以说又圆又香的大苹果。

师：同学们说得很好，"嫩绿"这个词用得准确。

师：同学们，我到家后怎样用这些东西招待客人呢？

生：您回到家里，先把香蕉、橘子拿出来让客人吃，然后去洗菜做饭。

师：是的。那我怎么说呢？

生：您就说，大夫。（笑声）

师：你怎么知道要称客人"大夫"？

生：您不是说他是医生吗？您就说，大夫，您先吃点橘子、香蕉，我去做饭，做好了，咱们就吃。（众笑）

师：你真懂事！这样吧，请你到前边来当苏老师，我当客人，咱们试一试好吗？你想好该怎么说，要做什么。

生：大夫，您好！（说完伸出右手）

师：您好！（互相握手）下班了？（笑声）

生：下班了。您等急了吧？（说完，拿出一个橘子和一串香蕉）请您吃点水果，我去做点菜，做好了，咱们喝酒！（众笑）

师：麻烦您了！不要搞得太复杂，简单点！（众大笑）

师：这位同学很会说话。下边请同桌的同学一个当苏老师，一个当大夫，照着刚才样子说说。（学生情绪非常高涨地练习）

师：好了，我回家就按同学们说的去招待客人。谢谢你们，聪明的同学们！

（下课）

◆ **教师观察**

一、目标的确立与教学内容的选择

苏老师具有素材意识，非常善于发现、发掘、选择有生活基础的，外国学生会喜欢的、感兴趣的素材作为教学内容。"观察蔬菜、水果，招待客人"是苏老师基于学生的心理发展与生活实际开发的口语课程资源。生活中招待客人的情景学生经常会遇到，应该说是司空见惯的生活小事，但对于留学生来说，招待中国客人能做到热情、大方、得体却并非易事。苏老师将它确定为口语交际的话题，既贴近生活，又具有较高的训练价值。课堂上，苏老师调动学生已有的生活经验，引导学生回忆在家中招待客人时怎样说、怎样做，然后调动已学习过的汉语口语知识说出来。这样的教学来自生活，又高于生活。生活是口语教学的源头活水，生活有多丰富，口语的学习资源就有多丰富。苏老师打破课堂内外的壁垒，不拘泥于教材，把口语交际的课堂延伸到广阔的生活天地中去，主动帮助学生巧搭口语交际的舞台，让学生在多姿多彩的生活舞台中观察、表达，在活动中发展学生的口语交际能力。

二、学习活动开展与教师助学

这堂课的教学目标简单明确：一是观察、了解常见的蔬菜、水果的特征，能用准确、生动的语言表达；二是联系生活实际，学习有礼貌、热情大方地接待客人。在达成目标的过程中，苏老师由浅入深，由易而难，体现训练的层次性。在实施第一个教学目标时，苏老师根据学生的认知规律和语言发展规律设计了三个层次的训练，从具体准确到生动形象，步步深入。先说买了些什么东西，再说每样东西各有多少数量，最后不但要说出有什么东西，多少数量，还要说出它们各自的特点，如什么形状、什么颜色、什么气味等。教学目标呈逐步递升的状态，这步步深入的训练也顺应了学生的认知规律与语言发展过程。

三、学生学习活动方式及活动状态

口语交际教学不仅要研究教学内容、教学方法，还应创设符合学生心理特点的、富有情趣的教学情境，才能使学生在愉悦的氛围中乐于思考，敢于表达，才能激发学生交际的欲望。苏听溪老师是这样创设生活交际情境的：上课铃一响，苏老师挎着篮子走进教室来上课，她说家里来了客人，买点东西准备中午回去招

197

待一下，刚到校，铃响了，来不及送到办公室。苏老师并不是来不及去办公室，而是巧妙地借助角色参与营造了既贴近生活又极其真实的准备招待客人的教学情境。同学们那好奇并略带怀疑的目光证明了苏老师巧妙的导课已激发了他们的兴趣，吸引了他们的注意力。然后，她把篮子里的蔬菜、水果一一放到讲台上，让学生先观察后说，她家来了客人，她买了什么东西招待，使口语课上得格外自然、格外生活化。学生兴致盎然，踊跃表达。接着，苏老师继续引导学生表达"我该怎样用这些东西招待客人"，安排了师生互动、生生互动的角色表演。学生参与、表达的情绪高涨，侃侃而谈。整个课堂各环节前后呼应，首尾圆合，学生的口语交际活动贯穿于环环相扣的口语交际情境之中，实在妙不可言。

四、目标达成

口语交际是一个动态的过程，学生的表现稍纵即逝，引导的机会也稍纵即逝，所以引导的即时性就显得尤为重要。这堂课上，苏听溪老师总是在最恰当的时候用恰当的引导不断为课堂的进展导向、指谬、激励、维持和强化，对学生口语交际能力的提升给予了极大的帮助。如当学生对"两串香蕉"还是"两把香蕉"产生疑问时，苏老师及时进行引导，"'两串'用得很好，但是说'两把'也可以，这是群众语言"，充分体现了苏老师尊重学生的主体地位，关注学生的经验世界与情感世界。又如，"同学们，我到家后该怎样用这些东西招待客人呢？""你想好该怎么说，要做什么。"苏老师适时点拨引导，耐人寻味。另外，这堂课中，苏老师在引导时注意点面结合，摆正了个体引导与群体训练的关系。例如，说水果、蔬菜的时候，先让临近的同学练习说，再请个别同学到前面说。因为有同伴练说的基础，所以争取到前面说的同学很踊跃，表达效果很好。又如，说怎样招待客人的时候，先让一个学生与老师互动表演，再请同桌的同学一个当苏老师，一个当大夫，照着刚才的样子表演说。这样，学生的参与热情不断高涨，学习能力也在这高涨的热情中不断提高。

◆ 专家评点

通过口语交际活动培养口头表达能力

口语交际教学的学习目标的定位存在一种争议：口语交际是着重培养学生的口头语言表达能力，还是着重培养学生的交际能力？可能很多学者不认为这是一个问题，语言课程里的口语交际活动肯定是着重培养学生的口头语言表达能力，学生的交际能力是交际学的范畴，不属于语言的领域。这样思考似乎很有道理，但有一点值得注意，即语言的工具性。交际活动中的言语表达不单纯与语言的使用技巧有关，还跟交际语境、交际文化、交际礼仪等社会性因素有关。因此，口语交际教学的学习目标要兼顾对学生的口头语言表达能力和交际能力的培养。

口语交际教学的整体目标是，既要培养学生的口头语言表达能力，又要培养学生的交际能力。但从阶段目标和课堂教学目标来看，只能以一种能力的培养为主，尤其是一堂课的教学目标。在最微观的教学目标层次上，口语交际课只能培养一种能力，而附带关注另一种能力。以苏听溪老师的这堂课为例，苏老师显然是以培养学生的口头表达能力为主，在学生口头表达活动过程中，提醒其注意相关礼节，如称呼"您好"等。

在不同阶段的汉语口语交际教学中，都应该侧重培养学生的口头语言表达能力。尤其是初级阶段的留学生，其在目的语环境中的社会认知和社会交际活动都有一定的限制，其交际能力只能与其能从事的社会交际活动相匹配。在留学生典型性的社会交际活动中，留学生能用口头语言得体地进行交流，这是留学生口语交际课的主要目标。招待客人是日常生活中经常遇见的交际活动，交际能力主要体现在礼貌、周到方面，一般来说都很容易做到。针对这种情况，在这堂课中，学生在交际活动中都能很好地把握交际礼节，苏老师没有把对交际礼节的训练作为重点，而把口头表达能力训练作为重点。

细心的观察者会发现，这堂课的口头表达能力训练并没有用在最后的口语交际活动中。在课堂的重点环节上，教师重点训练了学生如何口头描述篮子里的水果，要求学生从名称、数量、颜色等方面进行描述。最后生成的口头表达成品是：一捆绿油油的韭菜、一捆绿油油的菠菜、一把细长的嫩蒜苗、两只青青的萝卜、七个红红的苹果、八个黄澄澄的橘子、两串香喷喷的香蕉招待客人。这个口头表达成品在交际活动中（主人和客人之间的交流）并不需要被使用，从课例中也可以观察到，苏老师也没有让学生使用。

也就是说，口头语言表达能力的训练与交际活动的剥离是苏老师这堂课的主要特色。口语交际教学的整体目标是培养学生的口头表达能力和交际能力。但在课堂教学情境下，需要重点培养学生的口头表达能力。为了能达到效果和实现目标，交际能力往往作为成熟的学习条件出现，支撑口头表达能力。在这个课例中，苏老师没有在交际方面给学生设置障碍。苏老师事先可能也考虑到学生不会存在交际能力障碍，所以专心培养学生的口头表达能力。

交际活动在这里成为口头表达能力训练的情境，让学生在自然、真实的语境中思考如何进行良好的口头表达是这堂课的特色。

第五节　送、还东西

◆ **课堂实录**

师：同学们，这是什么（师指自己的嘴）？

生：（齐声说）嘴！

师：嘴有什么用？它能干什么？

生：嘴能吃饭。

师：对。没有嘴，我们就没有办法把好吃的东西嚼碎，再咽到肚子里去，鼻子不行，眼更不能吃东西。（生笑）嘴还有什么作用？

生：嘴还能喝水、唱歌。

师：你肯定是个小歌迷，爱唱歌。

生：嘴还能读书、说话。

师：如果你患感冒，鼻子不透气，嘴还可以——

生：还可以用嘴喘气！（生笑）

师：看来，嘴的作用还真多。如果苏老师没有嘴，就无法和你们说话。我要"请你站起来"，没有嘴，这个意思就无法表达出来。（说完，苏老师做了演示：嘴巴紧闭，从鼻子里发出含糊不清的声音。生大笑）同学们，两个人或者几个人一起谈话就叫"对话"（板书：对话），对话就是口语交际。谁愿意和苏老师对话？（几个同学举手。苏老师请其中一位到讲台上）

师：请问你叫什么名字？

生：我的中文名字叫唐秀慧。

师：你一定很聪明，既不张扬，又很文静，对不对？（一位男生站起来说："不是的，她又爱说又爱运动！"生笑）请问唐秀慧，你喜欢吃中国的什么？

唐：（思考了一会儿）喜欢吃包子。

师：素的还是荤的？就是爱吃肉馅的，还是爱吃菜馅的？

唐：爱吃肉馅的。

师：爱吃什么水果？

唐：爱吃苹果。

师：我说你怎么长得这么漂亮！脸蛋白里透红。（生笑）唐秀慧，你也可以问

我。想想看，想知道我什么。

唐：苏老师，请问您喜欢吃什么？（生笑）

师：唐秀慧多懂礼貌啊！我呀，喜欢吃梨。我的老家在石家庄赵县，那里出雪花梨。你没发现我的皮肤也白吗？和你一样，都是吃水果吃的。（生笑）同学们，我们俩的对话都听到了吗？和别人说话，第一，要大方，有礼貌，眼睛看着对方；第二，说话要清楚，说得不要太快，让对方听明白。请看大屏幕上的一段对话（师播放 PPT，让学生自己读一读）。

学生：王老师，我可以进来吗？

老师：请进。约瑟芬，你找我有事吗？

学生：王老师，您借给我的这本《论语译注》我读完了，现在还给您，请您收下。

老师：这本书你喜欢吗？

学生：喜欢。我一星期就把它读完了，还把里面的道理讲给中国同学听呢！

老师：书是我们的好朋友，我们要多读书，读好书。

学生：谢谢王老师！再见！

老师：不客气，再见！

师：读了之后，你知道了一件什么事？

生：约瑟芬到办公室还书。王老师告诉他要多读书，读好书。（师板书：还书）

师：他们有礼貌吗？

生：（齐声）有！

师：请再读两遍，同桌的两位同学，一个当王老师，一个当约瑟芬，把这段对话练习一遍。（学生读，同桌练习）

师：（很高兴地）同学们练习得真好。话说得清楚、明白，表情也自然，看来都会还东西了。下面，我想请大家帮我做一件事，不知同学们愿意不愿意？

生：（窸窸窣窣）好的。可以。愿意。没问题。

师：你们的辅导员王老师牙疼，我这儿正好有治牙疼的药，想请你们送给王老师，行吗？（拿出一袋药）听清楚，这种药，一天服三次，一次服一片，饭后半小时用温开水送下。疼得厉害时可以一次服两片。记住了吗？谁来把药送给王老师？（师板书：送药）

（学生纷纷举手）

师：送药一定要把怎样服药讲清楚，不然会出事的。大家把刚才我讲的话想一想，并自己小声说一说。

师：见了王老师先说什么？都想一想，同桌交流一下。（同桌讨论，互相说）谁站起来说一说？

生：王老师，这是苏老师送给您的药，是治牙疼的药。

师：基本可以。谁还说说？

生：王老师，苏老师听说您牙疼，叫我给您送药来了。

师：说得很清楚。下面接着说什么？

生：告诉王老师，怎么服药。

师：你说说看。（同学们又把苏老师刚才交代的话说了一遍。个别说得不明白的地方，苏老师又做了补充）

师：请同桌的同学，一个当王老师，一个当送药的同学，练习说一遍，要做到既要说清楚，又要有礼貌。（全班同学练习，气氛很活跃）

师：下面请个同学先送给我试一试，我当一回王老师。（一个学生到讲台前，苏老师递给她一包药）

生：（对"王"老师）王老师您好！

"王"：你好！同学，找我有事吗？（苏老师左手托着腮帮，装成牙疼的样子。学生大笑）

生：苏老师听说您牙疼，叫我给您送药来了。（说完，将药递给了"王"老师。）

"王"：谢谢苏老师！苏老师可真是个好人啊！（生笑）这药怎么个吃法？

生：苏老师说，一天服三次，一次服一片，如果牙疼得厉害服两片。

"王"：什么时候服？

生：饭后半小时服，用温开水送下。

"王"：用热水不行？

生：（笑）热水会烫您的嘴的！（生笑）

"王"：我怎么把这碴儿给忘了！可能牙疼把脑子疼出毛病来了！（生大笑）同学，谢谢你和苏老师。

生：不用谢。苏老师，不，王老师再见！（笑声）

"王"：（左手捂着腮帮）同学再见！我这就服上两片。

师：同学们，王老师正在办公室里，下课后谁愿给王老师送药？

（苏老师选了两个同学下课到办公室去）

师：同学们，课就上到这里。谁还想对我说点什么吗？

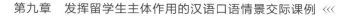

生：苏老师，您上课真有意思，希望您多给我们上课。

生：苏老师，您能调到我们学校就好了。

师：就不知道你们的赵主任要不要我。

生：（齐声）要!

师：你们这么好，又这么会说话，真了不起! 谢谢大家!

◆ 教师观察

一、目标的确立与教学内容的选择

苏老师将本课的教学目标确立为：在送、还东西时，能把事情说清楚，让对方听明白，态度大方有礼貌。对于这个阶段的学生来说，这样的教学目标制定是非常恰当的。为了达成教学目标，苏老师选择了如下教学内容：一是教给学生还东西时要把话说清楚，让对方听明白。苏老师直接呈现了一段还东西时的对话，通过对话练习、教师点拨让学生明白此次口语交际的基本要求。二是创设一个真实的送药品的口语交际情境，让学生真实地体验送东西的口语交际过程，在教师点拨、评价、指导的过程中，学生真正掌握了送东西的交际方法和策略。

真实、诚恳是口语交际的第一要义，也是口语交际教学的第一要义。苏老师从学生的生活经验出发，选择了贴近学生生活的具体话题，创设了真实的交际情境，以求学生真实、诚恳地进行口语交际。送东西、还东西是学生日常生活中经常发生的事，是学生必须掌握的交际策略。苏老师让教学内容来源于生活，创设给王老师送药的真实情境，把学生带入真实的交际情境中，这种教育是无痕的，也是最真实有效的。

二、学习活动开展与教师助学

苏老师这一课的教学策略是先扶后放，让学生循序渐进地掌握口语交际策略。在还东西的教学环节，直接出示一段对话，让学生模拟情境练习，在老师的点拨下初步体验还东西时要把话说清楚、讲明白，同时要自然、大方、有礼貌。在送东西的教学环节，苏老师放手让学生自己尝试。把学生带入真实的交际情境后，让学生带着真实的交际目的，同桌扮演送药的学生和王老师练习对话。苏老师不时地进行评价、点拨，然后苏老师扮演王老师，再次进行指导，让学生在反复练习、体验的过程中逐步掌握"说清楚、讲明白、有礼貌"的交际策略。这个过程中，学生要说哪些话、要怎样说都是根据老师创设的情境自己思考的。

三、学生的学习方式

苏老师在设计口语交际活动时，尽量为每个孩学生提供机会，使每个学生都能在活动中有所体验。这节课上，苏老师安排的学习活动丰富多样，每次都力求让全体学生参与到学习活动中，时时刻刻注意面向全体。有自读思考，有同桌扮演，有师生交流，让学生与自己对话、与文本对话、与同学对话、与老师对话、与生活对话，在师生共同参与的多维对话中，在形式多样的口语交际实践活动中，掌握交际策略，达成教学目标。

四、学生参与度与目标达成度

由于苏老师设计了真实的交际情景，学生产生了真实的交际需要，并且时时刻刻注重面向全体学生，给所有学生练习的机会，所以这一课学生情绪饱满，积极投入，学习热情高，思维活跃，人人参与学习活动，个个有体验和收获。

苏老师的这节口语交际课与语言课程标准所倡导的"努力选择贴近生活的话题，采用灵活的形式组织教学"，与专家所要求的"强调以贴近生活的话题或情境来展开口语交际活动，重视日常生活中口语交际能力的培养"精神一致。

苏老师的这节课给对外汉语教师以很多启发。一是教师要有强烈的课程资源开发意识。在确定口语交际教学内容时，不要局限于教科书，要具有课程开发意识，很多生活中的资源都可以为口语交际课所用。课程标准提出了口语交际的教学目标，但是如何做却没有详细说明和解释。教科书中对口语交际活动的目的、活动的规则、语境的设置、活动的展开步骤和所应用的工具都未进行明确的说明，导致教师在设计口语交际活动时没有可参考的依据，盲目性比较大。教师在进行口语交际教学时，不必受教材所限，要创造性地使用教材，整合各种资源，对教材进行二度开发。二是对于来源于日常生活的口语交际活动，要防止过度日常化的现象。选择的口语交际内容既要来源于生活，又要高于生活，如果学生在口语交际课堂上所说的话都是在平常生活中会说的话，口语交际教学就失去了意义。对于送、还东西，零基础的留学生容易出现的问题主要有：第一，不能把事情说清楚，经常遗漏关键信息，第二，不够自然大方，不注重文明礼貌。苏老师的这节课并不是简单地把日常的生活情景搬到教室里来，而是对学生的口语交际行为进行了规范，让学生在原有的口语交际水平上有了提高。三是要把口语交际知识融于教学实践活动中，课程标准要求"不过多传授口语交际知识"，指的是不能就术语教术语，应该在教学中将程序性、策略性知识在实际的交际过程中通过学习活动让学生掌握，教师要做到"心中有知识，口中无术语"。

◆ 专家评点

口语交际中语言技能与非语言技能的训练与培养

如果只是把日常生活中学生经常面对的交际情境搬到课堂上，让学生再按生活"演练"一番，那么口语交际课就没有学的必要了。口语交际课的目标是培养学生应该形成而在日常交际情境中又无法自然习得的能力。

送、还东西是学生经常遇到的交际情境，如果教学目标定位不当，就会造成课可上可不上的后果。苏老师这堂课的教学目标定位很清晰：第一，要大方，有礼貌，眼睛看着对方；第二，说话要清楚，说得不要太快，让对方听明白。

口语交际中，根据说话者需要调动的资源的性质，可以把说话者的能力分为语言技能和非语言技能。语言技能主要指词汇、语法、语速、语音等与语言直接相关的技能；非语言技能指在语言表达过程中伴随语言的眼神、表情、姿势等技能。在自然情景中，学生的语言技能会得到突出关注，而非语言技能却会受到忽视。苏老师的这堂课的第一个目标就是培养学生的非语言技能。"说话要大方，有礼貌，眼睛看着对方"这样的非语言技能在交际中具有非常重要的作用。有心理学家的研究证明，非语言技能传递的信息在交际中更受关注。苏老师把第一个目标定位于培养和训练学生的非语言技能，体现了苏老师独到的眼光和目标定位能力。

苏老师把第二个目标定位于语速的调控，让学生在交际中考虑到对方的感受，这也是在自然习得语境下容易犯的说话语病。苏老师在课堂中进行了有针对性的训练，是基于对学情的准确判断。

苏老师的教学方法是相当灵活的。课堂中，同学们或互相练习，或师生角色扮演练习，最后还"实战"进行，丰富多样的活动形式大大提高了学生的学习兴趣。

第六节　学会赞美

◆ 课堂实录

师：刚才，我一说"上课"，你们就"哗"地一下站起来，齐声说"老师好"，我连忙说"同学们好"。这叫什么？叫互相问候，是一种礼貌。我第一眼就发现，我们班有三大优点，第一，服装特别整洁。看得出来，你们的衣服都是精心搭配过的，对吧？

生：（齐声笑答）对！

师：看得出来同学们都是有时尚品位的人啊！

生：（笑答）是！

师：第二个优点，你们神情专注，会倾听。第三，你们的眼神儿令我感动。所有人的目光都向我传递出这样的信息：友好、信赖。我相信，这节课我们一定会上得很好。你们说是不是？

生：是的。因为我们辅导员说您是一位特别棒的口语教师，我们一直很期待上您的课。

师：这是正常的，谁都会这样想、这样做的。不过，你一见到苏老师，心一定凉了半截——原来苏老师不过如此！（笑声）

生：不是的！您比我想象得好多了！

师：好多了？你原来是怎么想象我的？

生：我觉得你可能跟我妈妈差不多，喜欢穿一身灰色衣服。

师：你妈妈那是生活简朴，不赶时髦。（笑声）

生：您虽然年龄和我妈妈差不多，（师插话：年纪差不多）年纪差不多，有一些白头发，但头型好。（笑声）

师：我脸比较长，后脑勺还突出一块，也叫"头型好"？（笑声）你说的是不是发型？（生点头）你妈妈是什么发型？

生：什么也不是，向下绑的辫子。（笑声）而且苏老师您戴着眼镜，穿着一身职业装，一点儿也不显得老，真是帅极了。

师：不应该是美极了吗？（笑声）"人是衣裳，马是鞍"，回家转告你妈妈，穿戴很重要，而且越是上了年纪，越要穿得鲜亮一点。（笑声）谢谢你对我热情洋溢的赞美。（转身板书：赞美）——还有要说的吗？

生：苏老师，您很和蔼，说话也很幽默。

师：是吗？谢谢你的夸奖。

生：苏老师，您虽然年纪大了，但心是年轻的。

师：四十二岁的人，十二岁的心脏。（笑声）

生：苏老师，我觉得您像我们的大朋友。

师：我们就是朋友。同学们，刚才我们之间说的话——我说你们的，你们说我的——用两个字便可以概括，（指黑板上的板书）叫赞美。

生：（齐声）赞美！

师：我赞美你们，你们也赞美我。赞美就是赞扬、夸奖。人人都需要赞美，赞美能给人信心和力量，赞美也能使人与人之间相处得更好。英国大文豪莎士比亚说："赞美，即是我的薪俸。""薪俸"是什么？就是工资。美国大作家马克·吐温说："一句精彩的赞辞可以作我十天的口粮。"大家看，赞美的作用多么大啊！不信的话，咱们当场演示一下。辅导员说咱们班有一位特别爱看课外书的同学，来，赵丽欣，把你最爱看的书给同学们演示一下，按之前老师了解到的来就行。

（赵走到讲台前，师生耳语一番。苏老师当她奶奶，赵丽欣则在房间里看书。一会儿，"奶奶"的手机响了。"奶奶"接电话："喂，哪一位？王大婶啊！什么？你要到我家来给儿子借书？好啊！我们家丽欣别的不多，就是书多。她都成书迷了。这不，正在看呢！唉，对，对，孩子看书好啊！你看丽欣，看书多了，人也懂事了，尤其是作文，老师说是突飞猛进！好，好，你下午到我家来拿吧。不客气，再见！"挂了电话后，又说："哎哟，光顾打电话了，饭都凉了！丽欣，吃饭了！"赵丽欣仍低头看书。"奶奶"又喊了几声，赵丽欣似乎没听见，仍坐着不动）

师：（对大家）看见了吗？我在电话里一夸赵丽欣爱读书，劲头来了，废寝忘食了！她为什么不吃饭？一句赞美的话相当于十天的口粮嘛，我赞美那么多句，还不够她吃半年的！（笑声）这不是演戏，这是真的。不信你们问问赵丽欣。（生笑）这就是赞美的作用。同学们，在日常生活中，谁要不爱搭理你，有个好办法，你想方设法赞美他。一赞美，他就理你了。（笑声）总之，赞美的作用很大，我们要学会赞美（说完，在"赞美"前面加上了"学会"二字）。一起读读这四个字。

生：（齐）学会赞美。

师：可能有人会说，赞美不就是夸奖人吗，这个还要学吗？是要学习的。请看一幅图。

（投影：妈妈做好了饭，一家人准备吃饭）

师：妈妈上班很劳累，回到家又忙着做饭，吃着妈妈做的可口的饭菜，你准备对妈妈说什么？想一想再说（学生思考，师巡视，做些了解，然后指名说）

生：妈妈，你今天做的菜可真好吃！

生：妈妈，你今天做的菜味道真美，不咸也不淡，正好！

生：妈妈，你今天做的菜真香，我本来不想吃饭的，有了这道好菜，一碗饭准不够！

生：妈妈，你做的菜越来越好吃了！

师：说得都不错。大家说说，妈妈听了哪句话会更高兴？

生：哪一句话听了都会高兴的。

师：有没有会更高兴的？（老师又请刚才几位同学重新把赞美的话说了一遍，让学生比较）

生：说得比较具体一点儿的，妈妈会更高兴一些，例如第二句。

生：第三位同学虽然没说菜的味道怎么样，但说有了这道菜，胃口大开了，她挺会说的，这句话妈妈听了会更高兴一些。

师：有比较才有鉴别。这么一比较，哪句话更好一些就看出来了。所以，赞美也要学一学，要会赞美。我们可以总结出两条：第一，赞美要尽量说得具体一些，虽然只是一句话。如第二位同学说的"味道美""不咸不淡"，这就不是笼统的夸奖。如果说到某一盘菜，就更好说具体了，例如红烧肉、炒韭菜，就可以说味道怎么样、烂不烂、嫩不嫩、脆不脆等。第二，有时可以不直接说，而是换个角度说，如第四位同学说的。比如，我们赞美一位同学写的字好，你可以说他写得大气，可以说他写得匀称，可以说写得有力，但也可以不直接说字的本身，可以说："哟，这是你写的！你不说我还以为是请书法家替你写的呢！"

师：王凯同学在宿舍大扫除中表现特别出色，我们在班会上应该怎样说？思考一下。

（师巡视，了解，个别辅导）

生：王凯同学在这次大扫除中表现特别出色，他擦完玻璃，又浇花，给花洗了个澡，花儿焕然一新了。

生：王凯同学在这次大扫除中干得非常好，他一个人干完了两个人的活儿。他先擦玻璃，后浇花。他把玻璃擦得特别干净，可以说一尘不染，多次受到了老师的表扬。擦完玻璃又去浇花。浇花可是他分外的事儿。花儿洗了个澡，变得更鲜艳了。（还有一人说得大同小异，略）

师：大家听出来没有，这次我们夸王凯和刚才赞美妈妈有什么不同？

生：夸妈妈的话一般只是一句，夸王凯的话都说得比较多。

师：这又告诉我们，如果夸别人做的一件事，话说少了就没有分量了。记住：夸人做的一件事，可以把这件事简要地说一说。比如，咱们班谁帮助别人比较突出？班长？好，现在咱们就夸夸班长怎样乐于助人的吧。虽然很熟悉，但也得思考。

生：班长肯帮助别人，我们每个同学都这么认为。

师：是有目共睹的，是大家公认的，对吗？

生：对。他经常帮助我学习克服困难。有时我不想做，他便督促我。

生：他还经常帮助别人做值日，拖地、擦黑板他都干。

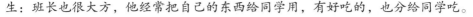

生：班长也很大方，他经常把自己的东西给同学用，有好吃的，也分给同学吃。

师：你吃过他的什么东西？（生笑）

生：（笑）吃过的东西多了，最多的是水果。

师：我说你长得怎么这么水灵，是不是和吃班长的水果有关系？（众笑）总结一下，你们是怎样夸班长乐于助人的？为什么话匣子一打开，就滔滔不绝地说个没完？

生：每个人都有话说，都有好多例子。

师：这一点很重要，夸别人一个特点、一个特长，可以围绕着这一个方面举些例子。总而言之，赞美别人，可以"长"夸，可以"短"夸，该长还是该短因人、因事而异。但不论怎么夸，都要尽量说得具体一点。

师：我们都知道一个寓言故事，叫《狐狸和乌鸦》，课文中的狐狸是不是在赞美乌鸦？

生：不是的，它说的都是假话。

师：那是奉承。奉承人和赞美人是两回事。一个是虚情假意，说假话，企图不良。一个是发自内心，真心实意，说真话。还有一条，会赞美人，首先得善于发现别人的"美"，能正确对待别人，关心别人，尊重别人。不然的话，别人的优点就发现不了，即使发现了，也不愿意去赞美。一句话，我们要做个好人。（掌声）

师：同学们，你们真的很好。第一，会听——听别人讲话专心、虚心；第二，会说——人人出口成章，个个说话清楚、得体；第三，有礼——个个彬彬有礼，举止大方；第四，好学——口语学得好，书读得肯定多。谢谢大家！祝你们更上一层楼。

◆ 教师观察

一、目标的确立与教学内容的选择

"学会赞美"是中高级留学生的口语交际课的题目，苏老师将本课的教学目标确立为引导学生联系生活经验掌握赞美的方法、策略，鼓励学生在生活中学会善于发现别人的美，并真诚地赞美。为了达成这一教学目标，苏老师选择了以下教学内容：第一，联系生活体验，引入交际话题。上课伊始，通过谈话交流让学生明白赞美的含义，感受赞美的作用。第二，学习、掌握赞美的方法、策略。利用教材中设置的插图，引导学生在夸妈妈做的饭菜、夸同学在大扫除中的表现时，探寻适宜的赞美方法。其间，苏老师指导学生在交际活动中通过比较与辨析，明白赞美要尽量把话说具体，也可以不直接说，而是换个角度说，明白夸别人做的一件事，要简要地把这件事说一说，夸别人的一个特点、一个特长，还可以围绕着这个方面举些例子。第三，比较"奉承"和"赞美"，形成在生活中发现别人的美并予以真诚赞美的认识。由于教学目标明确，教学内容的选择契合学生的认知实际，对接了学生言语表达的需要，确保了学生的课堂学习扎实、有效。学生在交际活动中不仅学习能力得到了提升，言语交际的认识水平也得到了提高。纵观整堂课，正是在目标的正确导引下，在教学内容的精心选择下，学生在课堂上才呈现出了一番饶有趣味的交际生活。

二、学习活动的开展与教师助学

在轻松愉快的对话中，在富有情趣的体验中，开启学生言语表达的心门，是苏老师口语交际教学的显著特色。课堂上，通过师生间自然的交谈，"赞美"的话题顺势而出。接下来，学生在轻松自然的交际活动中围绕"赞美"的话题，理解"赞美"的真切意蕴，学习"赞美"的方法、策略，对"赞美"进行理性剖析，探讨在生活中如何去发现美。学习真实而又自然地在每一个学生身上发生。仔细品味，学生的学习活动从谈话导入揭示"赞美"的话题到情境表演体会赞美的作用，从对赞美不同方法的探寻到辨析案例把握赞美的内在意蕴，从学会赞美到如何在生活中发现美，教师始终是着眼于学生的生活经验与表达需求，呈现的是一种教学无痕的境界。这种境界源于苏老师对学生的深切体察——他耐心地等待学生的应答，友善地应对学生的失误，真诚地赏识学生的表现，巧妙地点拨学生的疑难；源于苏老师深厚的专业学养——他把握学情，对教材合理地进行"二度创作"。对教学资源（教材中提供的情境图）不是单一地看图说话，而是联系生活经验指导学生在比较和辨析中、在交往互动中学会赞美。他深谙教者之道，激情导学，授人以渔。整节课，学生兴致盎然。在苏老师的巧妙引导下，无论是赞美妈妈，夸赞爱读书、爱劳动的同学，还是赞美班级里帮助同学的班长，大家是夸有法，说有情。他教书育人，整个学习流程既有言语交际方法的探寻，又有人际间友好交往的品质锻铸。教学既是学法的引导，又是心灵的浸染，很好地实现了"立人""立言"的教学宗旨。苏听溪老师以灵动的专业智慧和诚挚的教育情怀生动地诠释了"教师助学"的丰厚意蕴。

三、学生的学习方式与学习状态

言语交际活动强调的是交际对象的互动交往，因此口语交际教学要让每一个学生真正交际起来，这也是观察一节口语交际课成功与否的重要指标。在本课教学中，苏老师非常注重培育学生对话的意识：和教师对话，和插图对话，和同伴对话，和自己对话，和社会生活对话。言语表达训练由浅入深、由感性描述到理性分析，学生的思维随之经历了一个不断探寻、不断思考、不断发现、不断深入的过程。在这个过程中，"如何赞美"的知识结构清晰形成，心理图式得以丰富。不仅如此，在此基础上，学生在辨析"赞美"和"奉承"中，其图式与输入的刺激信息又进行了比较，最终认识到如何去发现"美"。观察学生的学习方式及学习状态可以发现，围绕"学会赞美"，学生在言语表达活动中积极建构关于"赞美"的认知，同时在老师的引导下不断调节自己的思维和表达，认知能力得到了提升。

四、目标达成

　　苏老师善于调动学生的学习情绪，在课上，学生思维活跃，自信满满，口语交际活动不是几个尖子生一统天下。围绕"赞美"的话题，在老师设置的情景中，同伴之间相互练习，认真倾听，他们在比较和辨析中吸纳着，在交流和碰撞中收获着。苏老师做到了课堂上让每一位学生动起来，让他们真正交际起来。一节课下来，学生不仅知道了什么叫"赞美"，学会了"赞美"的方法，更重要的是他们有了对"赞美"的理性认识，提高了口语表达能力。发现美，创造美，赞美美，这节课给予学生的不仅是赞美的方法，还是心灵的浸润，是人格的塑造。在这堂课上，苏老师"立人、立言"的教学主张得到了很好的彰显。

◆ **专家评点**

语言美与心灵美的共同培养

　　言为心声。对于这句话，常人的理解是语言是人的心声。笔者以为这句话还另有一层含义：语言与人的心灵是相关的，一方面，语言表现了人的心灵，另一方面，语言还可以塑造人的心灵。有什么样的想法，会说什么样的话语；说了什么样的话语，有可能会有什么样的心灵。

　　苏老师在教学生语言技能的同时，也重视透过语言对学生的品行进行塑造。口语教学的展开总是围绕着一定的话题。在语言技能训练时，选择什么样的话题体现了一位老师的教育眼光。苏老师的课堂着眼于人的全面发展，设计一些有价值导向的活动，既培养了学生的语言技能，也给予了学生品行方面的教育。

　　苏老师的课堂语言生动诙谐，给学生以感染。例如下面这个课堂互动环节：

　　生：是的。因为我们辅导员说您是一位特别棒的口语教师，我们就一直很期待上您的课。

　　师：这是正常的，谁都会这样想、这样做的。不过，你一见到苏老师，心一

定凉了半截——原来苏老师不过如此！（笑声）

　　生：不是的！您比我想象得好多了！

　　师：好多了？你原来是怎么想象我的？

　　生：我觉得你可能跟我妈妈差不多，喜欢穿一身灰色衣服。

　　师：你妈妈那是生活简朴，不赶时髦。（笑声）

　　生：您虽然年龄和我妈妈差不多，（师插话：年纪差不多）年纪差不多，有一些白头发，但头型好。（笑声）

　　师：我脸比较长，后脑勺还突出一块，也叫"头型好"？（笑声）你说的是不是发型？（生点头）你妈妈是什么发型？

　　生：什么也不是，向下绑的辫子。（笑声）而且苏老师您戴着眼镜，穿着一身职业装，一点儿也不显得老，真是帅极了。

　　师：不应该是美极了吗？（笑声）"人是衣裳，马是鞍"，回家转告你妈妈，穿戴很重要，而且越是上了年纪，越要穿得鲜亮一点。（笑声）谢谢你对我热情洋溢的赞美。（转身板书：赞美）还有要说的吗？

　　生：苏老师，您很和蔼，说话也很幽默。

　　师：是吗？谢谢你的夸奖。

　　生：苏老师，您虽然年纪大了，但心是年轻的。

　　师：四十二岁的人，十二岁的心脏。（笑声）

　　生：苏老师，我觉得您像我们的大朋友。

　　师：我们就是朋友。同学们，刚才我们之间说的话——我说你们的，你们说我的——用两个字便可以概括，（指黑板上的板书）叫赞美。

　　生：（齐声）赞美！

　　上述这段对话本身就是口语交际的一个典范，当学生说"觉得你可能跟我妈妈差不多，喜欢穿一身灰色衣服"时，苏老师答道："你妈妈那是生活简朴，不赶时髦。"苏老师及时赞美学生的"妈妈"，成为学生口语交际的自然资源。

参 考 文 献

[1] 刘珣 . 汉语国际教育与对外汉语教学 [J]. 国际汉语教学研究，2014（1）.

[2] 崔永华 . 语言课的课堂教学意识略说 [J]. 世界汉语教学，1997（2）.

[3] 刘珣 . 对外汉语教育学引论 [M]. 北京：北京语言大学出版社，2000.

[4] 刘珣 . 对外汉语教学概论 [M]. 北京：北京语言大学出版社，2005.

[5] 吕必松 . 汉语教学路子研究刍议 [J]. 暨南大学华文学院学报，2003（1）.

[6] 陆俭明 . 增强学科意识，发展对外汉语教学 [J]. 世界汉语教学，2004（1）.

[7] 郭绍虞 . 照隅室语言文字论集·中国语言所受到文字的牵制 [M]. 上海：上海古籍
    出版社，2009.

[8] 叶圣陶 . 叶圣陶语言教育论集 [M]. 北京：教育科学出版社，2015.

[9] ［瑞士］索绪尔 . 普通语言学教程 [M]. 高名凯，译 . 岑麒祥，北京：叶蜚声校 . 商
    务印书馆，1980.

[10] 岑运强 . 语言和言语、语言的语言学和言语的语言学 [J]. 汉语学习，1994（4）.

[11] 吕必松 . 试论汉语书面语言教学 [J]. 广州华苑学术版（华文教学与研究），2000（1）.

[12] 陈建民 . 汉语口语 [M]. 北京：北京出版社，1984.

[13] 王若江 . 对汉语口语课的反思 [J]. 汉语学习，1999（2）.

[14] 吕叔湘 . 汉语口语·序 [M]. 北京：北京出版社，1984.

[15] 老舍 . 怎样运用口语 [J]. 语文学习，1951（2）.

[16] 申修言 . 应该重视作为口语体的口语教学 [J]. 汉语学习，1996（3）.

[17] 董兆杰 . 口语训练 [M]. 北京：语文出版社，1986.

[18] 吕必松 . 汉语教学中技能训练的系统性问题 [J]. 第五届国际汉语教学讨论会论文
    选 [C]. 北京：北京大学出版社，1997.

[19] 张斌 . 现代汉语虚词研究丛书·总序 [M]. 合肥：安徽教育出版社，2002.

[20] 钟敬文 . 语海·秘密语分册 [M]. 上海：上海文艺出版社，1994.

[21] Brown，G.&Yule.Discourse Analysis [M].Cambridge University Press，1983.

[22] 刘焕辉.言语交际学基本原理[M].南昌：江西教育出版社，1997.

[23] 范开泰.论汉语交际能力的培养[J].世界汉语教学.1992（1）.

[24] 崔卫.口语共性[M].北京：军事谊文出版社，1992.

[25] 北京语言学院"北京口语调查"课题组."北京口语调查"的有关问题及初步研究[J].第二届国际汉语教学讨论会论文选[C].北京：北京语言学院出版社，1988.

[26] 李庭芗.英语教学法[C].北京：高等教育出版社，1983.

[27] 陈建民.汉语口语[C].北京：北京出版社，1984.

[28] 俞约法.口语、口语语法与口语教学[J].外语学刊（黑龙江大学学报），1992（2）.

[29] 邵敬敏.汉语语法学史略[M].上海：上海教育出版社，1990.

[30] 邵敬敏.口语与语用研究的结晶[J].世界汉语教学，1994（2）.

[31] 于根元，龚千炎著.中国语法学史稿·附录《在探索中前进》[M].北京：语文出版社，1986.

[32] 吕必松.对外汉语教学概论（讲义）[J].世界汉语教学，1995（1）.

[33] 吕文华.对外汉语教学语法探索[M].北京：语文出版社，1994.

[34] 刘慧.对外汉语教学中的口语交际微技能培养[D].厦门：厦门大学，2007.

[35] 王建勤.汉语作为第二语言的习得研究[M].北京：北京语言文化大学出版社，1997.

[36] 吕必松.对外汉语教学发展纲要[M].北京：北京语言学院出版社，1990.

[37] [英]路易·亚历山大.语言教学法十讲[N].北京：科学技术文献出版社，1983（1）.

[38] 汪维辉.朝鲜时代汉语教科书丛刊[M].北京：中华书局，2005.

[39] 杨永林，司建国.社会语言学研究——反思与展望[J].现代外语（季刊），2013，10（4）.

[40] [苏]卢利亚.神经语言学[M].赵吉生，卫志强，译.北京：北京大学出版社，1987.

[41] 桂诗春.什么是心理语言学[M].上海：上海外语教育出版社，2011.

[42] 邢公畹.从对外汉语教学看"语言""言语"划分的必要性[J].世界汉语教学，1993（2）.

[43] 朴安娜.任务型教学大在韩国大学初级汉语口语课中的应用研究[D].沈阳：沈阳师范大学，2013.

[44] 潘文国.语言的定义[J].华东师范大学学报（哲学社会科学版），2001，33（1）.

[45] 邢福义.文化语言学[M].武汉：湖北教育出版社，2000.

[46] 程棠.关于当前对外汉语教学中的几个问题[J].语言教学与研究，1992（2）.

[47] 赵金铭.对外汉语教学概论[M].北京：商务印书馆，2010.

[48] 陈望道.修辞学发凡[M].上海：上海教育出版社，2006.

[49] 冯广艺.汉语语境学概论[M].银川：宁夏人民出版社，1998.

[50] [英]里查兹，史密特.朗文语言教学与应用语言学词典[M].管燕红，译.北京：外语教学与研究出版社，2000.

[51] 王静文.情景认知与学习[M].重庆：西南大学出版社，2005.

[52] 李宇明.儿童语言的发展[M].武汉：华中师范大学出版社，1995.

[53] 李星雨.情景教学法在对外汉语教学中的应用研究[D].安阳：安阳师范学院，2014.

[54] 李文奇.试论情景教学法在对外汉语听说课中的应用[J].现代语文，2010（12）.

[55] 温晓虹.汉语作为外语的习得研究——理论基础与课堂实践[M].北京：北京大学出版社，2008.

[56] 刘春华.谈中介作用理论与英语教学实践[J].辽宁师专学报，2012（4）.

[57] 程玲.浅谈建构主义理论下的视听英语教学[J].黑龙江教育学院学报，2012（10）.

[58] 闵玉娟.高职学生外语学习动机调查与分析[J].大众科技，2004（4）.